天下文化
BELIEVE IN READING

大數據

「數位革命」之後,「資料革命」登場:
巨量資料掀起生活、工作和思考方式的全面革新

BIG DATA

A Revolution That Will Transform
How We Live, Work, and Think

by Viktor Mayer-Schönberger and Kenneth Cukier

林俊宏　譯

每十年，總是有極少數的書，能改變你看待一切的方式。
《大數據》正是這樣的書。
整個社會已經開始估算，巨量資料將帶來的變化。
這本書是一個非常重要的起點。

—— 萊斯格（Lawrence Lessig），哈佛法學院網路智慧財產權教授

《大數據》開闢了新境界，
告訴我們巨量資料如何從根本上，轉變我們對世界的基本理解……
這本書清楚說明了，企業如何釋放潛藏的價值，決策者如何因應新局，
以及每個人的認知模式需要如何改變。

—— 伊藤穰一（Joi Ito），麻省理工學院媒體實驗室主任

任何人如果想要保持領先地位，確定未來的商業發展趨勢，
都必須閱讀《大數據》。

—— 貝尼奧夫（Marc Benioff），salesforce.com 董事長兼執行長

《大數據》很樂觀而務實的看待巨量資料革命——
你只要伸頭看看周遭發生的大變化，就會明白這場革命已然開始了，
更大的變化即將衝擊而來。

—— 多克托羅（Cory Doctorow），boingboing.com

我們敢肯定的是，
《大數據》將是在討論這方面的未來時，一言九鼎的文本。

—— 富比士網站

有太多書籍在頌揚資訊社會的技術奇蹟，
但是唯有這本《大數據》對資訊的本質，進行了原創的分析。

——《柯克斯書評》（Kirkus Reviews）

這本書充滿了偉大的見解、駕馭資訊的新途徑，
並且對於未來趨勢，提供了很有說服力的願景，
這是任何使用巨量資料的人、或受到巨量資料影響的人，
都不可或缺的讀物。

　　　　　　　　—— 喬納斯（Jeff Jonas），IBM 首席科學家

這本出色耀眼的書，撥開了圍繞在巨量資料周邊的迷霧。
不論你從事的是商業、資訊科技、公共行政、教育、醫療，
或者你只是單純對未來趨勢感到好奇，都必須閱讀這本《大數據》。

　　　　　　　　—— 布朗（John Seely Brown），全錄帕羅奧圖研究中心主任

正如水是濕滑的，然而單個水分子卻不是；
巨量資料也能顯現個別資料無法揭露的訊息。
作者向我們展示了龐大、複雜、凌亂的資料，若是集合起來，
竟能用來預測購物行為、流感爆發……的一切模式，真是令人驚駭。

　　　　　　　　—— 薛奇（Clay Shirky），社會媒體理論家

作者讓「巨量資料」這個名詞的內涵變得非常清晰，
這個名詞的重要性已遠遠超過矽谷的其他流行語彙……
沒有哪一本書能夠提供這樣的可讀性和平衡報導，
告訴我們繼續迷戀數據和資料的諸多好處及缺點。

　　　　　　　　——《華爾街日報》

「巨量資料」是企業管理階層、技術官僚的流行語之一，
如果你想知道他們都在談論些什麼，那麼《大數據》正是為你而寫的。
這本書深入淺出、而且很有意思的切入這個大題目……

　　　　　　　　——《波士頓環球報》

大數據 BIG DATA

**A Revolution That Will Transform
How We Live, Work, and Think**

第 章

現在
該讓巨量資料說話了

2009年又冒出了一種新的流感病毒，稱為H1N1。這種新菌株結合了禽流感和豬流感病毒，迅速蔓延。短短幾星期內，全球的公共衛生機構都憂心忡忡，擔心即將爆發流感大流行。有些人發出警訊，認為這次爆發可能與1918年的西班牙流感不相上下，當時感染人數達到五億人，最後奪走數千萬人的性命。雪上加霜的是，面對流感可能爆發，卻還沒有能派上用場的疫苗，公共衛生當局唯一能努力的，就是減緩流感蔓延的速度。為了達到這項目的，必須先知道當前流行感染的範圍及程度。

在美國，疾病管制局（CDC）要求醫生一碰到新流感病例，就必須立刻通報。即使如此，通報的速度仍總是慢了病毒一步，大約是慢上一到兩星期。畢竟，民眾覺得身體不舒服之後，通常還是會過個幾天才就醫，而層層通報回到疾管局也需要時間，更別提疾管局要每星期才整理一次通報來的資料。但是面對迅速蔓延的疫情，拖個兩星期簡直就像是拖了一個世紀，會在最關鍵的時刻，讓公共衛生當局完全無法掌握真實情況。

巨量資料初試啼聲

說巧不巧，就在H1N1躍上新聞頭條的幾星期前，網路巨擘谷歌（Google）旗下的幾位工程師，在著名的《自然》科學期刊發表了一篇重要的論文，當時並未引起一般人的注意，只在衛生當局和電腦科學圈裡引起討論。該篇論文解釋了谷歌能如何「預測」美國在冬天即將爆發流感，甚至還能精準定位到是哪些州。谷歌的祕訣，就是看看民眾在網路上搜尋些什麼。由於谷歌每天會接收到超過三十億筆的搜尋，而且會把它們全部儲存起來，那就會有大量的資料得以運用。

　　谷歌先挑出美國人最常使用的前五千萬個搜尋字眼，再與美國疾病管制局在2003年到2008年之間的流感傳播資料，加以比對。谷歌的想法，是想靠著民眾在網路上搜尋什麼關鍵詞，找出那些感染了流感的人。雖然也曾有人就網路搜尋字眼做過類似的努力，但是從來沒人能像谷歌一樣掌握巨量資料（big data，直譯為大數據），並具備強大的處理能力和在統計上的專業技能。

　　雖然谷歌已經猜到，民眾的搜尋字眼可能與流感有關聯，像是「止咳退燒」，但有沒有因果關係並不是真正的重點，他們設計的系統也不是從這個角度出發。谷歌這套系統真正做的，是要針對搜尋字眼的搜尋頻率，找出和流感傳播的時間、地區，有沒有統計上的相關性（correlation）。他們總共用上了高達四億五千萬種不同的數學模型，測試各種搜尋字眼，再與疾管局在2007年與2008年的實際流感病例加以比較。他們可挖到寶了！這套軟體找出了一組共四十五個搜尋字眼，放進數學模型之後，預測結果會與官方公布的全美真實資料十分符合，有強烈的相關性。於是，他們就像疾管局一樣能夠掌握流感疫情，但可不是一、兩星期之後的事，而是幾近即時同步的掌握！

　　因此，在2009年發生H1N1危機的時候，比起政府手中的資料（以及無可避免的通報延遲），谷歌系統能提供更有用、更即時的資訊。公衛當局有了這種寶貴的資訊，控制疫情如虎添翼。

最驚人的是，谷歌的這套方法並不需要去採集檢體、也不用登門造訪各家醫院診所，而只是好好利用了巨量資料，也就是用全新的方式來使用資訊，以取得實用且價值非凡的見解、商機或服務。有了谷歌這套系統，下次爆發流感的時候，全球就有了更佳的工具能夠加以預測，並防止疫情蔓延。

巨量資料功能強大，可以讓許多領域改頭換面，公共衛生領域不過是其中之一，而商業領域也正在經歷這個過程。例如買飛機票就是一個很好的例子。

2003年，伊茲奧尼（Oren Etzioni）打算從西雅圖飛往洛杉磯參加弟弟的婚禮。早在幾個月前，他就已經上網買了機票，一心認為愈早預訂，票價就愈划算。但是在航程中，他出於好奇，問了坐在隔壁的乘客票價以及購票時間，結果那個人明明是最近才買的，票價卻是便宜得多。一氣之下，伊茲奧尼一個又一個的問下去，發現大部分人的票價都比他的更便宜。

對於大多數人來說，等到收回托盤、豎直椅背、準備下機的時候，這種覺得被敲竹槓的火氣，也差不多消了。但伊茲奧尼身為美國頂尖的資訊科學家，可沒這麼好打發。在他看來，整個世界就是由一連串關於巨量資料的問題構成的，而這正是他拿手的領域。追溯到1986年，伊茲奧尼可是哈佛大學第一位主修資訊科學的畢業生，之後進入華盛頓大學任教；而且早在巨量資料這個詞出現之前，他就已經開了數家處理巨量資料的公司。例如，他曾協助打造了最早期的網路搜尋引擎之一、於1994年推出的MetaCrawler，不久便由當時的網路巨擘InfoSpace公司買下。另外，他也共同創立了史上第一個大型比價購物網站 Netbot，後來出售給 Excite 公司。至於他的另一間公司 ClearForest，則是處理如何從文件中取得語義資訊，後來由路透社收購。

客機著陸之後，伊茲奧尼已經下定決心，要讓人能夠知道自己在網上看到的票價，究竟是撿到便宜還是被人坑了。如果把飛機機位看成商品，同一航班的座位基本上也沒什麼不同，但票價卻是天差地別。這裡有許多因素，只有航空公司自己才曉得。

伊茲奧尼認為，這種系統並不需要真的去解出票價背後千絲萬縷的糾纏因素，只要能預測出未來票價是漲是跌就夠了。這其實不困難，只要先取得特定航線售出的所有票價資訊，再與出發前的天數做比較即可。

如果平均票價呈現下跌趨勢，買票這件事當然就可慢慢來。如果平均價格呈現上漲趨勢，系統則會建議馬上以目前顯示的價格購票。換句話說，當初伊茲奧尼是在一萬公尺高空中，逐一詢問其他乘客的票價，而現在這個系統就是個加強版。雖然說這絕對還是一個資訊工程的龐大問題，但與過去相同，這對他而言仍然能夠迎刃而解。於是，他動工了。

伊茲奧尼花了四十一天，從某個旅遊網站取得超過一萬兩千筆票價資料，做為樣本，並建立一個預測模型，讓模擬的乘客都省下了大筆鈔票。這個模型並不懂「為何如此」（why），只知道「正是如此」（what）。換言之，模型完全不知道各種影響票價的因素，像是未售出的機位數、淡旺季、或是星期幾的機票較便宜之類；模型所做的預測，都是基於手中確實的資訊，也就是從其他航班所蒐集到的相關資料。

伊茲奧尼思思念念的，就是「要買還是不買」的問題——像極了莎翁名劇《哈姆雷特》的經典獨白：「生存還是毀滅，這是一個值得考慮的問題。」正因如此，伊茲奧尼把這個研究計畫命名為「哈姆雷特」。

原本的小小研究計畫，後來發展成投入大量資金的創業計畫「Farecast」，藉著預測機票票價可能上漲或是下跌，Farecast 就能讓消費者知道是否該立刻點選「購買」鍵。在過去，消費者從來不可能得知這些資訊。Farecast 堅持一切應該透明，所以甚至還會對自己的預測加上可信度評分，提供給使用者參考。

預測系統要有效，就必須擁有大量的數據資料。為了提升效能，伊茲奧尼從航空業的一個航班預訂資料庫下手。資料庫存有全年美國商業航空公司各航班、各座位的資料，能做為系統預測的基礎。現在，Farecast 手中大約有近兩千億筆票價紀錄，用以做出預測。如此一來，消費者就能省下大筆的金錢。

伊茲奧尼有一頭黃褐色的頭髮，露齒微笑、一臉天真，看起來實在不像是會讓航空業損失數百萬美元潛在收入的人。但事實上，他的目標還不止於此。

到了 2008 年，伊茲奧尼打算將這套辦法再應用到其他商品，像是飯店客房、音樂會門票、二手車，只要是產品差異性小、價格變化大、而且有大量數據資料的商品，都能適用。但他還沒來得及讓計畫成真，微軟就已經找上門，用大約一億一千萬美元買下 Farecast，結合到 Bing 搜尋引擎之中。到了 2012 年，該系統平均有75%的預測準確率，讓每位旅客省下五十美元。

　　Farecast正是一個巨量資料公司的縮影，也是世界未來的走向。如果是五年或十年前，伊茲奧尼絕不可能建立起這種公司。他說：「這本來是不可能的任務，」所需要的計算能力和儲存容量都還太過昂貴。然而，讓計畫成真的原因當中，雖然科技進展是關鍵因素，但還有一個更微小、卻也更重要的因素，就是關於該如何使用資料的思維，已經有所改變。

　　過去認為資料是靜態、靜止的，一旦完成原本蒐集的目的（例如飛機已降落、或在谷歌網頁完成了一次搜尋），便不再有用處。但是現在，資料是新的商業生產原料、重要的經濟資源投入，可以創造出新形式的經濟價值。如果心態和思維正確，就能巧妙重複運用資料，不斷帶來創新和不同的服務。只要夠謙卑、有意願、也有工具可傾聽，資料就能讓種種祕密躍然眼前。

讓巨量資料說話

　　不論是每個人口袋裡的手機、背著到處走的電腦、又或是辦公室所使用的伺服器系統，都是資訊社會明顯而豐碩的果實。但相較之下，「資訊」本身就不那麼引人注意。自從電腦在半世紀前進入主流社會以來，累積的資料已經到了一定程度，開始帶來全新而特殊的改變。現在，世界上不僅是資訊量前所未見，資訊成長的速度更是一日千里。規模的改變已經開始導致狀態的改變；換句話說，就是從量變引發了質變。譬如天文學、基因組學之類的科學學門，在二十一世紀開始後的十年之間爆炸性成長，因而創造出「巨量資料」這個詞；至今已經又擴展到所有人類活動領域。

對於「巨量資料」，目前還沒有明確的定義。最早的概念，是因為資訊量已經太過龐大，無法完整儲存在處理資訊的電腦系統中，所以工程師必須重新設計工具來分析資訊。因此，新的電腦處理技術應運而生，像是谷歌的MapReduce、或是同類的開放碼軟體Hadoop（出於雅虎），都讓使用者能夠管理遠比先前更大的資料量，而且更重要的是，資料不再需要先整理成整齊的行列或是資料表。

除此之外，也慢慢出現其他資料處理技術，能夠擺脫過去種種僵化的資料層級和同質性限制。同時，網路公司一方面能夠蒐集大量的資料，另一方面又有強大的財務誘因、必須盡快從中解讀出意義，因此也就成為頂尖資訊處理技術的先端使用者；相較之下，某些經營非線上業務的傳統公司，雖然可能歷史要多上幾十年，但腳步卻不及網路公司這般迅速。

針對這項議題，現在的思考方式（也是本書的切入方式）如下：巨量資料所指的，是資料量一定要達到相當規模才能做的事（例如得到新觀點、創造新價值），沒有一定規模就無法實現，而且這些事將會改變現有市場、組織、公民與政府間的關係。

這還不過是開始而已。在這個巨量資料的時代，挑戰的是我們生活的方式，以及與世界互動的方式。最重要的是，我們必須拋下對因果關係的執著，轉而擁抱簡單的相關性。（A現象與B現象有相關性，不表示A現象是因、B現象是果，或B現象是因、A現象是果。）你我都不用知道「為何如此」，只要知道「正是如此」就行了！這種概念等於是要用新的方式來瞭解現實、做出決定，推翻了過去幾百年來的既定做法和基本思維。

巨量資料可說是開始了一項重大轉變。有人說，就像許多新科技剛躍上舞台時一樣，巨量資料也必然會落入矽谷著名的炒作循環：先是大動作登上雜誌封面、成為產業會議的焦點，接著再急轉直下，許多新創公司無法承擔這些資料，落得只能掙扎求生。

但不論哪種趨勢，其實都沒有真正看清巨量資料的重要性。就像是望遠鏡能讓我們探索宇宙，顯微鏡能讓我們微觀細菌，這種蒐集分析龐大資料的新技術，也能協助我們用新的方式來瞭解世界，而且我們才剛起步而已。

這本書並不會宣揚「信巨量資料得永生」，只是要傳達相關資訊。此外，真正的革新之處也並不是在於處理資料的機器，而是在於資料本身、以及使用的方式。

全球資料總量有多少？

如果想知道現在這場資訊革命已經發展到什麼地步，你可以從整體社會的觀點出發。

我們的數位宇宙正在不斷擴張。以天文學來舉例，史隆數位巡天計畫（Sloan Digital Sky Survey, SDSS）始於2000年，計畫用的望遠鏡位於美國新墨西哥州，計畫開始不過幾星期，所蒐集到的資料量就已超過了過去所有天文學歷史的總和。到了2010年，這個計畫蒐集的資訊已經堂堂超越140TB（1 terabyte約等於1,000 gigabyte）。但是接檔的新計畫──位於智利、2016年將上線的大型綜合巡天望遠鏡（Large Synoptic Survey Telescope, LSST），只要每五個工作天，就會得到這個資料量。

這種天文數字，讓人也覺得負擔沉重。2003年，科學家首次破解人類基因組密碼，當時足足花了十年時間全力投入，才完成三十億個鹼基對（base pair）的定序。而在十年後的今天，單一機構只要花上一天，就能完成同樣數量的DNA定序。

就金融領域而言，美國股市每天大約會成交七十億股，其中有三分之二，是由電腦用數學模型分析大量資料後自動交易。數學模型有雙重目標：一方面預測獲利、一方面也試著降低風險。

網路公司特別會碰上這種問題。像是谷歌，每天就得處理超過24 PB的資料（1 petabyte大約等於1,000 terabyte），是美國國會圖書館所有紙本資料量的數千倍。臉書（Facebook）這家十年前還不存在的公司，現在使用者每小時就會上傳超過一千萬張新照片。每天，臉書所有使用者會按「讚」或留言超過三十億次，從這些使用紀錄，就能讓臉書追蹤使用者的喜好。

同時，谷歌旗下的YouTube服務也有八億名用戶，每秒上傳的影片總長度超過一小時。至於推特（Twitter）的訊息量也以每年200%的速度成長，到了2012年，已經突破每天四億則。

從科學到醫療保健、從銀行到網路，涵蓋的行業各式各樣，但講的是同一件事：世界上的資料量正在迅速增長，不僅超過機器能處理的量，甚至超過我們的想像。

　　有很多人希望，能把全世界的資訊量定出個明確的數字，好計算成長的速度。由於每個人看的面向不同，得到的數字也各異其趣。其中一項比較全面的研究，出自南加大安納堡傳播學院的希爾伯特（Martin Hilbert）教授。希爾伯特教授希望能把世界上所製造、儲存和流通的一切資料都定出數字，不只是書籍、繪畫、電子郵件、照片、音樂、影片（包括類比和數位），甚至連電玩、電話、汽車導航、紙本信件，也都包含在內；另外，還依據閱聽眾接觸率，計入了各種廣播媒體，例如電視和電台。

　　根據希爾伯特的計算，在 2007 年，全世界儲存了超過 300 EB 的資料（1 exabyte 大約等於 1,000 petabyte）。讓我們把這件事講得更像人話一點：如果把一部電影壓縮成數位檔，大約大小就是 1 GB（gigabyte）；而 1 EB 就是十億 GB。總之，就是很多很多就對了。

　　有趣的是，在 2007 年，全球的資料大約只剩下 7% 為類比形式（像是紙張、書籍、相片等等），其他都是數位資料。然而，其實在不久之前，情況還相當不同。雖然早在 1960 年代就已經開始出現「資訊革命」和「數位時代」的概念，但還不能說是已經完全真正實現。就算到了 2000 年，全球資訊仍只有四分之一是以數位方式儲存。至於其他四分之三，則是以紙張、膠卷、黑膠唱片、磁帶之類的類比型式儲存。

　　雖然早已有人開始上網、在線上買書，但他們可能沒想到，當時的數位資訊量其實不大。譬如在 1986 年，全球的袖珍型計算機總共占了全球一般運算能力的40%左右，所占比例要高過個人電腦。然而，由於數位資料增長實在太過迅速了——希爾伯特認為每三年多就會加倍，情勢很快便風雲變色。相對的，類比資料幾乎沒什麼成長。因此根據預測，到了2013年，全球資料量大約是1,200 EB，非數位資料所占比例將不到2%。

這個資料量大到難以想像，如果印成書、堆在美國表面，能夠鋪上五十二層；如果燒成CD再疊起來，可以分成五疊、一路堆到月球。在西元前三世紀，埃及托勒密二世希望能將世上所有的文字作品都保留一份，於是造就偉大的亞歷山大圖書館，是當時世界上所有知識的總和。現今席捲全球的數位浪潮，相當於是讓每個現代人，都擁有三百二十座亞歷山大圖書館的資料量。

從科學和社會兩面向，開始改變一切

一切真的正在加速。目前，資訊儲存量的成長率是世界經濟成長率的四倍，而電腦的處理能力成長率更是世界經濟成長率的九倍。這也難怪，總是有人要抱怨資訊超載，每個人也都深陷在改變的風暴之中。

讓我們把眼光放遠，看看先前的資訊革命與現在這波資訊洪流有何不同。我們要比較的，是1439年的古騰堡印刷術。根據歷史學者埃森斯坦（Elizabeth Eisenstein）的研究，從1453到1503這五十年間，大約印製了八百萬冊書籍，這個數字足足超過了自從西元四世紀君士坦丁堡建立以來、整個歐洲所有產出的文字量。

換言之,不過花了五十年的時間,歐洲的資訊量就成長了一倍。但在今天,大約每三年,資訊量就會翻倍。

這樣的成長代表著什麼?谷歌的人工智慧專家諾威格(Peter Norvig)喜歡用圖像來做比喻。首先,他要我們回想一下法國拉斯科洞穴的壁畫,該處著名的野馬圖像大約可追溯至一萬七千年前的舊石器時代。接著,再回想一下現代馬的圖片、或甚至是畢卡索畫的馬,會發現和洞穴壁畫並沒有太大不同。其實,有人給畢卡索看過拉斯科的圖像,而他打趣說:「原來我們根本沒發明出什麼新玩意嘛。」

畢卡索這句話也對、也不對。先想想馬的圖片,過去想畫一匹馬得花上很長的時間,但現在要呈現出馬的形象,速度可快得多了。雖然說這確實是個改變,但還不見得是最重要的改變,因為這在本質上仍然相同:就是「馬」的形象罷了。諾威格再接著要我們做的,則是先取得一匹馬的圖像,再加速到每秒二十四個影格,成了動畫,於是量變就產生了質變。巨量資料的道理也是如此:由於量的不同,我們也改變了其本質。

讓我們再以奈米科技來打比方。奈米技術的重點在縮小,也就是在達到只有分子大小的等級時,就能讓物理性質有所變化。而瞭解新的性質之後,也就能設計出全新的材料,做出過去做不到的事。例如,在奈米等級的情況下,能夠讓金屬更有彈性、而陶瓷也能夠伸縮。相對的,巨量資料的重點在放大,只要擴大資料量的等級,就能做出少量資料不能完成的事。

有時候,我們對某些限制習以為常,以為別無他法,但其實只是囿於規模不足而已。我們再來打第三個比方，也是由科學來切入。對於人類來說，最重要的一項物理定律就是重力：重力掌握一切、無所不在。然而，對於微小的昆蟲來說，重力幾乎是無關緊要。例如對水黽來說，最重要的物理定律反而是表面張力，能讓牠在水面上移動，而不沉入水中。

　　資訊也就像物理，尺度大小確實會造成不同。因此，谷歌判斷流感流行，準確度能夠不下於政府的官方就診資料。透過爬梳數百億的搜尋字眼，谷歌便能幾乎即時提供問題的答案，速度遠遠快於政府。同樣，伊茲奧尼的Farecast也因此能夠預測機票價格的波動，使相關經濟權力轉移到消費者手中。這兩件事，都得分析上千億的資料點，才有達成的可能。

　　從以上兩個例子，可以看出巨量資料在科學和社會上的價值，以及瞭解巨量資料如何能帶來經濟效益。同時，也可看出在這個巨量資料的時代，巨量資料將從科學和社會這兩個層面，開始改變一切，無論是醫療、政府、教育、經濟、人文，或是其他各個方面。

　　現在巨量資料方興未艾，但我們的生活早已不能沒有它。例如垃圾郵件過濾器，現在已能夠自動因應各種垃圾郵件的變化。過去的過濾軟體設計，就算知道該擋下像「viagra」之類的字，卻無法在一開始就知道該擋下「via6ra」或是其他數不盡類似的變形字。約會網站也得要分析每個人許許多多的資料，再與過去成功配對的資料比較，才知道怎樣配對機率更高。至於智慧型手機的「自動校正」功能，則會追蹤我們的輸入動作，根據輸入的內容，加入新的拼字規則。

然而，這些用途都不過是開頭而已。不論是能夠偵測何時該轉彎或煞車的汽車，或是在益智節目「Jeopardy!」擊敗人類對手的IBM華生電腦，巨量資料都將讓生活中的許多面向改觀。

巨量資料的核心重點在於預測。我們一般將巨量資料看做是資訊工程中「人工智慧」的一支，或者更具體的說是「機器學習」的一部分，但這其實會造成誤導。巨量資料並不是要「教」電腦如何像人類一樣「思考」，而是要計算大量的資料，以此推斷機率：某封電子郵件是垃圾郵件的可能性；輸入的「teh」應該是「the」的可能性；以及如果有某個人隨意穿越馬路，就要分析他的路線和速率，如果判斷他能夠及時通過，車速就只需要稍稍放慢即可。

如果希望這些系統效能卓著，最關鍵的一點就是要能有大量的資料做為預測的基礎。此外，這些系統也必須能夠隨著時間自動改進，從新增的資料中，判斷出最佳的信號和模式。

在未來（而且可能比想像要早得多），許多現在依靠人腦判斷的事務，都將由電腦取代，而且不只是開車或配對，更複雜的任務也可迎刃而解。畢竟，亞馬遜（Amazon）已經能夠推薦你最想要的書，谷歌也能夠排序出最相關的網站，臉書知道我們按了什麼讚，LinkedIn則能夠猜出我們認識什麼人。同樣的科技，也將應用到診斷疾病、建議療法，甚至是在「罪犯」犯罪之前，就先將他們逮出來。

網路讓電腦有了「溝通」的功能，進而徹底改變了世界；巨量資料也將為人類生活帶來前所未有的量化面向,進而使生活全然改觀。

更多、更亂,但有用最重要!

雖然巨量資料能夠帶來新的經濟價值和創新,但影響層面絕不僅如此。巨量資料的優勢,會使分析資訊的方式產生三大改變,進而改變我們理解及組織社會的方式。

第一大改變是能夠取得、分析的資料量大為增加(請見第2章)。某些時候,我們甚至可以針對某個特定現象,處理「所有」的相關資料。自十九世紀以來,每當我們面對大量資料,一直依賴著抽樣法。然而,抽樣其實是基於資訊不足,那是過去的類比時代為了擷取資訊而發展出來的方法。在高效能數位科技出現之前,我們並不把抽樣看成一種限制,反而視為理所當然的方法。然而,如果能使用所有的資料,能夠看到的細節絕非少部分資料所能比擬。巨量資料將能夠讓我們清楚看到最細微的地方,例如各種子類別、子市場,都是抽樣所無法判斷的。

此外,如果我們面對極大量的資料,就不會堅持一切都要做到精準;這也正是第二項重大改變(請見第3章)。這是個折衷的做法:我們減少了抽樣造成的誤差,因此可以接受比較多測量上的誤差。過去,我們的測量能力有限,就只能測量最重要的東西,把最重要的數字做到精確。就像是要做牛隻交易的時候,如果買家不知道牛圈裡是有一百頭牛或八十頭牛,就不可能成交。

直到不久之前，我們所有的數位工具都還是以「精確」為前提：我們假設資料庫引擎所檢索的紀錄，要與查詢條件完全相符，就像是試算表會把全部數字整齊明確的列成一整欄。

　　然而，上面這種想法其實只適用於小量資料（small data）的環境：要測量的對象很少，所以處理的時候當然也就要盡可能要求準確。就某些方面而言，這可以說是想當然耳，譬如對於一間小店鋪來說，每天打烊後收銀機裡的錢當然是錙銖必較，但如果講的是一個國家的國內生產毛額（GDP），我們就不會、也不可能真的去算到幾塊幾角。隨著規模擴大，不準確的情況自然就會增加。

　　想求精準，蒐集資料時就要仔細。這在小量資料的情況下，當然沒有問題，而且有些時候，精確還實屬必要。像是要開支票的時候，戶頭的錢究竟夠不夠，就至關重大。但相對的，在這個巨量資料的世界中，使用的資料集愈全面，也就代表得放棄一些對於精確的堅持。

　　一般來說，巨量資料的內容常常是混亂不齊、品質不一，而且分布在世界各地的無數伺服器中。處理巨量資料的時候，只要能有大概的方向即可，不需要講究到一寸、一分、或是分子等級。這並不是說我們就要完全放棄精確這件事，只是不要再將精確奉為圭臬。在微觀層面上失去的精確，可以用宏觀層面上獲得的觀點及見解加以彌補。

　　這兩大改變會導致第三大改變：放下長久以來對於因果關係的堅持（請見第4章）。雖然因果關係常常難以判定、甚至可能造成誤導，但人們一向習慣試著找出各種事物的原因。但在巨量資料的世界中,我們不一定要堅守著因果關係;相反的,是要從資料中找出事物的模式,以及彼此的相關性,再從中取得創新而寶貴的見解。從事物彼此的相關性當中,我們可能無法瞭解某件事情「為何如此」,但卻能夠知道事情「正是如此」。

很多時候,這樣其實就夠了。如果我們看過幾百萬份的數位病歷,發現某種阿斯匹靈和柳橙汁搭配可以讓病情緩解,這時候真正重要的是病人能夠活下去,至於究竟為何如此,就不需要太過計較。同樣的,我們也不用真的釐清極其複雜的機票定價疑雲,只要能知道究竟該在什麼時候訂機票,也就夠了。巨量資料的重點就是「正是如此」,而不是「為何如此」。面對某種現象,我們有時候也可以直接看看資料所展現的重點,而不一定要探究背後的原因。

在擁有巨量資料之前,「分析」這件事通常只是為了驗證少少的幾項假設,而且定出這幾項假設的時候,根本連資料都還沒蒐集。但如果我們直接讓資料說話,就有可能發現一些意想不到的連結。

正因如此,有些對沖基金(避險基金)會分析推特的訊息,藉以預測股市。亞馬遜和線上租片公司Netflix(耐飛利)能夠提出商品建議,也是來自分析使用者在其網站上的各種互動。而不管是推特、LinkedIn或是臉書,也都是掌握住所有使用者的「社交圖譜」,以瞭解他們的喜好。

引出潛藏在資訊中的價值

當然，「分析」這件事已經有幾千年的歷史了。書寫技術最早起源於古代的美索不達米亞，發明的原因就是官員希望能有效記錄各種資訊。早從聖經時代開始，就已經有政府開始對人民進行普查，蒐集龐大的資料庫。而在過去兩百年間，精算師也同樣蒐集了龐大的資料，用來研究他們所希望瞭解、或至少要能夠避免的各種風險。

然而在類比時代，要蒐集及分析這些資料不僅所費不貲，而且曠日廢時。每次想問新的問題，往往就意味著，得要重新蒐集和分析資料。

但在數位進展之下，我們已經更能有效管理資訊：現在可將類比的資料轉成電腦可讀取的格式，於是也能夠降低儲存和處理的成本。這一大進展，更是大幅提高了工作效率。在過去，要蒐集和分析某些資料可能得花上好幾年，但現在，同樣的工作只需要不到幾天便能完成。話雖如此，真正的改變其實很少。常常，分析資料的人還無法擺脫類比思維，總覺得資料只有某種特定用途，一定要在那種用途上才有價值。於是在處理資料的過程，就延續了這種偏見。所以，除了數位化之外，一樣重要的就是要推動走向巨量資料，但這光是有了電腦運算能力還不夠。

我們現在面臨的改變，還沒有一個特定詞彙可以說得完整，但大致上可以用資料化（datafication）這個名詞來涵括（請見第5章）。簡單說來，資料化就是把天底下所有資訊，都轉成可量化的資料格式，甚至包括我們沒想過算是資訊的事物，例如個人所在位置、引擎的振動、或是某座橋所受的應力。如此，資訊就能有全新的用途，像是用來做「預測分析」，例如藉著分析引擎發出的熱或振動，預測引擎是否即將故障。這樣一來，我們就能引出潛藏在資訊中的價值。

只要從新的觀點切入，別再受限於因果關係的舊思維，就能像尋寶一樣找出潛在的寶藏。而且，這寶藏還不只一個。任何一個資料集，都可能有些內在的、隱藏的、未為人知的價值，現在就看看是誰能早一步找出來、並加以掌握。

巨量資料也會為商業、市場和社會帶來變化（請見第6章與第7章）。在二十世紀，價值已從過去的有形資產（例如土地和廠房）轉移到無形資產（例如品牌和智慧財產），現在更進一步擴展，使「資料」成為重要的企業資產、必要的經濟資源投入，以及新商業模式的基礎。資料可說是資訊經濟時代的石油，公司的資產負債表遲早都將列入這一項。

雖然資料處理技術存在已久，但過去只有間諜組織、科學實驗室，或各龍頭企業能夠使用。到頭來，是沃爾瑪（Walmart）和第一資本（Capital One）率先將巨量資料，分別應用在零售業和金融業，使得產業整個改觀。到現在，許多相關工具都已經人人可得，不過資料本身卻還掌握在少數人手中。

巨量資料對個人的影響，可能最令人意想不到。在某些特定領域，如果最重要的是可能性（機率）與相關性，該領域原本的專業知識就變得不足掛齒了。例如，在《魔球》（*Moneyball*）這本著作和改編拍攝的電影裡，棒球球探風光不再，他們的直覺已經敗給了統計人員的精密分析。領域專家並不會消失，但他們必須正視巨量資料分析帶來的影響，傳統的管理、決策、人力資源和教育也會被迫有所調整。

巨量資料也有黑暗面

我們過去建立種種機制，都以為下決定需要靠的是量少、準確、具有因果關係的資訊。但現在情勢已有所不同，現在的資料量龐大、但能夠快速處理，也能夠容忍不精確的情形。不過，由於資料規模龐大，常常已經是由機器、而非人們來做出最後的決定。因此，巨量資料也有其黑暗面，需要注意（請見第8章）。

幾千年來，社會在瞭解及管制人類行為上，經驗相當豐富。但如果面對的只是一套演算法（algorithm），又該怎麼管制？電腦運算技術剛萌芽的時候，政策制定者就已經認知到，科技可能會被用於侵犯隱私，於是我們也通過相關法規來保護個人資訊。但在巨量資料時代，這些法律構成的馬其諾防線已經幾近失守。像是使用線上服務的時候，用戶是自願公開分享自己的資訊，並不認為這是需要防堵的漏洞。

於此同時，我們所擔心的不再是隱私，而是種種可能性——靠著各種演算法，我們試著預測各種事情的可能性，像是預測是否會罹患心臟病（於是保更多保險）、貸款是否會變成呆帳（因而拒絕放款）、是否會有人犯罪（或許就能先發制人）。這會引發一項倫理問題：自由意志和資料獨裁（請見第8章）究竟孰輕孰重？如果使用巨量資料，從統計學角度得知應做的裁定，但卻與個人意願相左，那該如何抉擇？

就像是在印刷機發明之後，才出現保障言論自由的法律（在那之前，書面意見少到根本無從保護起），現在我們邁入巨量資料的時代，就需要新的法規，來維護個人的權益。

就許多方面而言，我們控制和處理資料的方式都必須改變。在不久的將來，資料能夠提出許多預測結果，但我們卻不一定都能解釋背後的因果關係。如果醫生使用巨量資料來做診斷，就像是要病人別問原因、直接相信某個黑盒子就對了，這會有什麼影響？現在的司法系統看待嫌疑犯，判斷標準是「相當理由」，但未來可能會改成「犯罪機率」，這對於人的自由和尊嚴，又有什麼影響？

在巨量資料的年代，我們需要新的準則（請見第9章）。新準則雖然也是奠基於過去「小量資料的世界」所奉行的原則，但我們必須知道，這並不只是更新舊規則而已，而是需要有一套全新的原則。

巨量資料對社會的好處多不勝數，能夠解決各式緊迫的全球問題，例如應對氣候變遷、掃除疾病，以及促成良好的行政和經濟發展。然而，巨量資料時代也有其挑戰，我們如何使用這項科技，就決定了人類的種種機制和自身，將朝向哪個方向改變。

從相關性的角度掌握先機

　　巨量資料，可說是人類追求量化和理解世界所邁出的重要一步。有許多過去無法測量、儲存、分析、分享的事物，現在都已經開始資料化。現在我們開始能夠掌握龐大的資料整體、而不只是一小部分，也願意讓更多資料不需追求絕對的精確，於是看待事物也有了新的方式。這讓社會放下長久以來奉為圭臬的因果關係，開始從相關性的角度掌握先機。

　　過去，人們總是想找出各種因果關係，但其實只是自以為是；巨量資料已經推翻了這種想法。我們現在又再次面對「上帝已死」的歷史僵局，也就是說，我們過去所相信的，現在又已經再次改變了。只不過很諷刺的是，取而代之的是更有力的證據。如此一來，過去所講的直覺、信仰、不確定性、不能光看證據、從經驗中學習，難道就要全盤否定？隨著世界從因果關係轉移到相關性，該怎麼做，才能務實向前、又不危及我們過去奠基於理性和人文的社會？

　　本書的目的，就是要解釋我們目前的處境，回溯我們過去所走的路，並且針對前方的種種危機和轉機，提供迫切需要的指引。

第 章

更多資料
「樣本＝母體」的時代來臨

　　巨量資料的重點，就是要看出各個資訊片段之間的關係、並加以分析理解，而這在過去我們都難窺全貌。根據IBM巨量資料專家喬納斯（Jeff Jonas）所言，重點在於讓資料「跟你說話」。在某個層面上，這可能聽起來沒什麼新意。長久以來，人類一直就是從資料中瞭解世界：比較不正式的，像是我們日常生活中的種種觀察；比較正式的，則像是過去幾世紀以來，使用強大的演算法來處理量化的資料單位。

　　邁入數位時代之後，資料處已經變得更快、更容易，幾百萬的數字運算，也能在一秒內輕鬆搞定。但是如果講到「能對你說話」的資料，這裡的資料量就要更多，也有所不同。正如第1章所提，巨量資料是關於三種思維的改變，彼此相連、而且相輔相成。第一，是要有針對特定主題分析龐大資料整體的能力，而不只是退而求其次、分析較小的資料集。第二，則是願意接受真實資料會雜亂不清的事實，而不是一味追求精確。第三，則是要更看重相關性，而不是不斷追求難以捉摸的因果關係。本章要討論的就是其中的第一項：使用幾乎是整個母體的所有資料，而不只是一小部分。

難以蒐集全部資料，統計學應運而生

　　有好一段時間，我們不斷努力希望能夠精確處理大量資料。在歷史上，因為用來蒐集、組織、儲存和分析資料的工具受限，我們大多數時候只能蒐集全部資料的一小部分，而且我們又只篩選了手中這點資料的一小部分,以便於檢驗。這可說是一種不自覺的自我設限:要處理資料自然有其難度,但我們一心認為這就是不幸的現實,卻沒發現,其實這只是當時的科技能力所造成的人為限制。時至今日,科技環境可說已經有了接近一百八十度的變化。雖然我們能夠管理的資料數量必然仍受到一定的限制,但比起過去,現在的限制已經大為減少,隨著時間也將持續減低。

從某些方面來說,現在我們能夠蒐集使用更多資料,但還沒能完全發揮其潛力。我們過去的經驗和種種機制,都認為能取得的資訊有限、只能收到少部分,最後也的確如此。這就成了一種自我設限的惡性循環。甚至,我們還發展了精巧的技術,盡可能只要得到少量資料即可。就像是統計學,總是希望能從最少量的資料中,取得最豐富的發現結果。於是,我們在各種規範、流程和獎勵措施中,都盡量減少所需的資訊量。為了要解釋究竟巨量資料會帶來怎樣的改變,我們可以用一個故事來說明。

過去,不論是個人或民間企業,都無法大規模蒐集及整理資訊,只有比較有力的機構擁有這種能力,例如教會和國家,而兩者在許多社會也密不可分。人類最早的計數紀錄,可以追溯到西元前八千年左右,當時的蘇美人會用小泥珠來記錄貨物貿易。至於比較大規模的計數,就屬於國家的職權範圍了。像是千百年來,各國政府都會蒐集戶籍、地籍資訊,以加強對民眾的掌握。

就拿人口普查為例。據說古埃及和中國都曾有人口普查,根據聖經新舊約記載,羅馬帝國開國君王屋大維,曾進行普查:「叫天下人民都報名上冊。」(路加福音 2:1),於是約瑟和馬利亞便前往了後來耶穌降生的伯利恆。

至於英國的國寶之一、1086年的《末日審判書》，則是關於英國人民、土地和財產的空前完整紀錄。當時，王室的稅吏深入全國各地，蒐集書中記錄的種種資訊。這本書之所以稱為《末日審判書》，也是因為整個過程就像是聖經中記載的最後審判日，上帝會將所有人的言行紀錄攤在眾人眼前，做為審判依據。

人口普查是相當昂貴又費時的作業，就連下令編纂《末日審判書》的國王威廉一世，都沒能活到全書完成之日。但如果不想要這種負擔，唯一的選擇就是放棄。而且，就算是投入了這所有的時間和費用，普查員還是不可能真的把所有人口都算得清清楚楚，最後得到的也只是大概的資訊。人口普查的英文census就來自拉丁文censere，意為「估計」。

超過三百年以前，英國一位名為格朗特（John Graunt）的縫紉用品商，忽然有個想法，想知道倫敦發生大瘟疫時的人口數。他發明一種不用一個一個數人頭的方法，也就是今天所謂的「統計學」，讓他能夠用「推斷」的方式推算出人口規模。雖然他的方法還很粗糙，但卻開創了一種概念：從一個小樣本中，可以推估出關於總人口的實用資訊。只不過，推估的方法才是重點，而格朗特的做法就只是拿樣本來按比例放大罷了。

這套做法在當時聲名大噪，後來我們才知道，他推算的數字只是恰巧正確。經過許多年，抽樣的問題仍然十分嚴重。因此，對於像是人口普查、或是這種類似巨量資料的調查，採用的都還是一股腦硬拚的暴力做法。

　　正因為人口普查如此複雜、昂貴而費時，要好幾年才會進行一次。古代的羅馬人常常誇耀人口有數十萬，當時每五年普查一次。至於美國，立國時已有數百萬人，憲法規定每十年普查一次。但等到十九世紀後期，甚至十年一次也已經感到窒礙難行。美國人口普查局的步調，已經跟不上資料過時的速度。

　　像是1880年的美國人口普查，就足足花了八年時間才完成，資訊甚至還沒公布，就已經過時了。更糟的是，官員估計要完成1890年的人口普查會需要整整十三年！這件事不但聽來可笑，更別提還有違憲的問題。由於稅收和國會席次與人口數息息相關，所以普查不僅需要正確，還得及時。

　　美國人口普查局所面臨的問題，與千禧年科學家和商人面對的問題十分類似，就是資料鋪天蓋地而來，要蒐集的資訊量已經淹沒了處理工具，必須有新的技術才行。在1880年代，情況已經十分緊急時，美國人口普查局聘請了發明家何樂禮（Herman Hollerith），採用打孔卡片處理機來完成1890年代的人口普查。

　　何樂禮全力投入，成功將統計工作從八年縮短為不到一年！這是一項驚人的壯舉，也標示著自動資料處理的時代正式展開了（後來成為IBM公司的基礎）。然而，做為大量資料的蒐集和分析方法，這仍然非常昂貴。畢竟，每個美國國民還是都得各填寫一份表格，再轉成打卡形式，用於資料製表。由於成本實在太高，很難想像該如何才能提高普查的頻率。然而，國家人口成長率突飛猛進，十年一次實在緩不濟急。

　　問題就來了：究竟是要取得整個母體的資料？還是只要取得

一點點就好？當然，最明智的做法還是取得希望測量的完整母體資料，但如果母體規模太大，便不是那麼可行。可是這樣一來，又該如何選擇樣本呢？有些人認為，最適合的方式，就是刻意打造一個能代表母體的樣本。但是在1934年，波蘭統計學家奈曼（Jerzy Neyman）提出有力的證明，證實這種方法會導致巨大的誤差。想要避免誤差，關鍵就在於要隨機選取抽樣的對象。

統計學家證實，要提高抽樣的準確度，最好的方式並非增加樣本數，而是要做到隨機抽樣。事實上，雖然這聽起來不可思議，但如果針對一個二元問題（是非題，是與非兩者的機率差不多），隨機抽樣1,100人，結果會和完整調查所有人口相去不遠。無論總人口是一千萬人或是一億人，在95%的情形中，這裡的誤差都不會超過3%。

這件事的道理，需要用到很複雜的數學才能完整回答，但簡單來說，就是只要跨過了某一個滿早便會出現的臨界點，之後雖然依舊可以透過觀察而取得新資訊，但新資訊的邊際效用卻是愈來愈低。

隨機抽樣功績卓著，卻也暗藏缺失

「隨機」竟然比「樣本數」更重要，這件事十分驚人，也帶出了新的資訊蒐集方式。使用隨機抽樣，就能降低蒐集資料的成本，又能以推斷的方式，準確描繪母體。如此一來，各國政府可以每年進行隨機小規模抽樣調查，而不只是靠著每十年一次的人口普查。這也正是各國政府目前的做法。例如美國人口普查局，每年都會進行超過兩百項經濟和人口抽樣調查，再配合每十年一次的人口普查。

抽樣很快就不再限於政府和普查用途。從本質上講，隨機抽樣將巨量資料的問題，縮減為較易處理的資料管理問題。在企業中，抽樣也用來做為品管手段，不僅更容易、也更節省成本。原先的品質管制方式，每一個在輸送帶上的產品都必須一一檢查；現在，只要在一批產品中隨機抽樣檢測，便已足夠。同樣的，隨機抽樣也應用在零售業的消費者調查，以及政治上的即時民調。同時，過去稱為人文學科的學門，也有一大部分因此走入了社會「科學」。

隨機抽樣的功績顯著，也成為現代大規模測量的基礎，但這畢竟只是抄捷徑，是因為無法蒐集完整資料加以分析，才會使用的第二選擇。隨機抽樣本身就有一些缺點，像是最後推估結果的精確度，要取決於抽樣時究竟是否達到真正的隨機，但真正的隨機是難上加難。如果蒐集資料的方式有系統性的偏差，最後推估的結果就可能差之千里。

例如，用市話進行選舉民調，就可能會有這種問題。統計學家席佛（Nate Silver）曾點出，這種民調方式等於是歧視只用手機的人，而這些人通常是比較年輕開放的一派。於是，選舉預測也就因而失準。2008年美國總統大選，由歐巴馬和麥肯兩雄競逐。當時蓋洛普（Gallup）、皮尤研究中心（Pew）及ABC／《華盛頓郵報》進行民調，發現民調結果是否針對手機用戶加以調整，會造成一到三個百分點的差異。當時雙方局勢緊張拉鋸，相差一到三個百分點，已足以讓一切風雲變色。

最麻煩的是隨機抽樣之後，尺度難以調整，如果想把結果進一步分成子群、再觀看個別的結果，預測錯誤的可能性就會大為增加。這點不難理解。讓我們假設，現在我們隨機抽樣一千人，調查他們下次選舉的投票意向。如果抽樣方式夠隨機，樣本的母體（也就是所有選民）和抽樣樣本計算出來的結果，誤差不會超過3%。但是，3%的誤差如果還是太大，該怎麼辦？又或者，你想再把抽樣樣本依據性別、地區、收入等條件，分成許多子群，又會如何？

如果想結合某些子群，聚焦在某種特定族群，又會怎樣？例如在美國抽樣一千人，其中能夠代表「居住於美國東北部、生活富裕的女性選民」的，將遠低於一百人。這樣一來，只靠著幾十票，就想預測美國東北「所有」富裕女性選民的投票意向，就算已經用了接近完美的隨機抽樣，也不可能準確。整體樣本之中的微小偏差，到了子群就會非常明顯。

正因如此，一旦我們想要更深入、仔細研究某個有趣的資料子群，抽樣調查就無用武之地。在宏觀層面上效果良好的做法，在微觀層面卻行不通。抽樣就像是類比影像，在一定距離之外看起來不錯，但等到愈來愈靠近、把某個細節放大，影像也就變得模糊。

此外，抽樣調查還需要精心的規劃和執行。如果沒有在一開始就想清楚問題，抽樣調查結束後，通常無法再從中找出新問題的解答。因此，雖然抽樣是一條捷徑，但缺點也正在於此。這裡蒐集到的資料只是樣本、而不是一切，也就難以繼續擴展延伸，於是只能完成最初蒐集的目的，而無法用全新的觀點加以分析。

　　讓我們以DNA分析為例。在2012年，將某人的基因完成定序，大約只需要花費一千美元，已經逐漸接近能夠大量商業化操作的程度。因此，一個新興的「個人基因定序」產業正在浮現。矽谷在2007年成立了一家「23andMe」公司，只要花幾百美元，便可分析你的DNA。這項技術可以找出人體基因密碼中的特徵，得知哪些人得到某些疾病的風險較高，例如乳腺癌或心臟疾病。此外，透過蒐集所有客戶的DNA及健康資訊，23andMe也希望能找出一些前所未知的資訊。

　　但是這裡有個問題。該公司只會針對已知關於特定基因缺陷的標記部分，進行基因定序。那只是人體基因密碼的一小部分而已，還有幾十億個鹼基對並未定序。因此，23andMe回答問題時，也就只能針對特定的基因缺陷標記，而如果又發現了新的標記，就必須重新進行DNA定序（如果說得更確切，是要針對標記相關部分重新定序）。像這樣只看整體資料的一小部分，其實是一種妥協：公司可以更快找到想要的資料，成本也更低，但如果碰上之前沒考慮到的問題，就束手無策。

　　蘋果公司的傳奇人物、前執行長賈伯斯（Steve Jobs），在抗癌時採取了完全不同的方法。他成為世界上第一批將自己的DNA及腫瘤DNA加以完整定序的人。為此，他付出了美金六位數以上的代價，足足是23andMe公司收費的數百倍。但賈伯斯所得到的，也就不只是抽樣樣本或是某些標記，而是一整個關於完整基因密碼的資料檔案。

一般來說，醫師為癌症患者選擇藥物的時候，並不知道該病患的DNA是否與臨床試驗受試者的DNA相似，一切只能靠天意。然而，賈伯斯的醫師團隊，卻能夠依照他的基因組成，選擇最有效的療法。而且，每當癌症突變而使藥物失效，醫師還能轉而使用另一種藥物。根據賈伯斯的說法，就像是「從一片荷葉跳到另一片荷葉」。他打趣說：「我要不是第一個以這種方式打敗癌症的人，至少也是最後一個因此過世的人。」雖然他的預言不幸並未成真，但這種方式（取得所有資料、而不只是片段）已經讓他多活了數年的壽命。

「樣本＝母體」的時代來臨！

過去在重重的資訊處理限制之下，雖然人類試圖要測量整個世界，卻缺少蒐集大量資料的工具，因此抽樣可說是自然而然的產物。但是到了現在，抽樣可說是過往的遺跡了。過去在資料計算及整理的困難，現在已經大幅降低。各種感應器、手機GPS、網路點擊和推特，都能被動蒐集資料；電腦處理各項數據的能力也一日千里。

由於我們已經能夠駕馭大量資料，過去需要抽樣的理由也已逐漸過時。資料處理工具已經大幅改進，但我們相應的處理方法及心態，卻還沒跟上適應的腳步。

　　一直以來，我們都知道採用抽樣必須付出代價，卻又刻意視而不見：抽樣，就看不到細節。雖然在某些情況下，抽樣是唯一可行的做法，但也有許多領域已經逐漸放棄抽樣，轉而盡可能蒐集更多資料，甚至最好是蒐集完整的資料，也就是樣本＝母體。

　　如我們所見，第一，「樣本＝母體」代表著我們能研究全部的資料，抽樣可說遠遠不及。第二，我們上面提過的抽樣例子，要推估整體情形時會有3%的誤差。雖然在某些情況下無傷大雅，但這樣就沒了細節、少了詳情，無法深入探討底下各個子群的情形。雖然說，正常情況下都會出現常態分布，但生命中最有趣的常常就是出現在那些抽樣無法完全掌握之處。

　　因此，「谷歌流感趨勢」（Google Flu Trends）所依靠的，並不是小型的隨機抽樣樣本，而是全美數十億則網路搜尋字眼。像這樣使用資料整體、而非抽樣，對於流感的預測分析就更精準了，不只是能預測全國、全州的情形，甚至能縮小到某個城市。

　　打造出Farecast的伊茲奧尼，一開始僅使用一萬二千個資料點、一種樣本，已經表現得很不錯。但隨著伊茲奧尼加入更多資料，預測的效果也愈來愈好。最後，Farecast採用的是美國國內一整年幾乎所有航班的紀錄。伊茲奧尼說：「這些資料和時間有關，不斷蒐集資料，就愈來愈能看出模式。」

　　所以，我們未來愈來愈能放下隨機抽樣這種走捷徑的方式，而使用更全面的資料。當然，這需要有足夠的資料處理和儲存能力，還要有頂尖的工具來分析。另外，也需要有簡易、可負擔的資料蒐集方式。在過去，以上任何一項都是成本昂貴的難題。但現在無論在成本或是複雜度方面,都已大幅下降,彷彿一片片的拼圖已經逐漸到位。許多過去只有最大的公司才能做到的事,現在多數企業組織都能辦到。

資訊浩瀚無涯,有太多連結和細節隱沒其中,我們必須使用所有資料,才有可能看出其中奧妙。舉例來說,想查緝信用卡詐騙,就必須找出異常交易狀況,這時最好的方式就是使用所有的資料,而不只是看看抽樣。我們最想看到的就是各種異常值,但如果沒有使用大批的正常交易值做為比較基礎,就看不出異常值究竟在哪。這是一個巨量資料的問題。由於信用卡交易就在一瞬之間,分析也必須能夠即時完成。

Xoom公司專精於國際匯款業務,而且背後有許多巨量資料專家在協助,只要是該公司經手的匯款交易,都會加以分析。在2011年,分析系統忽然警聲大作,發現紐澤西州有一批發現卡(Discover Card,美國的一種地區性信用卡)交易出現異常。Xoom的執行長昆澤(John Kunze)解釋說:「系統發現,在原本不該有固定模式的地方,竟出現了固定模式。」其中,各筆交易本來看起來都沒有問題,但後來發現,這些交易都出自某個犯罪集團。碰到這種時候,如果只做抽樣檢查、而不是完整檢查所有資料,就不可能發現異常之處。

「使用所有資料」聽起來很艱巨,其實並不盡然。巨量資料不見得都要使用到規模龐大的資料,只是資料量往往不算太少。像是「谷歌流感趨勢」,就是將數十億個資料點的資料,放入數億個數學模型,用以預測流感。人類的完整基因定序,也有高達三十

億個鹼基對。只不過,讓資料成為巨量資料的原因,絕不只在於
資料點的絕對數量多少、或是資料集的大小。真正的巨量資料判
斷標準,在於是否使用隨機抽樣,例如「谷歌流感趨勢」和賈伯
斯的醫師,都是盡量使用了最完整的資料,並沒有使用隨機抽樣。

逮到相撲選手的作假比賽

全部的資料(樣本＝母體)並不一定就是龐大的資料,例
如日本有一次發現,國技相撲有比賽作假的情形,就是很好的例
子。一直以來,關於相撲作假的指控一直不斷,但也一直受到嚴
正否認。於是,芝加哥大學的經濟學家李維特(Steven Levitt)清
查過去超過十年的「所有」紀錄,試圖尋找蛛絲馬跡。李維特和
同事的精采研究結果,論文發表在《美國經濟評論》上,也收錄
進《蘋果橘子經濟學》一書當中,並提到檢驗完整資料的實用之
處。

他們總共分析了十一年、超過六萬四千場的相撲比賽紀錄,
希望能找出異常之處。他們可挖到寶了!雖然確實有假比賽,但
卻不是發生在大多數人懷疑的地方。根據資料顯示,假比賽並不
是發生在決賽場次(雖然這也確實可能受到操縱),而是發生在賽
季末、一些不為人注意的場次。這些相撲選手已經沒有贏得冠軍
的機會,所以乍看之下無關緊要。

然而在相撲賽制中,選手必須在每賽季的十五場比賽中取得
過半勝場,才能保留級別和收入。因此,如果比賽的甲方現在是

七勝七敗，乙方是八勝六敗，對甲方來說就有非勝不可的壓力，但對乙方而言卻是可有可無。兩方的意義大不相同。根據資料顯示，在這種情況下，甲方選手獲勝的比例高得驚人。

當然，無路可退的壓力確實可能讓人破釜沉舟、勇往直前，但從資料看來，事情還不只這麼簡單。像甲方這種非勝不可的選手，獲勝的情況比平常高出約25%，這實在不是光靠腎上腺素就能解釋的差異。再進一步分析資料後發現，等到下次雙方對戰，反而上次的乙方獲勝機率大增。這麼看來，上次甲方的勝利其實是乙方給的一種「禮物」，畢竟相撲世界競爭激烈，風水輪流轉，不妨做做人情。

像這種資訊，其實總是顯而易見，誰都可以看得一清二楚。然而，如果採用隨機抽樣，就可能無法浮現出來。雖然這仍然不脫基本統計原則，但是在不知道該找什麼的前提下，沒有人能判斷，最小樣本數該有多大才足夠。至於李維特等人則是採取相反做法，他們直接使用所有比賽資料，這比最小樣本數要多多了。使用巨量資料做研究，就像是釣魚，一開始的時候，非但不知道是否釣得到東西，連「釣得到什麼」也還在未定之數。

「巨量」指的是完整的資料集

資料集不一定得要有TB等級的大小。例如前面的日本相撲案例，整個資料集還沒有一張數位相片大。但做為巨量資料分析，我們要看的就不只是隨機抽取的樣本而已。巨量資料的「巨量」

不是絕對、而是相對的概念，指的是要有完整的資料集。

有很長一段時間，隨機抽樣確實是一條良好的捷徑，讓世界在還沒有良好數位科技前，也能夠分析大量資料，解決問題。然而就像是壓縮數位影像或音檔一樣，抽樣資訊必然會有所遺漏。如果有完整（或接近完整）的資料集，就能有更多探索的自由，能從不同的角度切入，或是細查某些方面。

或許可以說，這就像是Lytro光場相機，它不像傳統相機只能捕捉單一平面的光線，而是能捕捉整個完整光場大約一千一百萬束的光線。攝影師可以先照完相，之後再在數位檔案上決定要把焦點對在何處。之所以能夠如此，就是因為一開始便取得了所有的資訊。整個光場的光線都不遺漏，也就是全部的資料都蒐羅進來了：樣本＝母體！也因此，這種照片比普通照片更「可重複使用」，不像一般照片得在拍照前便決定焦點。

同樣的，因為巨量資料所要的就是全部、或至少盡量完整的資料，我們也就能夠查看細節或是進行新的分析，不用擔心有模糊不清的情形。我們也可以選擇各種粗略或精細程度，測試不同的假設。有了這種資料品質，我們才能看出相撲作假、追蹤流感傳播模式，以及精確瞄準癌症病人DNA的特定部位、對症下藥。巨量資料能讓我們看事情無比清晰。

當然，這個世界的資源仍然有限，也不是每次都一定得用到最完整的資料，而不能用抽樣。但有愈來愈多時候，「使用完整資料」會是個合理的選擇，而且科技進步，這種做法也愈來愈可行。

「樣本＝母體」這種概念影響最大的領域之一，就是社會科學。過去，社會科學要仰賴對於調查技巧學有專精的專家學者，才能解讀觀察到的社會資料，但現在，這種工作已經可由巨量資料分析取而代之。社會科學一向十分依賴各類抽樣調查的研究及問卷；但現在的做法，是讓人自然而然做著平常自己做的事，研究者只是從旁被動蒐集資料，因此能夠避免過去各種抽樣和問卷調查的誤差。例如現在有許多新的資料蒐集管道，像是從手機通聯看出人際關係，或是推特訊息所洩露出的情緒。更重要的是，抽樣的必要性已然不再。

巴拉巴西（Albert-László Barabási）是網路理論的世界權威，他希望研究人際互動，而且對象是某群人口的整體。巴拉巴西找上一家占有歐洲某國五分之一市場的行動通訊商，取得四個月內數百萬人的所有通話紀錄（已匿名），加以分析研究。這是第一次在整個社會的層次進行網路分析，使用的資料也符合「樣本＝母體」的精神。靠著研究如此規模龐大的通話紀錄，終於讓他們看到了一些其他方式不可能找到的發現。

與先前其他較小型研究的結果，不同之處在於：巴拉巴西的研究團隊發現，如果把一個在社群中連結眾多的人移除，雖然剩下的社群網路不再那麼緊密，但並不會整個崩潰。另一方面，如果移除的是與社群之外有聯繫的人，社群網路反而會突然解體。這是一項十分重要、令人有些意外的結果。誰想得到，對於某個社群來說，在社群內有很多親密朋友的人，重要性反而不及那些與外人有關的人？由此可看出，對於任何團體或整個社會來說，多樣性都至關緊要。

　　我們可能會誤以為，統計抽樣就是某種永恆不變的原理，如同幾何學、重力定律之類，放諸四海皆準。但其實抽樣的概念只有不到一個世紀的歷史，只是因為在歷史上的某個時刻、有了某種技術限制造成的問題，因而應運而生的解決方法。而今，這些限制已經大部分獲得解決。在這個巨量資料的時代，若還繼續死抓住隨機抽樣的概念，就像是在汽車時代仍然揮舞著馬鞭一般。

　　當然，在某些情況下還是可以採用抽樣，但在分析大型資料集的時候，這不必、也不會是最主要的方式。隨著時代前進，我們終將擁有處理全部資料的能力。

第 章

雜亂
擁抱不精確，宏觀新世界

　　現在有愈來愈多時候，我們都可以運用全部的資料。但這件事情是有代價的。資料量愈多，就愈可能不精確。

　　當然，資料集裡一向都有些錯誤和損毀的數據。過去，我們就一直將這些數據視為有待處理的問題（部分也是因為我們能夠解決它），絕不可能覺得「反正無法避免，就算了吧」。可是，這種態度在從小量資料走向巨量資料的時候，必然會有根本的轉變。

　　在小量資料的世界裡，我們自然而然、也有必要減少資料錯誤，確保資料品質。由於我們只蒐集少量的資料，所以要計算的部分，自然要盡可能準確。不論是要測量天體位置、或是在顯微鏡下的物體大小，世世代代的科學家都不斷改善工具，好讓測量結果更加精確。在抽樣的世界裡，對精確的要求甚至更為重要。因為，只分析少量資料點的情形下，錯誤可能放大，也就會減少整體結果的準確度。

　　歷史上，人類的最高成就多半來自於透過測量世界、進而征服世界。對於精確的追求，始於十三世紀中期的歐洲，天文學家和自然學者對於時間和空間的測量日益精準，歷史學家克羅斯比（Alfred Crosby）稱之為「對現實的測量」。

　　在這背後隱藏的信念是，如果我們能夠測量某個現象，就能理解這個現象。後來，「測量」這件事就變得和各種科學觀察法及解釋法密不可分：要能夠量化、記錄，還得呈現出可重複驗證的結果。知名物理學家克耳文勛爵（Lord Kelvin）主張「測量就是瞭解」，這也成為權威的來源。培根（Francis Bacon）也曾表示「知識就是力量」。與此同時，數學家（後來衍生出精算師、會計師）

也開發出新的方式，能夠準確蒐集、記錄和管理資料。

十九世紀的法國是全球頂尖的科學重鎮，推出精確定義的計量單位，來計算時間、空間等等，而其他國家也採用了同樣的標準。後來，這也發展出國際間共同承認的各種計算單位。這可說是「測量」達到頂峰的年代。

但不過才短短半個世紀後，1920年代發現了量子力學，也就粉碎了希望能夠全面、完整測量事物的夢想。（因為量子力學的基石之一，就是測不準原理。）然而，除了那一小群研究量子力學的物理學家之外，一般的工程師和科學家還是繼續堅守著「完美測量」的希望。而且在商務領域裡，由於開始使用數學和統計這種理性的科學，所以各種對於完美測量的要求，甚至不減反增。

開始學習容忍種種不精確

然而，面對現今的種種新局面，容忍各種不精確（也就是雜亂），其實可能是件好事，而不是缺點。這是一種取捨：放寬允許的誤差值，手中就能有更多的資料。這不只是「愈多愈好」的概念，有時候，甚至「愈多」會比「品質愈好」更重要！

我們面對著好幾種雜亂。第一種是很容易瞭解的事實：資料點愈多，發生錯誤的可能性就愈高。例如一座橋梁的應力讀數，如果我們想把測量點增加一千倍，可能出錯的機會就會爆增。

第二種雜亂，則是為了結合不同源頭、不同類型的各種資料，資料彼此不一定完全相容，也會增加雜亂度。例如，一方面用語音辨識軟體記錄電話客訴內容，再用來比較客服中心處理客訴的時間，雖然一時之間資料比較雜亂，卻更能掌握當下的實際情形。

還有第三種雜亂，指的是資料格式不一致，需要先整理過，才能使用。巨量資料專家帕蒂爾（DJ Patil）曾指出，譬如IBM這個公司名稱，資料有可能是寫成I.B.M.、或寫成T. J. Watson Labs（IBM華生實驗室）、或寫成International Business Machines（IBM全名，國際商業機器公司）。在提取或處理資料的時候，會改變資料的型態，也就可能造成雜亂，例如針對推特的訊息進行情感分析，好用來預測好萊塢票房收入時，不免也會遇到種種雜亂情況。只能說，雜亂這件事本身就十分雜亂。

假設我們想要測量某個葡萄園的溫度。如果整片葡萄園只有一支溫度計，這支溫度計就得隨時保持精確，不能故障；換句話說，就是不能有任何雜亂。相對的，如果每一百個葡萄架放一支溫度計，我們就可以用便宜一點、簡單一點的溫度計（只要沒有系統性偏差即可）。雖然說，比起只用一支精準的溫度計，這種做法很可能有幾支溫度計出錯，因而得到比較不準確、比較雜亂的數據；但其實任何一個讀數都有可能出錯，如果能蒐集到許許多多讀數，就更能看到全貌。因為這個資料集包含更多的資料點，帶來的巨大價值就讓雜亂顯得微不足道。

我們再假設，現在還要增加測量溫度的頻率。假設每分鐘測量溫度一次，我們能夠相當肯定資料會一次一次按時回報。但如果改成是每秒測量十次、甚至是一百次，由於網路傳送問題，有些資料可能會有所延遲，甚至被其他資料淹沒，於是回報的順序可能稍有混亂。雖然這樣一來似乎有些不精確，但這點小犧牲，卻能夠換得龐大的資料量。

在第一個例子中，我們犧牲了每個資料點的準確度，否則就看不到整體的廣度。在第二個例子中，我們則是放棄了準確的頻率，但這樣一來，才看得到各種本來可能會錯過的溫度變化。雖然說，只要能夠投入足夠的資源，確實就能避免這些錯誤（例如在紐約證券交易所，每秒就有三萬筆交易，而且先後順序絕不能出錯），但很多時候，與其費盡心力避免錯誤，還不如容忍一點錯誤，得到的成果會更好。

在巨量資料時代，我們應當接受用一些雜亂，換得更多的回報資料。正如科技顧問公司Forrester的主張，「有時候我們可以接受2加2等於3.9，這樣已經夠好了。」當然，資料錯得太誇張也不行，但我們可以犧牲一點準確度，好看出整體的大趨勢。巨量資料的概念，就是讓數據的重點從「精確」走向「可能性」。這種變化會需要一點適應時間，而且也不是完全沒有問題，這點在後面的章節會再提及。但現在值得簡單一提的是，資料量增大的時候，我們常常會需要接受雜亂的事實。

有些人認為，關於資料特性的這種轉變，在電腦領域也有類似的情況。我們都知道，電腦處理能力這些年來的進展遵守摩爾定律：單一晶片上的電晶體總數，大約每兩年便會增加一倍。這樣的持續進步，使得電腦的運算速度愈來愈快，儲存的內容也愈來愈豐富。但比較少人知道的是，在各種運算系統背後的演算法也同樣有其進展，而且根據美國總統科技顧問委員會的說法，在很多領域，進展甚至比摩爾定律描述下的處理器更快。

應用在西洋棋、語料庫、語言翻譯

值得注意的是，很多時候，這些有益於整體社會的進展，並不只是因為晶片更快、或是演算法更精良了，而是因為有了更多的資料。

舉例來說，由於西洋棋規則完善、且行之有年，過去幾十年間，相關的演算法並沒有太大的變化。但現在的電腦棋力確實大有進步，部分原因在於它們的殘局處理能力比過去好得多，因為現在的系統裡有了更多的殘局應對資料。事實上，針對只剩下六顆棋子以下的殘局，所有的可能棋步都已經有了完整分析（也就是樣本＝母體），且做成一張巨大的表，在未經壓縮的情況下，檔案足足超過1TB。這樣一來，在最重要的殘局處理上，電腦西洋棋玩家的棋步絕對完美無瑕，任何人類玩家都不可能勝出。

另外，在自然語言處理這個領域，也已證明資料的量比品質更為重要。（自然語言處理，指的是由電腦分析我們日常的語言並加以學習。）大約在2000年，微軟的研究人員班科（Michele Banko）和布里爾（Eric Brill）希望能找出方法，改善微軟Word軟體的文法檢查。他們還不確定，究竟是該努力改善現有的演算法、還是該尋找新的技術、或是要增加更複雜的功能。但在選擇其中一條路之前，他們決定先試試看，如果單純將更多資料餵給現有的演算系統，效果會如何。

　　大多數的機器學習演算法，靠的都是在一百萬字以內的語料庫。班科和布里爾選了四種常見的演算法，並且輸入了三種不同數量級的資料：一千萬字、一億字，最後則是十億字。

　　結果十分驚人。隨著輸入的資料量不斷增加，這四種演算法的表現也顯著提升。其中有一個簡單的演算法，在資料規模五十萬字的時候，表現是四組裡最差的，但等到輸入了十億字資料，反而表現得最好，準確率從75%升到95%以上。相反的，原本在小量資料下表現最好的演算法，在資料規模提升之後，雖然效能也大幅提升，但只是從86%提升到大約94%。班科和布里爾在發表的論文裡提到：「由此可見，我們可能要重新考慮，究竟是該投資更多錢來開發演算法，還是擴大語料庫。」

　　現在我們知道，資料多比少好，甚至有時候，資料多比品質好更重要。那麼，雜亂在此又扮演什麼角色？在班科和布里爾的實驗之後數年，對手谷歌旗下的研究人員也走上類似的路線，但規模放得更大。這次他們用的不只是十億字，而是足足一兆字。谷歌這次不只是想開發一個文法校正軟體，而是要解決更複雜的問題：語言翻譯。

　　早在1940年代，當時的電腦還在使用真空管，電腦的體積有整個房間那麼大，但機器翻譯就已經是當時先驅研究者的期望了。等到冷戰期間，美國取得大量的俄語書面及口語資料，亟需翻譯，但又缺乏人手，因而使得機器翻譯更形迫切。

　　一開始，電腦科學家採用文法規則加上雙語詞典的方法，開

發機器翻譯。在1954年，一台IBM電腦儲存了二百五十組雙語
詞彙配對、以及六條文法規則，並藉此翻譯了六十個俄文短句。
當時的結果看來前途一片光明。例如，將俄文 *Mi pyeryedayem mishyi
posryedstvom ryechyi* 用打孔卡輸入 IBM 701 電腦，就會轉換成英文 We
transmit thoughts by means of speech.（我們以演講傳達思想）。在
IBM事後的慶賀新聞稿上，也稱這六十個短句「翻譯流暢」。這項
研究計畫的主持人、喬治城大學的多斯特（Leon Dostert）預測，
在「三年或五年後」，機器翻譯就會成為「既成事實」。

　　但最後證明，最初這場成功其實只是誤會一場。到了1966
年，機器翻譯的一群先進，不得不承認失敗，他們沒料到問題比
想像中更困難。要教導電腦如何翻譯，教的不只是規則，還得教
例外。翻譯不只是記憶和回憶，還得從眾多的選項中，選出最恰
當的詞語。像是法語bonjour，究竟是該譯成「早安」，還是「你
好」、「哈囉」，或是簡單就譯個「嗨」？答案是：這一切都要視
情況而定。

　　1980年代末，IBM研究人員又有了新想法。這次不是將字典
或明確的文法規則輸入電腦，而是讓電腦懂得如何使用機率，去
計算A語言的某個詞彙，最有可能對應到B語言的哪個詞彙。在
1990年代，IBM開始開發Candide系統，輸入十年之間加拿大國
會的英法語雙語文件，大約是三百萬個句對。由於這些是官方文
件，翻譯的品質非常高，而且依當時的標準，資料量也很龐大。
後來，這種技術稱為「統計機器翻譯」，將翻譯問題巧妙的轉換成
複雜的數學問題。而且，這看來效果很不錯，讓電腦翻譯的成果

突飛猛進。只不過，在這項概念上的大躍進之後，雖然IBM投入大筆資金，進展卻不大。最終，IBM決定放棄。

但不到十年後，谷歌在2006年也跨進翻譯領域，做為「匯整全球資訊，供大眾使用，使人人受惠」的使命之一。谷歌不是使用兩種語言完美對應的翻譯網頁，而是使用自己手上更龐大、但也更混亂的資料集：整個全球網路。谷歌的翻譯系統會收錄所找到的每一則翻譯，用來訓練電腦，資料來源包括公司網站的多語版本、官方文件的多語翻譯，以及國際組織（例如聯合國和歐盟）的多語報告。甚至像是「谷歌圖書掃描計畫」納入的書籍翻譯，也是資料來源之一。

谷歌翻譯的負責人歐赫（Franz Josef Och）是機器翻譯領域最重要的權威之一，據他所言，IBM的Candide系統用的是三百萬個精心翻譯的句子，而谷歌所用的卻是數十億個翻譯的網頁，但品質高下不一。這個高達數兆字的語料庫，共有九百五十億個英語句子，只是品質不見得可靠。

雖然這些資料有些雜亂，但谷歌的翻譯服務卻是效果好得出奇。雖然翻譯品質仍然不完美，卻已經比其他系統更為精確，而且資料豐富的程度，更是遠遠超過其他系統。到了2012年中，谷歌的資料集已經涵蓋超過六十種語言，甚至還有十四種語言可以用語音輸入，轉為流暢的譯文。而且，因為這套系統將語言視為雜亂的資料、只是用來判斷機率，因此甚至可以用來翻譯平常少有直接對譯的語言，例如在北印度語和加泰羅尼亞語之間對譯。在這種時候，谷歌會使用英語做為中間的橋梁。這種做法比其他翻譯軟體的方法更靈活,因為隨著語用的變化,谷歌也能夠自由增減字詞。

谷歌翻譯成效良好的原因,不在於演算法更為聰明,而是谷歌研究人員的想法就如同班科和布里爾,做法是輸入更多資料,而不只是輸入高品質的資料。谷歌能夠使用比IBM的Candided系統大上數萬倍的資料集,原因就在於願意接受雜亂。2006年,谷歌公布了達到上兆字的語料庫,來源就是整個網路上各種混亂的資料,可以說各種「野生資料」都納入了。這個語料庫可說就是翻譯系統的「訓練教材」,可以用來計算各種可能性,例如某個英文字之後出現另一個字的機率。

最早期的語料庫,是1960年代著名的布朗語料庫(Brown Corpus),共收錄一百萬英語詞彙,但谷歌的語料庫絕不可同日而語。資料集更大,也就能在自然語言處理上有長足的進展,而這正是語音辨識和機器翻譯系統的基礎。谷歌的人工智慧專家諾威格等人,就曾在一篇名為〈資料的非理性效果〉的文章中寫道:「簡單的模型、加上大量的資料,就會打敗很複雜、但資料較少的模型。」

諾威格等人也指出,雜亂正是關鍵:「在某些方面,可以說谷歌語料庫還不如布朗語料庫,因為資料內容的網頁未經過濾,會有不完整的句子、拼字錯誤、文法錯誤,以及其他種種錯誤,而且也沒有經過人工精心修正、標注各種詞類資訊。但就因為它的規模是布朗語料庫的百萬倍,已足以蓋過所有缺點。」

資料數量比資料品質更重要

　　傳統的抽樣分析專家，不太容易接受雜亂的概念，畢竟他們一輩子都在竭盡心力掃除雜亂的情況、避免不精確。光是在蒐集樣本的時候，他們就孜孜矻矻的，要減少錯誤率，而且在公布結果之前，還會再測試樣本，以免有偏差。他們會用各種辦法減少錯誤，包括蒐集樣本時遵守明確的規定、並由經過特別訓練的專家來操作。這樣一來，就算只有幾個資料點，成本也十分高昂。想用在巨量資料，就更別提了，不僅太過昂貴，而且在這樣的規模下，絕不可能維持一貫的嚴謹蒐集標準。就算全部由機器自動化，也無法解決這個問題。

　　要走進巨量資料的世界，我們必須改變奉精確為圭臬的想法。時間已經走到二十一世紀，如果在這個數位時代還死守著傳統的測量心態，就是大錯特錯。正如前面所提，我們對精確的執念，其實是由於過去類比時代缺乏資訊，當時每個資料點都至關重要，因此必須非常謹慎，以免任何偏差都可能影響分析結果。

　　然而時到今日，已經不再是這種資訊匱乏的環境。資料集愈來愈走向全面，不再只能看某種現象的一小部分，而是幾乎能看到完整的整體，不再需要擔心單一資料點的偏差會影響整體分析。這個時候，想處理掉所有不精確的資料，成本會愈來愈高，我們只能正面接受雜亂的情形。

　　現在工廠裡使用感應器的方法，就是個例子。英國石油公司位於美國華盛頓州布蘭市的櫻桃岬煉油廠，全廠各處都裝有感應器，形成無形監控網，即時產生大量資料。由於煉油廠環境溫度極高，又有各種用電的設備，因此會干擾部分資料，形成雜訊。然而，廠房裡無線及有線感應器產生的資料量夠大，足以蓋過這種缺點。光是能夠增加偵測頻率和擺放感應器的位置數量，就能有顯著的成效。現在，英國石油公司不再是定期測量油管壓力，而是隨時監控，廠方能夠知道某些種類的原油更具腐蝕性。這在資料量不足的時候，是不可能實現的。

等到資料量夠大、型態也有所不同的時候，只要能預測到大趨勢，就不再一定要以精確為目標。資料規模擴大之後，更該正視「追求非常精確」是否可行。如果能接受資料就是不完美、不精確的，反而更能用來預測未來，理解世界。

值得一提的是，真正造成雜亂的，並不是巨量資料本身，而是因為用來測量、記錄和分析資訊的工具還不完善。如果相關科技能夠臻於完美，「不精確」的問題就會消失。但在實現之前，我們還是得面對雜亂的現實，而且很可能並不只是一天兩天的事。

早期的統計人員決定放下擴大樣本的概念，轉而追求更高的隨機性；同理，我們現在應該放下追求精確的概念，轉而追求更巨量的資料。

這裡有個有趣的例子：「十億價格計畫」。每個月，美國勞工統計局會公布消費者物價指數（CPI），這可用來計算通貨膨脹率。CPI對投資者和企業來說十分重要。無論是美國聯邦儲備委員會要調高或調降利率、民間企業調整基本工資，或是聯邦政府計算社會安全福利款項及某些債券的利息，都會以CPI做為考量。

　　為了得到這個數據，勞工統計局雇用數百名員工，在全國各地九十個城市，用電話、傳真、或是親自造訪店面及辦公室，取得從番茄到計程車資等等，超過八萬個項目的價格。這一切，大約一年要花上二百五十萬美元。投入這麼多金錢之後，確實能得到清楚、乾淨、有秩序的資料，不過在得到最後數據之前，還是得再等上幾個禮拜。2008年的金融危機告訴我們，幾個禮拜的影響可說是天差地別。決策者必須要能更快得到關於通膨的數據，才能做出正確的決定。但如果還拘泥傳統，一心追求抽樣品質和精確，就不可能實現這個理想。

　　對此，麻省理工學院的卡瓦洛（Alberto Cavallo）和里格本（Roberto Rigobon）兩位經濟學家，應用雜亂的巨量資料，走出另一條不同的路。他們使用抓取網頁的軟體，每天可以蒐集全美超過五十萬項的產品價格。這些資訊十分混亂，而且不是所有資料點都可以簡單加以比較。然而，靠著結合巨量資料的蒐集和巧妙的分析，他們的系統在2008年9月雷曼兄弟控股公司申請破產之後，立刻發現物價出現通貨緊縮的趨勢，而官方的CPI資料要等到11月才出現跡象。

　　麻省理工學院的這項研究計畫，後來創業成為PriceStats公司，許多銀行及企業都靠它的資料，做出經濟方面的決策。該公司每天會蒐集超過七十個國家、數百名零售商銷售的產品價格。當然，他們的數據還需要仔細詮釋，但在預測通膨上，他們的數據比官方統計資料更快。由於這裡的商品價格更多、而且可以即時得到數據，決策者也就明顯占了優勢。

（想檢驗國家的統計機構是否可靠，也可用這個方法做為外部檢查。例如《經濟學人》雜誌不相信阿根廷計算通膨的方式，寧可相信PriceStats的數字。）

Flickr讓使用者自己貼標籤

在科技和社會的許多領域，我們已經學會擁抱更多但雜亂的資料，而不是一心追求少量但精確的資料。想想看，要把資料分類的例子。幾個世紀以來，人們想出許多分類和索引，以便儲存和檢索資料。或許有些人還記得以前圖書館的卡片目錄，像這些分層系統從來就不完善，總叫人頭痛不已。可是在小量資料的情境下，或許這樣也夠好了。然而，如果把規模大幅擴張幾個數量級，這些原來該讓一切井井有條的系統，就會四分五裂。

舉例來說，在2011年，相片分享網站Flickr已經擁有超過七千五百萬用戶、上傳超過六十億張相片。在這種數量下，根本不可能事先設想好所有相關分類。譬如，誰能事先想到像是「看起來像希特勒的貓」這種分類？

Flickr並不是在事先定出分類項目，而是採用了比較雜亂、但也就比較靈活的方法，能夠適應這個不斷發展和變化的世界：使用者將照片上傳到Flickr的時候，可以自己定「標籤」。換句話說，我們可以自己定出任意數量的文字標籤，用來組織和搜尋資訊。這些標籤的定法並沒有標準，沒有任何必須遵守的現成分類。只要自己動動手，任何人都可以加上新的標籤。這種用標籤來分類資訊的動作，已經成為網路上的現實做法，像是推特和部落格等社交媒體網站，都奉行不悖。加了標籤，就像是讓浩瀚的網路海洋上有了燈塔，特別是圖片、影片、音樂之類的非文字資料，如果沒有標籤，要搜尋就難上加難。

當然，有些人可能在定標籤的時候，把字拼錯，造成不精確（不是資料本身不精確，而是組織方式的問題）。這對於過去那些受訓練要追求精確的人來說，可真是難以忍受。然而，這種雜亂的照片組織方式，卻能讓我們擁有更豐富的標籤分類方式，擴大來說，也就是更多尋找照片的方式。結合各種標籤之後，我們就能以前所未有的方式來篩選照片。

標籤這種方式必然有不精確的地方，但這其實就是這個世界固有的雜亂。面對喧囂混亂的現實，過去那些比較精確的分類系統，總是抱著幻想，希望天底下所有東西都可以排成整齊的一行行一列列，裝扮出井然有序的模樣。但標籤正可矯正這種想像。天地之間包羅萬象，絕非事先分類所能預想得完。

許多網路上最火紅的網站，也是在假裝精確的外表下，擁抱了不精確。譬如推特或是臉書，都會在「推」或「讚」的按鈕下面，顯示按過的人數。數字還不大的時候，會顯示確切的數字，例如「63」。但等到數字變得比較大，就只會顯示近似值，例如「4K」。其實系統當然知道實際的總和，只是隨著規模增加，也就不太需要顯示確切的數字。此外，這個數字也可能改變得非常快，在顯示的瞬間就已經過時了。

類似的情況也出現在谷歌的 Gmail，比較近的信件會標出明確

的時間，例如「11分鐘前」，但等到時間一久，就可能是個大略的
「2小時前」。與臉書等網站的做法，英雄所見略同。

　　長期以來，商業智慧分析軟體業都承諾客戶，要提供「單一
版本的事實」。這個口號從2000年以來，就在這個領域喊得震天價
響。經理人可不是在諷刺，而是真心相信如此。直到現在，有些
人還是深信不疑。所謂「單一版本的事實」，指的是無論誰進到公
司的資訊系統，拿到的都是最新版本的相同資料；行銷團隊和銷
售團隊就不用在開會前大打一架，爭論誰手上的才是正確的客戶
數字或銷售數字。「單一版本的事實」這種概念認為，只要大家手
中的事實一致，彼此的利益也會更一致。

　　但事實正好相反。我們開始發現，不只「單一版本的事實」
不可能存在，甚至光是以此為目標，就會造成干擾。為了能得到
巨量資料帶來的好處，我們在商場上，也必須接受過程中會帶有
雜亂的事實，而不是視為必須處理掉的問題。

掀起資料庫設計革命

　　我們甚至看到，這股支持不精確的風氣，已經入侵了一個最
不能容忍不精確的領域：資料庫設計。如果想使用傳統的資料庫
引擎，資料就必須結構井然、精確無誤，不能光是儲存起來就算
了，還必須分成包含各種欄位的紀錄。在每個欄位裡，資訊都必
須是特定的類型和長度。例如，如果某個數字欄位限定為七位，
就無法輸入一千萬以上的數字。如果用了某個數字欄位來記電話

號碼，就只能輸入數字，不能輸入「無」這種文字資料。如果還是想輸入這些資料，就得改變整個資料庫的結構。現在的電腦和智慧型手機仍然會碰到類似的問題，軟體硬是不接受我們想輸入的資料。

而傳統的索引也是預先定義的，搜尋功能有限。如果想要新加一個索引，往往需要一切從頭開始，曠日費時。過去的傳統資料庫，也就是所謂的關連式資料庫，應付的是當時資料有限的狀況，所以能夠、也希望讓一切井井有條。當時，必須在一開始就知道要問哪些明確的問題，再據以設計資料庫，好讓資料庫能夠有效回答這些問題——但資料庫也就只能回答這些問題而已。

以上這種資料儲存和分析的觀念，與現實生活已經愈來愈脫節了。現在的資料不僅種類繁多，而且數量龐大，很難一開始就明確清楚的定出用來分類的類別。常常是資料蒐集整理到一半，才發現究竟該問什麼問題。

這些事實引出了新的資料庫設計，打破過去關於紀錄、預設欄位的舊原則，不再要求資訊須區分成明確定義的層級。長期以來，存取資料庫最常用的程式語言一直是 SQL（structured query language，結構化查詢語言），光是名字聽起來就夠硬的。但近幾年來，已經轉向 NoSQL 邁進，不再需要預設結構。NoSQL 能夠接受不同類型和大小的資料，而且還很方便搜尋。由於這類資料庫容許結構上的雜亂，這種資料庫就需要更強大的處理能力、更多的儲存空間。不過，由於現在的儲存及處理成本大減，這筆生意我們還做得起。

赫蘭德（Pat Helland）是資料庫設計的世界權威，講到這項根本上的轉變，曾寫有一篇文章〈如果資料太多，那麼「夠好」就夠了〉。赫蘭德發現，目前的資料雜亂，不僅來源不一，正確度也不同，一些傳統的資料庫設計原則已不再適用。他的結論是：「我們再也不能假裝自己是生活在一個乾乾淨淨的世界裡了。」處理巨量資料的方法，不可避免會遺漏部分資訊，赫蘭德稱為漏失（lossy），但這種漏失卻能換來處理的速度。赫蘭德認為，「答案稍有漏失，無傷大雅，業務上常常都是如此。」

根據傳統的資料庫設計，不論任何時候，都應該提供一致的結果。像是查詢帳戶餘額，就應該是確切的數額。只要沒有存提款，就算等了幾秒再查一次，系統給的答案也應該完全相同。然而，由於系統的使用人數和蒐集的資料數量都在增加，這種一致性也逐漸難以為繼。

大型的資料集往往不是儲存在單一位置，而是儲存在許多不同的硬碟和電腦當中。為了確保系統的可靠度和速度，同一筆紀錄也可能存在兩、三個不同的位置。如果其中一個位置更新了資料，而存在其他位置的資料沒能同步更新，就會成為略微過時的資料。對傳統的系統來說，這就是稍有延遲，是不能忍受的。但現在的資料廣布各地，伺服器每秒更得應付數萬筆的查詢，傳統做法便不再適用。這時候，接受雜亂就是一種解決方法。

谷歌的MapReduce系統十分擅長處理巨量資料，而同一類型的開放碼軟體Hadoop現在也大受歡迎，正可看出「接受雜亂」逐漸成為風氣。Hadoop的做法，是將資料打散成小塊，分散到不同的機器之中。因為考量到硬體故障的可能，所以Hadoop本身會存有副本備援。而且Hadoop還預設：由於資料量十分龐大，所以不可能在處理之前就清理乾淨、排序整齊。過去典型的資料分析過程需要先經過資料「取出、轉換及載入」（ETL）的過程，將資料移動到進行分析的位置，但Hadoop認為，現在資料量實在太龐大，移動工程浩大，不如省下這些動作，直接在所處位置加以分析。

與過去的關連式資料庫相比，Hadoop輸出的結果比較不準確，不能用在發射太空船、或是查詢銀行帳戶詳細資料等用途。但有些事情其實不需要絕對精確的答案，這時候Hadoop的速度就能把其他系統遠遠拋在後面。舉例來說，現在有一份完整的客戶名單，而公司想寄信給其中一些人，進行促銷活動。Visa公司正是想從手上兩年間的七百三十億筆交易資料中，挑出適當人選，於是採用了Hadoop，將原來需要一整個月的處理時間，縮短到只需十三分鐘而已。處理速度像這樣大幅增加，對於企業來說真是革命性的發展。

前谷歌資訊長梅瑞爾（Douglas Merrill）成立的ZestFinance公司，也可以證明「接受雜亂」好處多多。使用該公司的科技，可以判斷是否要提供小額短期貸款，給一些似乎過去信用紀錄不佳的人。傳統的信用評分只參考少數幾個重要指標，像是過去是否曾經逾期還款；但ZestFinance還會分析許多比較「不重要」的因素。在2012年，該公司的貸款違約率比起行業平均，要低了三分之一。但想要有這樣的成就，就必須接受雜亂。

梅瑞爾表示：「有趣之處在於，根本不可能有誰的資料是真正完整的，總是有許多資料無法取得。」ZestFinance手中關於借款客戶的資料，其實少得令人咋舌，資料庫中有許多欄位都是空著的。對於這些空著的欄位，公司的做法就是設算、推算。舉例來說，ZestFinance的客戶有大約10%被誤登記成「已死亡」，但事實證明，這並不影響還款。梅瑞爾賊賊的笑道：「顯然，講到活屍的時候，大多數人沒想到他們還會還錢，但是從我們的資料看來，他們的信用可還不賴！」

巨量資料的規模，用傳統方法和工具無法處理。可是一旦我們學習了如何與巨量資料的雜亂共存，就能得到前所未有、極具價值的服務。根據某些估計，所有數位資料只有5%是適合傳統資料庫的「結構化」形式。如果不接受雜亂，便無從使用其他95%的非結構化資料，例如網頁和影片。只要願意接受不精確，就等於是打開了一個窗口，可以望向過去未曾踏及的世界，取得全新的觀點。

擁抱全新的可塑性

我們過去曾經隱隱做了兩個妥協，現在我們已經太過習慣，甚至不覺得這些是妥協，只覺得一切理所當然。首先是沒有料到自己可以使用到更多的資料，於是停步不前。但現在的限制已經逐漸打破，慢慢接近「樣本＝母體」的境界，為我們帶來許多好處。

第二個妥協則在於資訊的品質。過去缺少資訊的時代，重視資訊準確是合理的做法，畢竟蒐集到的資料已經很少，精確就顯得相當重要。就算到了現在，很多時候我們仍然應該要求精確。但還有很多其他事，與其要求完全精確，還不如快速掌握大致輪廓、或是抓住發展趨勢。

要使用完整資訊或部分資訊，或是否接受雜亂而不事事追求精確，都會對我們與世界的互動，產生深遠的影響。隨著巨量資料科技成為日常生活的一部分，整個社會就會開始用比以往更宏大、更全面的觀點來看世界，也就是「樣本＝母體」的看法。在過去我們要求清晰、明確的領域，可能開始可以容忍模糊、矛盾了（當然，過去的清晰、明確也可能只是個假象）。我們接受這一切，是為了要更能看到現實的全貌，就像是印象派繪畫，近看只是凌亂的筆觸，但向後退一步看，就是偉大的畫作。

巨量資料強調資料的完整和雜亂，比起過去那些規模小但精確的資料，更能接近現實。當然，「部分」資料和「精確」確實有其吸引力，彷彿一切都十分穩定，令人放心，但如果只把自己限制在可以分析的資料，對世界的理解就可能變得不完整，甚至產生錯誤的見解。此外，如果只看那些能夠蒐集來細細研究的資料，不就是一種故步自封的心態，等於停止追求看到一切、不想得到各種可能的觀點。在小量資料的小小世界裡，我們或許會因為精確而感到自豪，但就算能夠把細節分析得再細、再精準，還是錯過了全貌。

到頭來，巨量資料可能會要求我們有所改變，要更能接受混亂和不確定性。在過去，關於精確的追求，似乎成了生活的基本架構，一切都非常自然，就像一個問題只會有一個答案。但其實生活的架構並不是那麼固定，承認新的可塑性，甚至擁抱新的可塑性，就會讓我們更接近真實一大步。

像這些在心態上的重大變革，便會帶來第三種改變，甚至會顛覆一項更重大的社會基礎：對於一切事物，都想找出背後的原因。下一章將會解釋，我們其實不一定需要找出原因，只要從資料中找出相關性，並據以行動。能這麼做，通常便已足夠。

第 **4** 章

相關性
不再拘泥於因果關係

　　1997年，二十四歲的華盛頓大學人工智能博士班學生林登（Greg Linden），暫時停下學業，轉而在當地的一家線上書商工作。這家公司才剛開幕兩年，但是生意興隆。林登回憶說：「我很喜歡他們販售書籍、販售知識的概念，也很喜歡幫助人找到有興趣閱讀的書。」這家網路書店正是亞馬遜（Amazon.com），林登擔任軟體工程師，確保網站運作平穩。

　　亞馬遜的員工並不只有技術人員。早在當時，公司便已雇用十多位書評和編輯，來寫作書評及提出建議閱讀的書目。雖然很多人都對亞馬遜的故事知之甚詳，但比較少人還記得，一開始的網站內容都是由員工親力親為。像是由編輯和書評挑選出適合的書籍，放在亞馬遜的首頁推薦。正是這些人發出了所謂「亞馬遜的聲音」，咸認為這是亞馬遜最珍貴的資產，奠定了競爭優勢。由於這能夠明顯刺激銷量，《華爾街日報》當時還有一篇報導，將這些人譽為全美最具影響力的書評家。

　　接著，亞馬遜公司的創辦人兼執行長貝佐斯（Jeff Bezos）開始嘗試一個重要的想法：如果亞馬遜能夠依據客戶的個人喜好來建議書籍，那會如何？從一開始，亞馬遜就取得了關於所有客戶的大量資料，包括：客戶買了什麼？有哪些書是考慮了卻沒買？考慮的時間又有多久？還有，哪些書會一起買？

　　這批資料量非常龐大，所以一開始亞馬遜還是採用傳統方式處理，希望透過樣本分析，找出客戶之間的相似性。這種做法得到的建議書單很粗糙，像是買了一本關於波蘭的書，後續系統就會建議一大票關於東歐事務的作品。買了一本育嬰書，嬰兒相關書籍的推薦就如雪片飛來，但其實內容都差不多。馬可斯（James Marcus）曾在1996到2001年間擔任亞馬遜的書評，他在回憶錄《我在Amazon.com的日子》就提到：「系統推薦的書，都和你過去買的大同小異，而且沒完沒了。有點像是和笨蛋一起去買東西一樣。」

亞馬遜解散書評團隊

林登想到了一個解決方案。他發現，想比較客戶彼此之間的異同，在技術上實在太繁瑣，其實犯不著這麼做，只要比較產品本身之間的關聯就可以了。林登等人於是研發出「品項對品項」（item-to-item）協同篩選技術，在1998年申請專利，讓推薦系統整個改頭換面。

由於產品之間的分析可以事先處理，不用臨時完成，所以系統可以在瞬間就提出建議。而且這種方法也能夠跨越各種產品類別，不限於書籍。因此，在亞馬遜跨足書籍以外的領域時，像是電影或烤麵包機，也都能在推薦之列。並且，因為用的是完整的全體資料，現在系統提出的建議也比過去精準得多。林登回想過去的情形：「我們會開玩笑說，如果系統運作完美，亞馬遜只需要秀一本書給你看就好了，那正是你下一本想要買的書。」

有了這套系統，亞馬遜得要開始二選一的抉擇：究竟該在網站上放哪種內容？A選項是機器計算產生的結果，像是針對個人的推薦及暢銷書排行榜，B選項則是由亞馬遜的內部編輯人員撰寫的書評。換言之，究竟是客戶滑鼠點了什麼比較重要，還是書評說了什麼比較重要？這可說是一場（滑）鼠和人的大戰！

於是，亞馬遜測試了一下，看看是編輯寫出的內容帶來的銷量高，還是電腦自動產生的內容帶來的銷量高。結果是天差地別：由資料自動產生的內容，帶來的銷量遠遠勝過人工寫出的內容。電腦可能根本不知道，為什麼愛讀海明威作品的人，也會想買費茲傑羅的作品。但這似乎不重要，只要收銀機的聲音響個不停，那就夠了。

最後，編輯群收到一份報告，明確告訴他們，如果亞馬遜網頁以他們的書評為主，會讓銷量跌掉幾個百分點。書評團隊最後終告解散。林登回憶說道：「書評團隊遭到遣散，我也很難過。但事實明顯擺在眼前，而且這個團隊的成本實在太高。」

現在，據說亞馬遜的總銷量有三分之一是來自電腦的推薦和客製化系統。靠著這些系統，亞馬遜已經讓許多競爭對手黯然退場，不只大型實體書店和唱片行應聲倒地，就連一些以為自己可以更貼近客戶的地方書店，也不敵這波改變的風潮。事實上，林登的研究成果讓電子商務徹底改變，幾乎所有人都採用了這種新的做法。例如線上租片公司 Netflix，有四分之三的新訂單都是出自電腦的建議片單。在亞馬遜的帶領之下，數千個網站都走上這種模式，雖然不知道客戶究竟為何喜歡某些東西，但仍然能夠向客戶推薦各種產品、內容、朋友、團體等等。

我們一向都想知道「為何如此」，但在這裡，「為何如此」對於刺激銷量並沒有什麼助益，只要知道「正是如此」就行了。這個概念不只改變了電子商務，還改變了許多其他行業。過去所有行業的銷售員都以為，應該要注意是什麼讓客戶願意點頭，必須找出客戶做各種決定的背後原因。在這種時候，專業技能和多年經驗都非常重要。然而，巨量資料卻告訴我們，還有另一種可能更為務實的方法，就是像亞馬遜創新的建議系統，能夠找出各種可創造價值的相關性，不用知道背後的原因也沒差——只要知道「正是如此」，不用知道「為何如此」也沒關係。

抓住相關性，就抓住機會

在原本小量資料的情境下，相關性就已經相當實用，而到了巨量資料的情境，更是大放異彩。靠著相關性，我們對事物的觀察就能更快、更輕鬆、也更清楚。

相關性的核心概念，就在於將兩個資料值之間的統計關係加以量化。兩者之間的相關性強，代表著如果其中一個值有所變化，另一個值就極有可能也跟著改變。在「谷歌流感趨勢」就能看到這種相關性：某個特定地理區域，有愈多人用谷歌搜尋某些詞彙，就會發現有愈多人得到流感。相反的，如果兩者之間的相關性很弱，代表其中一個值改變的時候，另一個值可能沒什麼變化。例如，我們可以試著算算看，人類頭髮長度和快樂程度之間的相關性，應該會發現，從頭髮的長度並不能看出他或她開不開心。

運用相關性的觀念，可以讓我們在分析某個現象的時候，不用抽絲剝繭找出它內部運作的道理，我們只要找到有用的指標即可。當然，就算兩者之間的相關性再強，也不見得一定必然同時發生。也有可能，這兩件事情不過是因緣巧合、行為類似罷了。這種時候，套句經驗主義者塔雷伯（Nassim N. Taleb）的話，我們就是「被隨機性所愚弄」。

請留意，講到相關性的時候，兩者間的關係並沒有確定性，只有可能性。你只能說，如果相關性強，兩者有所關聯的可能性就極高。亞馬遜的客戶，很多人的書架都放滿了由亞馬遜網頁推薦而來的書，正可證明這個觀點。

只要能找到某個現象的指標，我們靠著相關性，就能抓住現在、預測未來。例如，我們想要預測A現象，但它本身十分難以測量或觀察。這時我們發現A常常和B同時發生，於是只要緊盯住B，把B當成指標，就能預測A是否將要發生，而且也能觀察還有哪些現象也會和A同時發生。更重要的是，B還能幫助我們預測A在未來會發生什麼事。

當然，相關性並不是真的能預知未來，只能說有一定的可能性。但光是如此，便已價值非凡。

以沃爾瑪為例，它是全球最大的零售商，擁有超過兩百萬名員工，年銷售額約四千五百億美元，全球有大約五分之四的國家國內生產毛額還不及沃爾瑪的年銷售額。在網路帶來巨量資料量之前，沃爾瑪手中的資料量可能是全美企業之首。早在1990年代，沃爾瑪便開始透過「零售鏈」系統，記錄所有產品的資料，徹底改變了零售業的運作方式。

　　「零售鏈」讓沃爾瑪的供應商，能即時看到銷售率、銷售量以及存貨量。靠著讓一切資料透明，沃爾瑪便能將庫存的問題直接丟給供應商自己處理。很多時候，在商品真正抵達賣場之前，商品都還不歸沃爾瑪所有，而是由供應商自行負責，所以沃爾瑪能夠減少庫存風險，降低營運成本。沃爾瑪靠著這些資料，可說是搖身一變，成了世界上最大的寄賣店業者。

藉助電腦進行相關分析

　　就算是過去的資料，如果用新方法來分析，又會如何？具備資料分析專業的天睿（Teradata）公司，前身是美國著名的「全國收銀機公司」。沃爾瑪便是與天睿合作，請他們從資料中找出重要的各種相關性。2004 年，沃爾瑪開始搜索其龐大的歷史交易紀錄：每個顧客究竟買了什麼？總消費額多少？另外還買了什麼商品？是幾點上門？甚至還包括當時的天氣如何。

　　靠著這種做法，沃爾瑪發現，在颶風來襲之前，銷量大增的不只是手電筒，還包括一種美國的小甜點 Pop-Tarts。所以在颶風來臨前夕，沃爾瑪就會把一盒又一盒的 Pop-Tarts 堆在各種風災必需品旁邊，方便急忙前來購物的顧客一次滿足，同時也提高自己的營業額。

　　在過去，這必須靠著在總部的某個人「靈光一現」，才會去蒐集資料，看看這種想法是否為真。但現在已經有了完整的資料和更好的工具，就能更快、更省事的找出各種相關性。（雖說如此，我們還是必須謹慎小心：資料量增加幾個數量級的時候，也會出現更多似是而非的相關現象。由於我們才剛開始摸索這個領域，更需要格外小心。）

早在巨量資料出現之前，相關分析（correlation analysis）便已經證實十分重要了。1888年，達爾文的表弟高騰爵士（Sir Francis Galton）發現男子的身高和前臂長度有關，於是提出相關分析的概念。相關分析背後的主要數學概念，其實十分直觀可靠，這讓相關分析成了最廣泛使用的統計方法之一。然而，在巨量資料時代來臨之前，相關分析還不算是能夠完整發揮。因為當時資料稀少、蒐集資料的成本也很高，統計人員常常是找出某個指標、蒐集與指標相關的資料，再跑跑看相關分析，看看這個指標效果如何。但是，能當指標的標準究竟為何？

統計專家挑選指標的時候，是先以抽象的理論做為參考，形成假說，再依據假說蒐集資料，進行相關分析，以確認這個指標是否適當。如果指標不適當，研究人員往往還會堅持再試一次、免得是因為資料有錯，接著才願意承認是一開始的假說有問題，需要修正。就像這樣，不斷在假說與驗證過程中嘗試錯誤，人類的知識也逐漸進展。然而，由於不論是個人或是群體都會有自己的偏見，像是該定出怎樣的假說、如何從假說中選出指標等等，所以知識的進展也就十分緩慢。這種做法雖然繁瑣，但是在小量資料的世界還算可行。

不過現在已經是巨量資料的時代了，光用假說來挑選該檢驗哪些變數，實在不是很有效率的做法。因為現在的資料量已經太龐大,要考慮的範圍也可能太過複雜。幸好,過去讓我們必須依賴假說的因素,多半已不復存在。現在有了這麼多的資料、如此強大的電腦運算能力,就不用再精心挑出少數幾個指標,再一一加以檢驗。如今有了先進的運算分析,我們很快就能找出最佳的指標。例如「谷歌流感趨勢」,就是嘗試了接近五億個數學模型後的成果。

現在要瞭解這個世界,已不再需要先對某個現象提出具體的假說。就像是要研究流感傳播,不需要先想像會與哪些詞有關;想知道機票票價,並不需要先想像航空公司的定價策略;想知道什麼商品會賣,也不用先知道沃爾瑪顧客的口味喜好。相反的,只要將巨量資料交付相關分析,就能知道哪些指標與流感最為相關,哪些指標能顯示機票票價即將上漲,以及在颶風來臨時,焦慮的民眾會想在嘴裡嚼些什麼。許多過去基於假說的研究方法,現在可以改用資料做為基礎,讓研究結果減少偏見、更為準確,而且幾乎一定更為快速。

塔吉特能預測:誰家女兒未婚懷孕

巨量資料的一個核心概念,就是要以相關性,做為預測的根據。相關分析現在幾乎處處可見,叫人幾乎忘記它的存在。這種情況只會不斷增加。

舉例來說,現在已可運用財務信用分數,來預測個人行為。信用分數的概念,是由費埃哲公司(FICO)在1950年代末發明

的。在2011年，費埃哲公司又推出「遵囑服藥分數」，可以評斷
病人是否會遵照醫囑來服藥。為了定出這項分數，費埃哲公司分
析許多變項，其中有些甚至看來八竿子打不著，例如民眾居住在
同一處的時間、是否已婚、從事同一項工作的時間，以及是否有
車。定出這項分數的目的，是要讓醫療機構知道該盯緊哪些病人
吃藥，好避免浪費醫療資源。有沒有車和是否會乖乖吃藥，兩者
之間並沒有什麼因果關係，純粹只是在資料上有相關性而已。但
就是像這樣的發現，讓費埃哲的執行長在2011年誇言道：「你明
天要做什麼，我們都知道。」

其他以資料為業的人，也正在加入這場相關性的賽局。《華爾
街日報》深具遠見的「他們知道什麼」系列報導，便追蹤呈現了
這場過程。益百利公司（Experian）的「洞察收入」預測工具，就
能夠用過去的信用紀錄為部分基礎，去推測某人的收入。益百利
的做法，首先是分析自己手中龐大的信用紀錄，再比較美國國稅
局的匿名稅務資料，計算出一個推測的收入分數。

如果你想知道某個人的收入，向國稅局申請稅單得花上十美
元，但向益百利購買它們的推測數據，卻只要花一美元不到。像
這種時候，與其透過繁瑣的程序取得真實數據，還不如直接使用
其他指標加以判斷，更符合成本效益。

另一家信用公司艾貴發（Equifax）也有類似的做法，他們定
出「付款能力指數」和「可支配收入指數」，只要購買到這些數
據，就能推測某人荷包厚薄。

相關性的用途還在不斷擴大。大型保險公司英傑華（Aviva）

做了一項研究，希望在審查保戶資料的時候，能用信用紀錄和消費行為資料做為指標，取代體檢、驗血驗尿的過程，而且仍然能找出那些有高血壓、糖尿病或憂鬱症高風險的保戶。他們檢查的是關於生活方式的資料，共有數百個變項，像是興趣愛好、會上的網站、每天看多久電視，以及估計的收入。

英傑華的預測模型，是由德勤（Deloitte）顧問諮詢公司所開發，一般認為確實能預測到健康風險。其他像是保德信與AIG（美國國際集團）等保險業者，也曾經研究過類似的方案。這種做法的好處，在於保戶申請保險的時候，可以跳過令人生厭的驗血驗尿過程，保險公司也能省下這筆費用。畢竟將樣本送驗，得花上大約每人一百二十五美元，而如果是純從資料來判斷，大約只要花五美元左右。

某些人可能覺得這實在太詭異，畢竟這個預測模型看的似乎都是些跟生病無關的事，好像是保戶的滑鼠都會向保險公司打小報告似的。這樣一來，如果保戶想上上極限運動的網站，或者想一邊吃零食、一邊看灑狗血的連續劇，豈不是得再想想，免得被判定生活方式不健康，得繳更高的保費？

當然，讓人不敢與資訊交流是很糟糕的事。但另一方面，這也會讓保險申請更容易、更便宜，可能就會使更多人有保險。這對社會整體來說是件好事，對保險公司更別提了。

這裡提一個運用巨量資料相關性的典範（也或許是代罪羔羊），就是美國折扣零售商塔吉特（Target），該公司採用巨量資料進行相關性預測，已經為時多年。《紐約時報》的記者杜希格

（Charles Duhigg）曾有過一篇耐人尋味的報導，講到塔吉特怎樣在某位婦女沒有明講的情況下，知道她已經懷孕。基本上，方法就是拿出手上所有資料，接著就是讓相關性自己呈現出關係來。

對於零售商來說，知道客戶是否懷孕非常重要。因為懷孕會讓夫妻的購物行為比較容易改變，可說是個重要的分水嶺。夫妻可能會開始逛逛婦幼用品店，對新的品牌產生品牌忠誠度。塔吉特的行銷部門於是決定求助於分析部門，希望能從顧客的採購模式，看出女性懷孕的蛛絲馬跡。

分析部門先找出了那些曾填寫新生兒禮物期望清單的媽媽名單，再看看她們的購物紀錄。結果發現，這些婦女在大約懷孕三個月的時候，買了很多無香味的乳液，而再過幾個月，又會買些鎂、鈣、鋅之類的營養補充品。最後，分析部門大概找出二十幾種可以做為懷孕指標的產品，只要顧客用了信用卡、聯名卡或是會員優惠，去購買這些產品，塔吉特就能夠據以計算出「懷孕預測」分數。瞭解這些相關性之後，塔吉特甚至還能相當準確的預測小孩出生的日期，並針對各個不同階段，寄出恰到好處的優惠券。塔吉特這招，可真是正中紅心！

杜希格在他的著作《為什麼我們這樣生活，那樣工作？》提到一個後續故事。有一天，一個憤怒的傢伙闖進了塔吉特在明尼阿波利斯郊區的分店，命令經理馬上出來。他吼道：「你們居然寄這種玩意給我女兒！她還在讀高中，你們竟然寄嬰兒服和嬰兒床的優惠券！是要鼓勵她未婚懷孕嗎！」

然而，經理幾天後打電話向他道歉，電話另一頭的聲音卻是客客氣氣的。他說：「我跟女兒談了一下，結果發現，原來家裡有些事瞞著我。她的預產期是八月，請接受我的道歉。」

提早發出故障或生病預警

在種種社會情境中尋找指標，只是巨量資料科技現今的許多種應用之一。相關性也可以應用在新類型的資料之中，解決日常的問題。

其中一種技術「預測分析」，已經在商業領域廣為採用，可以在事情發生之前，先行預測掌握。譬如有一種預測分析的演算法，可以算出某首歌是否可能成為暢銷歌曲。現在唱片公司就很常使用這種方法，計算該在哪些歌曲砸下重金。

預測分析也可以用來避免各種機械或結構上的大故障：先將感應器放在機器、馬達、橋梁等基礎設施上，密切監控所有發出的訊號，例如發熱、震動、應力、聲音等等，就能找出可能代表即將出問題的變化。

這裡的基本概念是：東西會故障常常不是突然發生，而是隨著時間慢慢累積而成。有了感應器傳來的資料，相關分析之類的科技就能找出特定的模式、或是故障前的跡象，例如馬達發出呼呼聲、引擎過熱之類。從這時起，只要盯住是否出現這些模式，就知道是否會有什麼問題發生。能預先看到異常情形，系統就能發出警告，讓人知道該提早更換零件或修理，免得真的發生重大故障。這裡的目的就是先找出一個好的指標，再據以預測未來。

　　快遞公司UPS（優比速）從2000年代後期開始，便使用預測分析，來掌握旗下在全美的六萬台車輛，預測何時該進行預防性維修。畢竟，送貨車如果在路上拋錨，可能會讓流程大亂，造成交貨延遲。所以UPS為了保險，過去曾經是每兩三年就把某些零件全部換新，但這種做法十分浪費，因為有些零件根本就沒問題，無需更換。等到UPS改採預測分析方式，開始測量監控各個零件，只在必要時才更換，之後便多省下數百萬美元的費用。甚至有一次，是從資料發現，有一整支新車隊都用了故障的零件，要不是在上路前就發現，一定會釀成大禍。

　　同樣的，感應器也能裝設在橋梁和建築物上，觀察各種損耗的跡象。或是用在大型化工廠和煉油廠，避免因為某個設備故障就迫使全廠停機。先投入一些資金來蒐集和分析資料，就能防患未然，比起出了問題再亡羊補牢，還是比較節省。

　　這裡值得一提的是，預測分析可能無法解釋原因，只能顯示確實有了問題。例如它可以警告引擎過熱，但不會告訴你是因為風扇皮帶磨損、還是有某個螺絲沒栓緊。相關性只能告訴我們「正是如此」，而不能告訴我們「為何如此」。但從上面的例子可看到，知道「正是如此」就已經夠了。

　　同樣的方法也正用在醫療保健領域，預防人體的毛病。醫生替病人接上各種管線、儀器的時候，就會產生龐大的資料流。例如光是心電圖，每秒就會有一千個讀數。但令人驚訝的是，目前會儲存或使用的資料其實只有一小部分，大部分都是直接遭到捨棄，但是這些資料卻可能隱藏著重要訊息，能夠讓我們瞭解病人的病情、或是對療法的反應。而且，如果再與其他病人的資料整合，更可能揭露出關於不同療法療效的重要觀點。

早些年，蒐集、儲存和分析資料的成本及複雜度都相當高，丟棄資料可能是萬不得已的，但現在情況已經不同。麥克蕾格（Carolyn McGregor）博士以及一組安大略理工學院和IBM的研究人員，正和許多醫院合作，研發軟體來幫助醫生改善對早產兒的診斷。這套軟體能夠即時取得及處理早產兒的健康資料，追蹤十六種資料流，包括心跳、呼吸、體溫、血壓和血氧等等，每秒共有約一千二百六十個資料點。

靠著這套系統，醫師可以發現早產兒身上非常微小的感染變化，在症狀出現之前的二十四小時，就能提前對症下藥。麥克蕾格博士解釋說：「這種事情肉眼看不到，但電腦看得到。」這套系統靠的同樣不是因果關係，而是相關性；它能告訴我們現在的狀況，但不會告訴我們原因，但是這樣就已經足夠了。能夠早期預警，醫生就能用較輕的劑量來治療感染，也能更早知道治療是否有效，對早產兒來說是一大福音。想必，這種技術未來一定會應用到更多患者身上，協助治療更多疾病。雖然系統本身可能並不會做出決定，但這種合作方式，就是讓機器做機器最擅長的部分，以協助醫護人員也發揮人類最擅長的部分。

讓人沒想到的是，麥克蕾格的巨量資料分析發現了某些相關性，竟然是與過去醫生的傳統觀念完全相反。例如她發現，早產兒爆發嚴重感染之前，生命徵象會有一段時間非常穩定。這點令人意想不到，我們原本都以為，必是身體情況先逐漸惡化，才會遭到感染。也不難想像,過去有許許多多的醫生,忙完一天之後走到嬰兒病床旁,看到病歷板上寫著生命徵象一切穩定,於是放心回家。但到了半夜就接到醫院急電,說嬰兒情況不妙,當時的放心都錯了。

麥克蕾格的資料顯示,早產兒的生命徵象穩定,並不代表健康狀況有所改善,反而更像是暴風雨前的寧靜,就像是寶寶的身體告訴那些小小的器官要嚴陣以待,前面就要面對一段顛簸的行程了。當然這目前只是猜想,無法確定原因就是如此。畢竟資料只告訴了我們相關性,而不是因果關係。但我們知道的是,必須把統計方法應用於極大量的資料,才能找出這個隱藏的相關性。已經不用再懷疑了:巨量資料確實能拯救生命。

協助消除公共政策盲點

在小量資料的時代,由於可用的資料往往很少,常常是先提出假說(hypothesis),再據以調查因果關係或進行相關分析,以驗證假說是否為真。由於大多數的研究計畫都是從設立假說開始,不免就同樣容易受到先入為主的偏見和錯覺所影響。而且,很多時候並無法取得必要的資料。時至今日,我們已經擁有大量的資料了,而且只會愈來愈多。原本的障礙已經大幅減少。

除此之外,還有另一項不同,正逐漸開始受到重視。過去處理巨量資料的時候,部分因為運算能力不足,因此面對大型資料集的相關分析,還是常常只能尋找線性關係。可是許多現實世界中的關係，絕沒有線性關係那麼簡單。一旦運算分析能力日漸精進，我們應當也能找出資料之間的非線性關係。

　　舉例來說，多年以來，經濟學家和政治學家都認為，幸福與收入呈現直接相關：平均而言，收入愈多，人就愈幸福快樂。然而，如果把資料做成圖表，會發現裡面的動態可是複雜得多。確實，在某個收入門檻值以下的人，收入愈高就能顯著提升幸福快樂的程度；但是超過門檻值以後，就算收入增加，幸福快樂的程度卻幾乎沒什麼變動。把這種關係繪製成圖表，關係線會是一條曲線，而不是線性分析所假設的直線。

　　這對於政策制定來說，是一個重要發現。假設幸福快樂和收入是線性關係，那麼想提升整體民眾的幸福快樂程度，就該讓每個人的收入都提高。但如果發現是非線性關係，施政重點就應該有所調整了，政策目標必須著重在提升窮人的收入，因為根據資料分析，這樣更能把錢花在刀口上。

　　另外，如果相關性屬於多面向，局面就會變得更加複雜。例如，哈佛大學和麻省理工學院的研究人員，想研究麻疹疫苗接種的差異：有些民眾會接種麻疹疫苗，有些卻不會。乍看之下，可能會以為這與民眾願意花在醫療保健的金額有關。但仔細研究，會發現兩者之間的相關性，並非簡單的線性，而是一條形狀奇怪的曲線。民眾愈願意在醫療保健上花錢，接種率就會變高（這點一如預期），但等到超過一定程度，那些更願意花錢的人，接種麻疹疫苗的意願反而下降。對於公共衛生官員來說，這是非常重要的資訊，但簡單的線性相關分析絕對不會呈現這種結果。

現在，資料分析專家正在研發各種尋找及比較非線性相關的工具。同時也出現了許多新方法和軟體，能夠輔助相關分析，從不同的角度切入資料，找出其中的非因果關係。這就好比立體派畫家，會同時試著從不同角度，描繪出女性臉孔的形象。在新興的網路分析領域，就有一種極具前景的新方法，可以對映、測量、計算幾乎所有事物的節點和連結，從臉書上的朋友、哪項法院判決引用了哪件判例、到誰用手機打電話給誰，無所不包。使用這些工具，就能回答一些非因果、實際經驗上的問題。

「快思慢想」因果關係

在巨量資料時代，新的分類方式會帶來新的見解，並帶出實用的預測。事物之間過去隱而未顯的連結，也即將呈現在我們眼前。過去我們盡了全力還抓不住的複雜社會動態，將能夠掌握在手。最重要的，這些非因果關係的分析，主要只是想知道「正是如此」，而不是追問「為何如此」。這些將更有助於我們對真實世界的理解。

一開始這可能聽來不可思議，畢竟人類一向都想用因果關係來理解世界。我們總是希望相信，只要看得夠仔細，就能找出每件事背後的原因。而能夠瞭解整個世界背後的運作原理，不正該是我們最高的願望嗎？

可以肯定的是，對於因果關係究竟是否存在，相關的哲學辯論已經歷時數個世紀。如果說每件事背後都有原因，那麼從邏輯上講，人就沒有做決定的自由意志了，因為不論任何決定、任何想法，都會是由其他事物所造成，而這些事物又各自受到更早的事物影響。這樣一來，所有生命的軌跡都只是因果而已。正因如此，哲學家對於因果關係在世界中的定位，爭得不可開交，有時候也讓因果關係與自由意志形成對立。但這裡的重點，並不是要加入這場抽象的辯論。

我們說人類是用因果關係來看世界，講的是人類基本上會用兩種方式來解釋和理解世界：第一種是快速思路下的因果直覺；第二種則是慢速、循序思路下的因果判斷。有了巨量資料之後，兩者都將改觀。

首先，人們總是有一種尋找因果關係的直覺衝動。就算其實根本沒有什麼原因，我們還是會存有偏見，會假設出一個原因。研究發現，這不是因為文化、教養或教育水準所致，而是出於人類天生的認知模式。人們看到兩件事先後發生，心裡就會傾向將兩者構成因果關係。

請看下面的三句話：「弗雷德的父母遲到了。外膳廠商馬上就到。弗雷德很生氣。」讀完這三句話，我們就會直覺判斷為什麼弗雷德很生氣：原因不在於外膳廠商馬上就到，而是因為他的父母遲到。但其實，光靠這三句話，我們並不知道究竟是否真是如此。只是我們的腦子不由自主的，找出了一條我們認為合理的解釋，從手中的事實編寫出一套有因有果的故事。

普林斯頓大學心理學教授康納曼（Daniel Kahneman）是2002年諾貝爾經濟學獎得主，他便用這個例子，證明我們有兩種思考模式。第一種稱為「系統一」(快思系統),可以很快速、不太費力的,讓我們在幾秒鐘內立刻下結論。第二種稱為「系統二」(慢想系統)則是很緩慢、費力的,要求我們完整思考某個特定問題。

如果是快思的方式,就會傾向要「看到」因果關係。但有時候,事情之間只有相關性、根本沒有因果關係,於是我們腦袋裡會形成偏見,以為這因果關係的見解符合我們的知識和信念。在遠古時代,常常需要在資訊不足的情況下,快速做出決定。這無可厚非,因為這種快思方式能幫助我們在危險環境中,迅速做出反應,求得生存機會。只不過,這種思考方式也常常無法找出真正的原因。

康納曼認為,不幸的是,人類的大腦因此習慣性的,常常懶得有條理的去慢慢思考問題,而是讓快思方式一手包辦。於是,我們常常「看到」了假想的因果關係,反而是從根本上就誤解了真實世界。

像是父母常常說,就是因為小孩在天氣轉冷的時候不多穿衣服,才會得到流感。然而穿得暖不暖,和有沒有感冒其實並沒有直接的因果關係。如果去某間餐廳吃飯,後來上吐下瀉,直覺就是怪那家餐廳的食物(可能從此拒絕往來),但很可能根本不是他們的錯。之所以會胃不舒服,原因數不勝數,例如有可能是某個人手上帶著細菌,而我們用餐前和他握了手。

與傳統想法不同的是,人類這種想找出因果關係的直覺,並無法加深我們對世界的理解。很多時候,這就像是在思考認知上走了捷徑,以為好像看見了什麼,但其實不過是個幻象。這就像是我們在第 2 章提過的：由於無法處理所有的資料，所以採用抽樣的方式；由於腦子懶得努力慢慢思考問題，所以傾向於找出因果關係。

在小量資料的時代，要花上很久的時間，才能證明這種關於因果關係的直覺很可能有誤。但一切就要不同了。未來使用巨量資料將形成常態，其中點出的相關性，往往會推翻對於因果的直覺。其實統計學早已告訴我們，有相關性不等於有因果關係：A 現象與 B 現象具有相關性，有可能 A 現象是 B 現象之因，也有可能 B 現象才是 A 現象之因，或者很有可能是我們沒察覺到的 C 現象，才是 A 現象與 B 現象共同的成因。

過去的快思方式，即將要面對全面而持久的現實考驗。在試圖瞭解世界的過程中，或許這個教訓會讓我們開始更努力、也更緩慢的思考。但就算是這種慢想方式，也很可能依舊不脫訴諸因果關係的窠臼。我們期待，巨量資料提供的相關性，也能夠改變這種思考方式。

想知道因果關係，必須做實驗

在日常生活中，我們實在太常用因果關係來思考了，甚至以為，因果關係總是顯而易見的。但真正的事實可能會讓人坐立難安。

如果只是說 A 現象與 B 現象「相關」，這是能夠用直截了當的數學加以證明的；但是講到「因果」，事實上並沒有簡單的數學方法能夠計算——我們可沒有辦法用標準的方程式,簡單表達出因果關係。所以,就算我們已經很努力的慢慢思考,要找出確實的因果關係仍然十分困難。因為我們的頭腦已經習慣了資訊有限的情境,也就傾向於在資訊有限的情況下作推論。但是很多時候,影響的因素實在太多了,實在很難替某個結果找到特定的原因。

讓我們以狂犬病疫苗為例。1885年7月6日,九歲的梅斯特(Joseph Meister)被染有狂犬病的狗咬傷。當時,法國化學家巴斯德(Louis Pasteur)已經發明一種疫苗,正在實驗疫苗的藥效。梅斯特的父母於是懇求巴斯德,在梅斯特身上注射疫苗。巴斯德為他打了疫苗,梅斯特也活了下來。當時的新聞報導大讚巴斯德的成就,說他拯救了這個男孩,否則男孩一定會在痛苦中死去。

真是如此嗎?事實證明,遭到患有狂犬病的狗咬傷,平均只有七分之一的人會真的染病。就算假設巴斯德的實驗性疫苗確實有效,他真的「救人一命」的機率也只有七分之一。大約有85%的可能性,這個男孩本來就會活下來。

在這個例子中,施打疫苗看起來是救了梅斯特。但這裡其實有兩個因果關係的問題:一是疫苗能否對抗狂犬病毒,二是被瘋狗咬傷是否確實造成染病。就算前者為真,後者也只有在少數情況下才是如此。

對於「證明因果關係」這項挑戰,科學家的做法是靠實驗,仔細控制可能的原因,以證明事實確實如此。從控制組和對照組的結果比對,就能大致看出是否存在因果關係。科學家對於控制組和對照組的設計愈嚴謹,確定因果關係無誤的可能性就愈高。

這樣說來，其實因果關係也很像是另一種相關性，我們很難斷定必然存在，只能說可能性非常高。然而，做實驗不像是單純從資料中找出相關性，實驗常常會面對可行性或是研究倫理的問題。像是如果想知道，為什麼某些搜尋字眼會和流感有關，該怎麼做實驗呢？又像是狂犬疫苗，難道在手中已經有疫苗的時候，還要讓幾十個、甚至幾百個病人都痛苦的死亡，好當作對照組？而且，就算實驗流程的設計是可行的，實驗仍然是一種很昂貴又費時的方法。

相較之下，相關性這種非因果的分析，就顯得又快速又便宜了。關於相關性，我們已經有各種數學和統計方法能加以分析，也擁有必要的數位工具，能呈現相關性的強度及信心水準。

此外，相關性不只是本身就很重要，甚至也能用來協助找出因果關係。相關性可以告訴我們兩件事情可能有關，於是就能進一步調查，以確認是否真的存在因果關係，以及原因為何。這種便宜又快速的過濾機制，可以讓實驗設計得更為精準，從而降低因果分析的成本。相關性於是能一窺各個重要的變項，後續就能應用在實驗中，以研究因果關係。

但還是要當心。相關性之所以強大而重要，不只是因為能提供觀點（或洞見），還因為這些觀點相對明確。但如果任意把因果關係帶進來，恐怕會模糊、甚至誤導了這些觀點。

舉例來說，卡古（Kaggle）公司常舉辦資料挖掘比賽，人人都可參加。該公司2012年的競賽主題是二手車的品質。競賽中，由一家二手車經銷商提供資料，參賽的統計人員必須寫出演算法，預測拍賣會上的車輛哪些可能有問題。其中一項相關分析指出，橘色烤漆的車，故障率明顯較低，大概只是其他車輛平均故障率的一半左右。

光是讀到這句話，可能就有人開始思考原因了：那些會買橘色車的人，很可能是對車輛有狂熱的人，所以保養得比較好？因為橘色是客製的顏色，是不是代表車輛製造的時候，各個方面也都更小心？又或者，是不是因為橘色在路上比較顯眼，所以不太容易出車禍，於是轉賣時的車況也比較優？

很快，我們就困在各種因果假設之中。試圖這樣猜測原因、澄清疑團，只會帶來更多的疑問。我們只知道，這裡確實有相關性，而且可以用數學證明。但講到因果關係，可不是那麼容易。因此我們能輕鬆做到的，就是別再一心想要解釋相關性背後的原因：只要知道「正是如此」，別再追究「為何如此」。如果執著於因果，搞不好還會出現荒謬的想法，像是以為只要建議車主，把車換成橘色烤漆，就能讓引擎減少故障。

考慮到這些事實，就不難理解，靠著確實的資料、採用相關分析和類似的非因果研究方法，結果多半會優於直覺式的因果關係推論（也就是「快思」）。但是在愈來愈多時候，就算是經由嚴格控制（因此又貴又費時）的實驗所支持的因果「慢想」，也已經逐漸不敵相關分析的實用和效率了。

近年來，科學家一直試著要降低實驗的成本，像是結合適當的調查，這等於進行了「準實驗」。雖然說，這確實能讓某些因果關係的研究變得比較容易，但非因果的研究方法仍然具有效率上的優勢，難以擊敗。此外，由於巨量資料本身就能為因果關係的研究指路，因此也有助於因果關係的研究。很多時候，應當先讓巨量資料發揮作用，知道「正是如此」，接著在進一步明確探討「為何如此」的時候，才深入研究因果關係。

因果關係並不是從此黯然退出，只不過不再是探究意義的主流。有了巨量資料之後，非因果分析大行其道，常常已經取代了因果關係的研究。在曼哈頓，人孔爆炸的難題，就是一個很好的例子。

人 vs. 人孔

每年，因為地下共同管道失火，紐約市都有幾百個「檢修人員出入孔」（簡稱人孔）形成悶燒。有時候，就算是高達一百四十公斤重的鑄鐵人孔蓋，也會因為悶燒爆炸而飛到幾層樓高，最後再轟然一聲砸回地面。這可不是什麼好事。

負責紐約市電力的愛迪生聯合電力公司，每年都會定期檢查人孔。在過去，這種檢查基本上就是靠運氣，希望能夠剛好檢查到快出事的人孔，自然成效也就普普通通。2007年，愛迪生聯合電力公司決定求助於哥倫比亞大學的統計學者，希望能運用整個管路的歷史資料（包括過去的問題、管路的分布），預測哪些人孔比較可能出問題，好讓公司集中資源來處理。

這可是個複雜的巨量資料問題。紐約市底下的地下電纜，長度足足超過十五萬公里，足以繞地球三周半。光是曼哈頓，就有超過五萬一千個人孔。整個城市的基礎建設,甚至可以追溯到大發明家愛迪生的年代,這位名人正是電力公司的命名來源。全城的電纜,有五分之一是在1930年以前鋪設的。雖然從1880年之後就已經有詳細的紀錄,但紀錄的形式非常混亂,也從來沒人想過要拿來進行分析。這些紀錄,多半是來自會計部門或緊急維修人員,匆匆寫下這些「麻煩事」。

說這些資料雜亂無章,恐怕還是太輕描淡寫了。舉例來說,這些統計學者曾提到,光是維修孔,就至少有三十八種寫法,包括:SB、S、S/B、S.B、S?B、S.B.、SBX、S/BX、SB/X、S/XB、/SBX、S.BX、S &BX、S?BX、S BX、S/B/X、S BOX、SVBX、SERV BX、SERV-BOX、SERV/BOX,還有SERVICE BOX。這還得交給電腦去全部找出來。

哥倫比亞大學的計畫主持人,是擅長統計和資料挖掘的學者辛希雅‧魯丁(Cynthia Rudin),現在任教於麻省理工學院。她表示:「那些資料原始、散亂到不可思議的地步。我拿到的,是所有那些電纜列表的列印紙本,如果把整卷紙滾開,還會拖到地板上。而且,我還得從中找到合理的解釋,不論如何都得找出一個很好的預測模型,就像是要開採金礦一般。」

整個紐約數萬個地下共同管道人孔,都有可能像是正在倒數的定時炸彈,所以辛希雅和她的團隊必須使用全部的資料,而不能只用某個樣本。換句話說,必須是「樣本=母體」。若因此能找出因果關係,自是再好不過,但這可能得花掉上百年的時間,而且搞不好得到的仍是錯誤或不完整的理論。所以,比較好的辦法是尋找其中的相關性。

辛希雅在意的，並不是「為什麼會爆炸」，而是「哪個人孔會爆炸」。只是她也知道，整組研究人員與愛迪生聯合電力公司的高級主管開會的時候，必須得想出辦法，說明自己是如何列出所有人孔的風險高低。雖然列出預測的是機器，但付錢的顧客是人，而人往往都想要知道原因。

辛希雅的資料挖掘工作，確實發現了寶藏。整理完非常雜亂的資料、好讓電腦可以處理之後，研究小組就從一百零六個重大的人孔災害預測指標下手。清單慢慢去蕪存菁，最後剩下幾個最有效的指標。接著，小組以布朗克斯區的電纜網路為對象，分析手中截至2008年年中的所有資料，再據以預測2009年的危險人孔位置。預測的成果非常出色，小組列出的前10%危險人孔清單，有高達44%確實發生嚴重事故。

最後發現，預測人孔事故最重要的指標，是電纜的年份，以及過去是否曾發生事故。這項資料十分有用，因為這表示愛迪生聯合電力公司可據此，輕鬆找出最有可能出事的人孔位置。但等一下，「電纜年份」和「過去事故」？這聽起來不是像廢話一樣嗎？這裡的答案，既是廢話、也不算是廢話。一方面，就像網路理論家華茲（Duncan Watts）愛說的：「答案再明顯不過，只要你知道答案的話。」（華茲有一本書，以此做為標題。）另一方面，請記得，模型在一開始，其實有一百零六個預測指標。當時並不知道這些指標哪些比較重要，也就難以替成千上萬的人孔，排出檢查順序，因為每個人孔再搭配不同指標，會產生多達數百萬格資料點，而且甚至資料本身都還不是適合分析的形式。

從人孔爆炸的例子，我們想強調的是：現在可以讓資料有新的用法，以解決現實世界中的難題。但是想做到這一點，就需要改變操作的方式，盡量使用所有能夠蒐集到的資料，而不只是一小部分資料而已。再強調一次，我們需要接受雜亂，而不是永遠把精確奉為圭臬。我們也得學會，就算無法充分瞭解因果關係，也必須相信你看到的相關性。

理論之終結？

巨量資料已經改變了理解和探索世界的方式。在小量資料的年代，我們都是先假設世界如何運作，再透過蒐集和分析資料，來加以驗證。在未來，則會由豐富的資料代替假設，做為瞭解的起點。

過去的假說，往往是來自自然科學理論或社會科學理論，再回過頭來解釋、預測我們周圍的世界。但我們從假說導向的世界轉變成資料導向的世界之後，可能會以為再也不需要理論了。

2008年，《連線》雜誌的總編輯安德森（Chris Anderson）大聲疾呼：「資料的洪潮已經使科學方法過時了。」在一篇名為〈千兆位元組時代〉的封面故事中，安德森聲稱，這就是「理論之終結」。傳統的科學發現程序，是先以隱含的因果關係為模型，定出假說，再與現實驗證。安德森認為這種程序已經過時，取而代之的是統計分析，完全出於相關性，不用理論。

為了支持自己的論點，安德森也寫到量子物理學，已經成為幾乎純理論的領域了，因為相關的實驗實在太昂貴、太複雜，而且規模龐大到不可行。安德森認為，理論就該只是理論，紙上談兵而已，與現實無關。至於談到新的科學方法，他的例子是谷歌的搜尋引擎和基因定序。安德森寫道：「在這個世界裡，大量的資料和應用數學，能夠取代其他任何可能上場的工具。只要有足夠的資料，數據本身就會說話。有了千兆位元組的資料量，我們就能說：『光是相關性，便已足夠』。」

這篇文章引發了非常激烈而重要的辯論，只是安德森很快就縮手，不再堅持他的大膽主張。但他的說法仍然值得研究。從本質上講，安德森認為，直到最近，我們想要分析、瞭解周遭世界的時候，還是需要用理論來測試。但到了巨量資料的時代，就不再需要理論了，只需要觀察資料即可。如果這屬實，也就是說，只要等到巨量資料分析上場，所有可普遍化、廣義化的法則，譬如關於世界如何運作、人類如何行事、消費者買些什麼、哪些零件會故障等等的法則，都變得不再重要。

這種「理論之終結」的主張，似乎是說，雖然像物理、化學等物質科學領域仍然需要理論，但是巨量資料分析並不需要任何概念模型。這當然是很荒謬的看法。

巨量資料本身就是建立在理論之上。例如，巨量資料會用到統計理論和數學理論，也會用到資訊工程理論。確實，這些都不像是用來解釋某個現象的因果理論（例如重力理論），但這些仍然是理論。而且正如先前所提，據此延伸出的模型，能有非常實用的預測能力。事實上，就因為巨量資料不會受到特定領域固有傳統思維及偏見的影響，正可提供新的觀點和想法。

此外，更因為巨量資料分析就是以理論做為基礎，我們並無法逃脫理論的規範。正是理論塑造了各種研究方法、研究結果。從選擇資料的時候，就已經開始用到理論了。例如，我們所做的選擇，可能是出於方便（資料是現成的嗎？）、或是出於經濟角度（資料是否能夠便宜取得？），無一不是受到理論的影響。

包埃德（danah boyd）[*] 和克勞福德（Kate Crawford）認為，我們選擇了什麼，就會影響我們的發現。譬如谷歌選擇了搜尋字眼，做為流感指標，而不是選擇人的頭髮長度。同樣的，分析資料的時候，運用的工具也有理論做基礎。等到解讀結果的時候，又會再次用到理論。所以，顯然巨量資料並非沒有理論，而是理論已融入每一處。

安德森其實提出了值得思索的問題，而且可說是鼓吹巨量資料的先鋒，對此確實有功勞。巨量資料可能並不會帶來「理論之終結」，但會從根本上改變我們看待世界的方式。這種改變，需要很多時間和精力，才能適應，也會對許多機構和組織造成挑戰。然而，它也會帶來巨大的價值，不只值得加以權衡取捨，更是無可避免的路途。

---

* 　中文版注：包埃德的英文名字確實是小寫，並非打錯字。

　　但在那之前，我們該如何做，才能走到那一步？許多身為工具製造者的高科技產業從業人員，會認為這個轉變來自於新的數位工具，像是更高速的晶片、比較有效率的軟體等等。雖然說科技確實有所幫助，但程度可能並不像他們所想的那麼高。這些趨勢背後更深層的原因，其實在於有了更多的資料。至於能得到更多資料的原因，則是由於我們現在已經能把更多層面的事實，轉換為資料的格式。這也是下一章的主題。

DATAFICATION

第 **5** 章

資料化
當一切成為資料，用途無窮無盡

1839年，一位前程似錦的美國海軍軍官 —— 莫銳（Matthew Foutaine Maury）正要前往雙桅船「伴侶號」就任新職，但他搭的馬車突然打滑翻倒，把他甩到空中，再重重摔到地面，造成大腿骨折、膝蓋脫臼。當地的醫生將他的膝蓋關節歸位，但大腿骨折處卻固定得很差，幾天後還得重新固定一次。這場意外讓三十三歲的莫銳從此走路有些瘸，不適合再回到海上。經過近三年的休養，海軍決定讓他去坐辦公桌，擔任海圖儀器保管站的站長。

這個職位聽來似乎無聊過頭，但竟然正好能讓他大展身手。莫銳年輕航海的時候，一直覺得很困惑，因為船隻總是曲曲折折的越過海洋，而不是直線穿越。每次問船長，每個船長都說最好還是走已經熟悉的航線，不要冒險走一條不熟悉、可能會出事的航線。對那些船長來說，海洋是無法預測的領域，水手隨時隨地都可能遇到意想不到的風浪。

然而莫銳從過去航海的經驗，知道這些船長的說法並不完全正確。他發現，其實到處都存在著某種固定模式。像是某次，他在智利的法耳巴拉索（Valparaiso）長期駐紮，就發現當地的風很有規律：每天下午刮起大風，但到了日落就突然結束，轉成輕柔的微風，就像水龍頭忽然給關上一樣。

在另一次航行中，他們則是跨過了溫暖的墨西哥灣流，這道洋流一片水藍，分隔開如同兩堵黑牆般的大西洋海水。洋流清楚可見，而且穩定不變，簡直就像是海上的密西西比河。事實上，葡萄牙人幾世紀以來橫渡大西洋，靠的也是穩定維持東西向的貿易風（trade，正式名稱是信風）。trade一詞在古英文指的是道路或路徑,後來才與商業有關。

　　每次年輕的見習軍官莫銳到達新的港口,都會去和當地的老船長聊天,聽聽他們代代相傳的經驗知識。他發現,其實潮汐、風向和洋流都有其規律,但在海軍發給水手的書籍和海圖上卻是付之闕如。海軍靠的只有一堆老海圖,這些老海圖可能已經有上百年歷史,很多都有嚴重的遺漏,甚至提供的根本就是錯誤訊息。既然莫銳現在已成了海圖儀器保管站的主管,他決定要解決這個問題。

　　上任後,莫銳先清點保管站裡所有的氣壓計、指南針、六分儀、計時器。他也發現,站裡還有無數的航海書、地圖和圖表。在一堆發霉的木箱裡,更放滿了過去海軍艦長的航海日誌。以前的站長都把這些東西當作垃圾來處理,畢竟,日誌的頁緣還有奇怪的打油詩或素描,有時候看起來根本不像船艦的航行紀錄,反倒像是為了打發無聊航程的隨手塗鴉。

　　但面對這些看得出來還浸過海水的書冊,莫銳拍去上面的塵埃,開始翻閱,心情就雀躍了起來。這正是他需要的:在特定日期、特定地點,對於風向、洋流和天氣的紀錄。雖然確實有些日誌無甚用途,但更多如同寶藏一般。莫銳知道,只要把這些資料放在一起,就能夠畫出一幅全新形式的海圖。當時,整理這些資料的職位就稱為「計算者」(computer,與後來的「電腦」同一英文字),莫銳和這群人開始一段艱辛的過程,從這些正在受損腐化的日誌找出資訊,製表處理。

　　莫銳等人匯合所有資料,並且將整個大西洋以經緯度5度做為間隔，分成一個個小區塊，分別記下溫度、風和海流的速率和方向，另外還會記下月份，好知道一年間的不同變化。資料整合之後，就顯示出這一切的固定模式，可以指出更有效率的航線。

海員之間代代相傳的建議，過去有時候還是會讓帆船卡在無風區，又或是讓他們碰上反向的風和洋流。像是有一條從紐約到里約熱內盧的航線，長期以來，水手都得要與大自然對抗，而不是依靠大自然。

一直有人告訴這些美國船長，要去里約的話，不能直接向南航行，得要先向東南，等到穿越赤道，再轉向西南。這麼一來，常常航程幾乎是橫跨大西洋的三倍。後來才發現，這樣迂迴的方式其實根本沒必要，直接往南航行即可。

鮮為人知的海洋導航家

為了提高精確度，莫銳還需要更多的資訊。他設計了一種標準的航行紀錄表格，要求所有美國海軍艦艇確實記錄，並在靠岸時提交。民間商船也是拚命希望能取得一份莫銳繪製的海圖；莫銳則堅持，想拿到海圖可以，但商船也必須呈交航海日誌，做為交換（可說是早期版本的社群網路）。莫銳宣告著：「從此開始，每艘航行海上的船舶，都是浮動的觀測站、科學的新殿堂。」

為了讓海圖精益求精，莫銳也希望能找到更多資料點（就像谷歌的PageRank演算法，不斷納入更多訊號）。莫銳的做法，是請船長定期往海裡丟下一些瓶子，瓶子裡寫著當時的日期、位置、風、海流;而如果在海上看到這類瓶子,船長也會撿起來,交給莫銳他們分析。當時很多船上都掛著特殊的旗子,代表自己也加入了這個資訊交流的計畫(就像是現在某些網頁上,也會有共享連結的標示)。

從資料上,就能看出最有利的風和洋流,找出天然的海上通道。莫銳的海圖,常常能讓長途航程減少約三分之一,讓商人省下大筆花費。就有一名讚嘆不已的船長曾寫道:「使用莫銳的海圖之前,可說都像是蒙眼航海。」

就算是有一些頑固的老船長,只肯走傳統航線、或是相信自己的直覺,堅持不願意加入這項計畫、採用新海圖,這些人也能對計畫有所貢獻:如果這些人的航行時間較長、或是發生海難,就等於從反面證明了莫銳的海圖確實有用。

1855 年,莫銳出版了最權威的《海洋自然地理學》(*The Physical Geography of the Sea*),當時已經有了一百二十萬個資料點。莫銳寫道:「如此一來,年輕的水手不再需要摸黑前進、直到經驗為他帶來光芒……而是能據此立刻找到正確航線,讓上千位航海者的經驗,為他引航。」

等到首次需要鋪設跨大西洋的海底電報電纜的時候,莫銳的研究也起了莫大的作用。之後,在一次船隻互撞的意外發生後,莫銳快速設計了現在普遍使用的公定航道系統。他的這套方法甚至還能應用在天文學:1846 年發現海王星的時候,莫銳也想到了一個絕妙的點子,找出過去那些誤以為海王星是恆星的紀錄,就能繪出海王星的公轉軌道。

美國內戰期間，莫銳這個出生於維吉尼亞的人，居然從北方聯邦的海軍辭職，而在英格蘭擔任南方邦聯的間諜。或許就是因為如此，美國歷史對他常常是隻字不提。但在南北戰爭數年前，他曾前往歐洲鼓吹國際社會支持他的海圖，當時有四個國家授與他爵位，還有另外八個國家授與他金牌，其中包括羅馬教廷。到了二十一世紀來臨，美國海軍的導航圖還是記著莫銳的名字。

莫銳最後升為中校，獲譽為「海洋導航家」（Pathfinder of the Seas）。他可說是在大多數人之前，發現了大量資料隱藏著小量資料做不到的事──這也正是巨量資料的核心概念。更根本上說，莫銳是發現了海軍的發霉航海日誌，其實包含著可以提取、整理的「資料」。這種做法可說讓他成為「資料化」這件事的先驅，也就是從過去沒人想到有任何價值的材料中，取得資料。就好比Farecast的伊茲奧尼，是用航空業原本就有的舊價格資訊，打造了利潤豐厚的新業務；谷歌也是用了舊的搜尋字眼，轉而追蹤流感的爆發。莫銳一樣是取得了過去別有用途的資訊，轉而產生新的用法。

資料化不等於數位化

大致來說，莫銳的方法就像是今天的巨量資料技術，但一想到他只有鉛筆和紙，那可真是個了不起的成就。莫銳的故事告訴我們，「使用資料」這件事要比「數位化」早得多。現在常常將這兩種概念混為一談，但其實有必要加以區分。為了解釋如何從最不可能的地方取得資料,我們可以提一個比較現代的例子。

日本東京「產業技術大學院大學」的越水重臣(Koshimizu Shigeomi)教授,將研究人類臀部變成了一種藝術和科學。光是坐姿,可能沒什麼人會認為這也是資訊。但其實,一個人坐在座位上的時候,身體輪廓、姿勢和重量分布都可以加以量化,整理成表格,於是這一切都能轉為資訊。越水重臣領導的研究團隊,在一張汽車座椅上裝了三百六十個感應器,每個感應器感應的數值是從0到256。人坐上座椅,感應器就能將感應到的臀部重量和坐姿,轉為資料形式。如此一來,每個人都會有個獨一無二的數字代碼。測試的時候只有幾位受試者,但系統對他們的辨識正確率高達98%。

這可不是一項蠢研究。目前已經正在將這項科技發展成為汽車防盜系統。車輛裝配這套系統之後,如果發現開車的人不是經過授權的駕駛人,車輛就會要求輸入密碼,否則便關掉引擎。將坐姿轉換成資料,不但能創造出一種可行的保全服務,更是一門有利可圖的生意。而且,用處遠遠不只是防盜而已。例如,等到有足夠資料匯整之後,或許就能知道駕駛人的姿勢和道路安全之間的關係,例如姿勢有了什麼樣的變化之後,接著就有可能發生意外。系統也有可能在發現駕駛人因疲勞而略微低下頭時,就發出警告,或是自動煞車。另外,這套系統可能也不只能防止愛車被竊賊偷走,還能從後面逮住竊賊(還真的是「從後面」)。

越水教授也是取用了某種從沒人視為資料的東西(甚至沒人想過這可以轉為資料),再將之轉化為量化的格式。同樣的,莫銳也是用了過去覺得無益的材料,從中取得資訊,再轉化成非常有用的資料。這種做法,能夠讓資訊有新的應用方式,創造獨特的價值。

「data」(資料)一詞,在拉丁文的意思是「既定的」,講的是一件事實。古希臘數學家歐幾里得,也有一部著作以此為書名,是從已知、或是能夠加以解釋的方面,來解釋幾何學。到了今日,「資料」指的則是能夠記錄、分析、重組的事物。但對於像是莫銳或越水教授所做的轉換,目前還沒有固定的詞彙能加以稱呼。我們在此姑且稱之為資料化(datafication)。要將某個現象資料化,指的就是將它以量化格式呈現,以便整理分析。

此外,資料化又不同於數位化(digitization)。數位化指的是將類比資訊,轉為二進位的0與1,好讓電腦能夠運算處理。數位化還不是我們用電腦做的第一件事。從英文字源便可猜知,最早的電腦(computer),做的事正是與運算有關。許多過去耗時甚久的工作,在電腦出現後,都可交給機器來運算,例如導彈的彈道、人口普查和天氣。要等到電腦發明很久以後,人們才開始處理類比內容、加以數位化。也因此,美國麻省理工學院媒體實驗室的尼葛洛龐帝(Nicholas Negroponte),在1995年出版的重要著作《數位革命》,書中的一大主題,就是闡述從原子到位元的轉變。

在1990年代,我們數位化的內容多半是文字。到了最近,隨著儲存容量、處理能力和網路頻寬增加,許多其他形式的內容也開始數位化,例如圖片、影片和音樂。

今天，科技專家有一個隱而不顯的信念，認為巨量資料的發展，最早可追溯到矽革命。但實情並非如此。雖然說現代的資訊科技系統確實使得巨量資料成為可能，但是巨量資料的真正核心概念，其實是延續了人類自古以來，希望測量、記錄和分析世界的期許。這項資訊科技（IT）的革命，就發生在我們身邊，只是目前為止的重點多半都還放在科技（T），該是把目光轉向資訊（I）的時候了。

為了要取得可量化的資訊加以資料化，我們必須知道測量的方法、以及如何記錄測量到的資料。這會需要合適的工具，而且要有願意量化和記錄的決心。這兩點可說就是資料化的先決條件。事實上，早在數位化來臨的幾千年前，我們就已經有了這些條件。

量化這個世界

原始和先進社會的差別，其中之一就在於記錄資訊的能力。基本計數和長度、重量的測量，可說是早期文明最古老的概念工具。西元前三千年，在印度河流域、埃及與美索不達米亞，關於記錄資訊的概念，已有長足進展，不僅準確度提高，在日常生活的應用也已普及。美索不達米亞發展出文字，正是切合了記錄農牧生產和記帳的需求。有了可書寫的語文，早期文明便能測量現實狀況、加以記錄，並方便日後檢索。測量和記錄相輔相成，便推動了「資料」的產生，這也正是最早的資料化基礎。

　　有了資料化，就能夠重現人類活動。像是建築物，只要有規格尺寸和材料的紀錄，便可重新再蓋。有了紀錄，便也可以允許實驗：建築師或建築工匠可以改變某些尺寸、但也保留某些尺寸，好創造出新的設計，而且再次留存下來，成為新的紀錄。商業交易也能夠保留下來，讓人知道某次收成的作物總量、或某塊田地的總產量（當然還有國家抽了多少稅）。有了量化，就能夠進一步預測、規劃，就算只是粗略的猜測（像是明年的收成會和前幾年差不多），也是好事一件。同時，商業夥伴也能夠知道各自欠了彼此多少財貨。如果沒有測量、沒有紀錄，就連金錢的概念也無法存在。

　　幾個世紀以來，測量這件事已經從長度和重量延伸到面積、體積和時間。大約從西元初年開始，西方就已經有了各種主要的測量概念。但是早期文明的測量方式有一個重大的缺點：測量結果的表述方式並不適合於計算，就算是那些相對簡單的測量也不例外。例如，羅馬數字系統就很不便於數值分析。如果沒有十進位這種可用位置來表達位數的計數系統，就算是專家，要處理大數額的乘法和除法也會非常困難，即使只是簡單的加法和減法，也會難倒大多數人。

　　大約在西元一世紀，印度發展出另一種計數系統，再傳到波斯，在那裡有所改進，然後再傳到阿拉伯，而有了長足的進展。這就是現代阿拉伯數字的基礎。雖然說歐洲十字軍東征，可能給入侵的地方帶來破壞，但知識卻也從東方傳向西方，阿拉伯數字可能是其中最重要的一項。大約在西元一千年，教宗思維二世

（Sylvester II）也曾經研究、鼓勵使用阿拉伯數字。等到十二世紀，解釋這個數字系統的阿拉伯原文終於譯成拉丁文，開始在整個歐洲流傳。就此，數學開始起飛。

不過，在阿拉伯數字抵達歐洲之前，靠著計數板，已讓西方世界的計算能力有所進展。計數板是一些很平滑的托盤，可以放上代幣，代表數量。把代幣滑動到某些區域，就可以進行加減。然而，這種方法有一個很嚴重的問題：如果是非常大或非常小的數字，就很難同時計算。最重要的是，在計數板上的數字隨時可能改變，只要不小心動錯了、或是撞了一下，就有可能改變某個數字，使結果有誤。雖然計數板單就計算而言還可勉強接受，但講到要記錄結果，就並非好選擇。唯一能夠將計數板上的數字記錄和儲存起來的方法，是再把它們譯回沒有效率的羅馬數字。（當時的歐洲人從未接觸到東方的算盤。在事後看來是一件好事，否則可能還會延長羅馬數字在西方使用的壽命。）

有了數學，也就讓資料有了新的意義。因為資料可以進行分析，而不只是記錄和檢索而已。阿拉伯數字從十二世紀開始在歐洲流傳，花了幾百年，才在十六世紀晚期普遍使用。在那個時候，數學家曾經誇口說，有了阿拉伯數字，計算速度比用計數板快上六倍。最後真正讓阿拉伯數字大獲全勝的，是另一種資料化工具的誕生：複式簿記。

早在西元前三千年，記帳人員就已經有了記帳本（石板、甲骨之類的材質）。雖然之後數千年來不斷發展，記帳系統一直大同小異，就是有了一筆交易，就記下一筆。但這麼一來，並沒有辦法快速顯示出記帳員和老闆最關心的事：某筆交易、或是整家店，究竟賺不賺錢？

　　情況到了十四世紀總算產生變化，義大利的記帳人員開始採用複式簿記，每個帳戶都分為借方和貸方，而每筆交易都必須同時記入借方和貸方，借方總和必須等於貸方總和。這個系統的優異之處，在於很容易看出損益。突然之間，過去看來沉悶無趣的資料，開始說話了。

　　時至今日，講到複式簿記，通常想到的都是在會計和財務上的意義。然而，這其實也是資料使用史上的一大里程碑。從此之後，資訊可以用「類別」加以記錄，並且在不同的帳戶間形成關聯。複式簿記有一套自己的資料記錄規則，而這也正是最早期的標準化資料紀錄。任何一位會計師，看著其他人的記帳本，都可以理解無誤。靠著約定俗成的資料組織方式，就能夠快速、直接的查詢特定的資料（也就是利潤或虧損）。而且，複式簿記也留下交易的流水帳，更容易追溯過去的資料。

　　科技的愛好者，到今天仍然能欣賞其美妙之處：複式簿記本身就有「糾錯」的設計。如果分類帳的借方看來有問題，可以從貸方的會計科目來對照檢查，反之亦然。

　　不過，就像阿拉伯數字，複式簿記也是經過一段時間才廣受歡迎。在複式簿記發明了兩百年後，靠著一位數學家和一個商人家族，才讓資料化的歷史改頭換面。

　　這裡的數學家，指的是方濟會修士帕喬利（Luca Pacioli），他在1494年出版了一本寫給一般人的教科書，教他們數學和在生意上的應用。這本書大獲好評，幾乎就是當時的數學教科書聖經。同時，這也是首次有書籍從頭到尾使用阿拉伯數字，也使得阿拉伯數字在歐洲更為普及。但此書最深遠的影響，則在於講到會計記帳的章節，帕喬利清楚解釋了會計的複式簿記方式。接下來的幾十年間，關於會計的章節被抽出來，分別出版成六種語文的抽印本，而且在接下來幾個世紀，一直是這個領域的標準參考書。

至於商人家族，則是著名的威尼斯商人兼藝術愛好者梅迪奇家族（Medici）。梅迪奇家族在十六世紀成為歐洲最有影響力的銀行家，一大原因就在於他們使用了一種優秀的資料記錄法：複式簿記。於是，帕喬利的教科書加上梅迪奇家族的成功，讓複式簿記聲威遠播、大獲成功，而且順道也讓阿拉伯數字在西方站穩腳步。

與資料記錄同時有所進展的，還有測量這個世界的方法，像是測量時間、距離、面積、體積、重量等等，都愈來愈精確。十九世紀的科學，其實就是一股想要透過量化，來理解大自然的熱情，學者發明了新的工具和單位，以測量和記錄電流、氣壓、溫度、音頻等等。那是一個要將一切加以界定、劃分、記錄的時代。對於測量的狂熱，還讓當時的人以為只要測量頭骨，就能得知人的心智能力。還好，「顱相學」這種偽科學已經幾乎遭到淘汰，但量化的慾望卻是愈演愈烈。

對於現實的測量和相關資料的記錄，之所以大行其道，是因為具備了工具，大眾心態上也就很願意接受。這種背景就像一片肥沃的土壤，孕育出現代的資料化。在過去的類比世界上，雖然已經有了資料化的可能，但是成本高昂而且耗時。很多時候，會需要無比的耐心、或者至少是願意終生投入，像是十六世紀的丹麥天文學家第谷，就是在他有生之年，堅持不懈的觀測夜空中的恆星和行星。*

在類比時代，只有極少數的資料化得以成功，而且常常是因為一連串幸運的巧合所致。例如莫銳中校，雖然困在辦公桌前，卻打開了航海日誌的寶庫。然而，一旦成功完成資料化，就能創造出巨大的價值，發現絕妙的想法。

電腦的發明，帶來了數位測量和儲存設備，使得資料化的效率大幅提升，也讓資料之數學分析更為可行，可從中發現隱藏的價值。簡言之，數位化使得資料化突飛猛進。但我們要再強調，數位化和資料化並不相同。數位化指的是將類比的資訊轉成機器可讀的格式，光是這個動作本身，還不足以稱為資料化。

當文字成為資料——谷歌圖書掃描計畫

數位化和資料化的差異，只要看看兩者共同的領域，就清楚明白了。以書籍為例：2004年，谷歌宣布了一項不可思議的大膽計畫，希望在版權許可的前提下，把所有可取得的書籍頁面，都放上網路，讓全球都能免費搜尋。為了實現此一壯舉，谷歌與全

---

* 中文版注：第谷（Tycho Brahe, 1546-1601）累積了二十年有系統而且精確的星體定位觀測紀錄，這是後來驗證哥白尼「日心說」（地球繞著太陽運轉）的重要基礎。第谷的觀測精確度遠超過之前的天文學家，尤其是對火星的觀測，是天文界的珍貴遺產。請參閱《觀念地球科學4：天氣・天文》一書，天下文化2012年出版。

球最大、最負盛名的幾間學術圖書館合作，同時開發可自動翻頁的掃描器，解決可行性和成本的問題。自動掃描數百萬冊書籍，不再是夢想。

首先，谷歌先將文本「數位化」：每個頁面都掃描成高解析度的影像檔，儲存在谷歌的伺服器當中。於是，紙本頁面已經轉成數位副本，讓全球的人都能透過網路取得。然而，在取得這個頁面之前，必須是讀者確實知道哪本書有這一頁，又或是透過大量閱讀而終於找到這一頁。原因在於這個文本還沒有資料化，讀者無法搜尋特定的詞彙、或加以分析。到這個時候，谷歌手上擁有的還只有影像，也僅有人類可以透過閱讀，將影像轉化為有用的資訊。

當然，這已經是很偉大的成就了，等於是現代化的亞歷山大圖書館，具備空前的館藏量。不過谷歌的期許還不止於此。谷歌知道，其實這些資訊當中還隱藏著許多價值，要倚賴資料化，才能釋放出來。因此，谷歌使用光學文字辨識軟體，辨識每個頁面影像檔當中的字母、詞彙、句子和段落。於是，頁面現在就成了經過資料化的文字檔，而不只是數位化後的影像。

從此開始，頁面上的資訊不只能讓人類閱讀，也能用電腦來處理、讓演算法加以分析。資料化之後，能夠將文本加上索引，也就能夠搜尋內容，也更能進行無窮無盡的文本分析。現在，我們可以知道，某個詞彙或片語是何時首次出現在文本當中，也可追溯某些想法概念是怎麼在世界上流傳、如何跨越時間和語文的隔閡。

　　谷歌的 Ngram Viewer（http://books.google.com/ngrams）網頁是以完整的谷歌圖書的索引，做為資料庫，能夠以圖像顯示出：某個字詞或片語，隨著時間變化的使用頻率。讀者可以自己嘗試一下，只需要幾秒鐘，就能知道 causality（因果關係）這個字，在1900年以前，用得比 correlation（相關性）這個字要頻繁些，但之後局勢便大幅逆轉，correlation 遠遠占居上風。

　　我們也可以比較不同作者的寫作風格，用來處理著作權上的紛爭。而且，有了資料化之後，學術剽竊的作品也更無所遁形：已有幾位歐洲的政治人物，包括一位德國國防部長，因此被迫下台。

　　自從十五世紀中葉發明印刷機以來，估計已經出版了一億三千萬本不同的著作。到了2012年，谷歌的圖書計畫不過執行了短短七年，便已掃描超過兩千萬本不同的書籍，超過全球現存書籍種類的15%，數量著實驚人。

　　這也催生出一門新的學科，稱為文化組學（culturomics）[*]，屬於計算詞彙學領域，透過對文本的量化分析，希望能夠理解人類行為和文化趨勢。

　　哈佛的一項研究中，研究人員統計數百萬本書籍、超過五千億字，發現字典所收錄的英文單字條目，其實還不到真實用字的一半。他們的結論是：如果語言就像個聚寶盆，盆中會有許多「標準參考資料未收錄的『暗物質』[†]」。

---

* 　中文版注：culturomics 是由 culture（文化）和 genomics（基因組學）組合成的新字。

† 　中文版注：暗物質（dark matter）是指宇宙中無法以光學望遠鏡或電波望遠鏡觀測到的物質，宇宙學家只能根據它們對於可見的星體有重力吸引，間接推測有暗物質存在。

此外，研究人員還用演算法，分析提到藝術家夏卡爾（Marc Chagall）的文獻。由於夏卡爾是猶太人，他的作品在納粹德國遭查禁，而研究人員就發現，對某個人或某個概念的打壓或審查制度，會留下「可量化的指紋」。

文字其實也像是化石，只不過不是沉積在岩石之中，而是嵌在書頁之中。文化組學家就像考古學家，可以把它們挖掘出來。當然，像這種資料集也會隱含無數的偏見。例如圖書館裡的書，究竟反映的是現實的世界、或者不過是作者及圖書館員所喜歡的世界？但不論如何，文化組學都讓我們有了另一種瞭解自己的觀點。

只要把文字轉成資料形式，就能解放出多種用途，而且絕不只是供人閱讀、或是供機器分析而已。對於像谷歌一樣的巨量資料模範來說，這些資訊還有許許多多用途正待開發，讓人知道蒐集資訊和資料化的辛苦都是值得的。正因如此，谷歌巧妙利用了書籍掃描專案所取得的資料化文本，改善他們的機器翻譯成效。正如第3章描述的，谷歌的系統會找出翻譯的書籍，並且分析譯者的翻譯字詞對應。依照這種想法，翻譯就像是一道巨大的數學問題，可以用電腦來計算機率，找出A語言和B語言之間的最佳字詞對應。

當然，並不只有谷歌夢想把豐富的文字寶藏帶進電腦時代，早有其他計畫先行起跑了。早在1971年就已有古騰堡計畫，志願將所有公共版權的文本放到網路上供人閱讀，但這項計畫並未考慮到要將文字資料化，結果只是讓人能夠閱讀，無法改做他用。

同樣的，多年來出版社不斷嘗試各種形式的電子書，但仍然認為書的核心價值在於內容、而非資料，因此商業模式並未改變。事實上，出版社從未自行或允許他人開發，隱藏在書本文字中的資料潛力。他們還沒有看到這種需求，甚至尚未認知到這份潛力。

現在，許多公司正前仆後繼的搶進電子書市場，像是亞馬遜的 Kindle 電子書閱讀器，看來是大占先機。然而，亞馬遜和谷歌卻在策略上大有不同。

與谷歌相似，亞馬遜也將書本加以資料化，但卻未真正將之視為資料，也就無法開發出新的用途。亞馬遜的創始人兼執行長貝佐斯，說服了數以百計的出版社，讓他們願意以 Kindle 格式出版書籍。Kindle 電子書並不是只有頁面影像；否則就無法改變字體大小、顏色，或是改變背景色調。換言之，這些文本已經資料化了，而不是只有數位化。所以，亞馬遜是將數以百萬計的新書加以資料化，而谷歌則是努力將舊書資料化。

然而，亞馬遜手中有了這些資料之後，除了「統計出的重要字詞」這項絕妙服務之外（這項服務是靠著演算法，計算出書籍之間隱而未顯的主題連結），卻沒有好好運用巨量資料分析，來善用這個字詞寶庫。在亞馬遜眼中，賣書這門生意的重點在於書籍的內容，而不是針對資料化文本的分析。而且說實在，還有許多出版社態度保守，對於亞馬遜如何利用他們書籍的內容，多有掣肘。

至於谷歌，則像是巨量資料這個領域的叛逆小子，試圖不斷打破界限、掙脫約束：對谷歌的支持力量是來自使用者的點擊，而不是來自出版社的書籍。或許這麼說也不太公平,但至少在目前,亞馬遜看到的是將書籍數位化的價值,但谷歌看到的則是將書籍資料化的價值。

當位置成為資料——商機無限

世界上最基本的資訊之一,就是關於這個世界的資訊。但在過去,多半並未將「空間」量化或是做為資料使用。各種自然環境所在的地理位置、物體所在的地理位置、以及人們所在的地理位置,當然都隱含有資訊,譬如山在那、人在這、……。但最重要的,就是要讓這些資訊變成資料數據。

位置資料化,有幾項前提。第一是要有方法來測量地球上的每平方公分。第二要有標準化的方式記下測量的結果。第三要有工具來監控和記錄資料。必須有「量化、標準化、蒐集」這三步驟,才能讓位置不只是個實際的地點,也能成為資料。

在西方,對於位置的量化始於希臘。大約在西元前200年,希臘天文學家兼地理學家埃拉托瑟尼(Eratosthenes)就發明了一種用格線定位的系統,類似現在的經緯度。但就像很多古時候的好點子,這套系統也消失在歷史之中。等到西元1400年左右,托勒密(Ptolemy)的著作《地理學》從君士坦丁堡傳到了佛羅倫斯,而航運貿易發達也激起一波對於過去的科學和知識的興趣。托勒密的著作引起一陣轟動,當時的人拿這些過去的知識,來解決當代的航行問題。從此之後,地圖上就有了經度、緯度和比例尺。

1570年，荷蘭製圖師麥卡托（Gerardus Mercator）改良了地圖繪製法，讓水手可以用直線表達在球形世界上的航線。

這個時候，雖然已經有了記錄位置的方式，卻還沒有共同的記錄格式可分享這種資訊。就像網路上必須有通用的網域名稱，才能進行電子郵件之類的應用，位置的表示方式也必須有通用的格式。當時花了很長的時間，才完成了經緯度的標準化。最後是在1884年，國際子午線會議在美國華盛頓特區召開，共二十五個國家選擇了英國格林威治，做為本初子午線和經度的零點。（但當時法國認為自己才該是國際標準的領導者，因而棄權。）

到了1940年代，世界橫麥卡托投影（UTM）坐標系統終於建立，將全球分成六十個分區（經度每隔6度為一個分區），以提高準確度。

終於，地理空間位置能夠有標準化、數字化的方式，加以識別、記錄、計算、分析、溝通。位置可以資料化了！然而，由於在類比的情況下，測量和記錄位置資訊所需的成本極高，因此這個願景在當時並未實現。想要真的將位置資料化，還必須先有能夠便宜測量位置的工具。在1970年代之前，唯一能夠判定地理位置的方式，便是使用地標、天文星座、航位推算，或有限的無線電定位技術。

直到1978年，終於推出由二十四顆衛星組成的全球定位系統（GPS），讓一切有了巨大的改變。從此，地面的接收器只要計算需要多久時間、才能從離地兩萬公里的各個衛星收到訊號，就能用三角定位法判斷自己的位置。這套系統是由美國國防部開發，最早在1980年代開放非軍事用途,而在1990年代開始全面運作,並在2000年左右進一步改良做為商業應用。現在的GPS可以精確到一公尺內的距離,自古以來航海家、地圖製圖者和數學家想測量地點位置的夢想,也終於因為這項科技發展,能夠快速、相對便宜的實現,而且不需要任何專門知識。

然而,能夠做到是一回事,實際去做又是一回事。就算是在埃拉托瑟尼和麥卡托的時代,他們也能夠估算自己的位置,但在當時,就算估算了也沒有什麼實際用途。同樣的,早期的GPS接收器既複雜又昂貴,對於潛艇來說可能很適用,卻不是每個人隨時都需要。但後來,各種數位產品及GPS晶片的普及,讓情勢有了不同。

GPS晶片的成本,從1990年代的數百美元,下跌到今日量產下的一美元左右。而且通常只需要幾秒鐘的時間,GPS系統便能夠定出位置,提供標準化的坐標。所以,像是(37°14'06" N, 115°48'40" W)這個坐標,全球都知道指的是美國內華達州的一座神祕軍事基地,又稱為「51區」,有可能保存著一些外星人或外星生物的證據。

如今,世界上已經不只有GPS一組定位系統,例如中國和歐洲,也正在開發其他的衛星系統與之競爭。而且,因為GPS在室內或高樓之間無法運作,目前也已經有科技是靠著手機基地台或無線路由器的訊號,來做三角定位,精確度甚至更高。這也就能解釋,為什麼谷歌、蘋果和微軟等公司也都各自開發自己的地理定位系統,好和GPS搭配使用。例如:谷歌的街景車,除了拍攝街景照片，同時也會蒐集無線路由器的資訊；iPhone的功能也不只是一部電話，還可以說是一部「間諜電話」，會在未告知使用者的情況下，悄悄將位置和無線資料傳回蘋果公司。（谷歌的Android手機和微軟的手機作業系統，也會蒐集此類資料。）

　　除了能追蹤人的位置，當然也能夠追蹤物體的位置。只要在車內安裝無線設備、將位置資料化，就能夠讓保險的概念改頭換面。因為有了這種資料，駕駛人與保險公司都能得知實際的駕駛時間、地點和距離，對於風險的估價也就更為精準。在英國，現在駕駛人可以依據實際的駕車時間地點來購買保險，而不是依據他們的年齡、性別和過去的紀錄。這種保險定價新方法，可鼓勵駕駛人養成安全駕駛的習慣，也徹底改變了保險的傳統概念——不再是基於共同的風險評估，而是基於個人的行為。

　　對於道路等基礎設施來說，有了車輛駕駛紀錄，也就能夠確認駕駛人「消費」這些資源的方式，進而精確估算用路成本。如果沒有針對各種事物持續將地理位置加以資料化、讓眾人都能使用，這一切都不可能做到。

　　舉例來說，UPS（優比速）快遞公司已多方面使用地理位置資訊，像是公司車輛都配有感測器、無線電設備和GPS。公司總部可以預測引擎是否會故障（見第4章），也可以知道車輛的位置、判斷是否有延誤，也能監控員工的行蹤，還能調整找出最佳的送貨路線。要找出最佳送貨路線，靠的就是過去送貨的資料數據，很像莫銳的海圖也是靠著過去的航行紀錄而繪製。

　　分析程式則發揮了非凡的效果。UPS的流程管理長李維斯

（Jack Levis）表示，UPS在2011年的送貨里程大幅減少四千八百公里，相當於省下三百萬加侖的油料、以及減少了三萬噸的二氧化碳排放量；安全性和效率也提高了——這是因為十字路口常發生意外，等紅綠燈又浪費時間，貨車怠速也會浪費油料，因此UPS仔細計算各條路線，減少必須通過十字路口的次數。

李維斯表示：「預測能夠帶給我們知識，而知識帶來更多智慧和洞察力。在未來某個時候，這套系統將會聰明到足以預測問題，在使用者發現有問題之前，就加以修正。」

跨時間的位置資料化，應用在人身上最為明顯。多年以來，無線服務供應商一直在蒐集和分析資訊，希望能提高網路服務水準。但現在這些資料也愈來愈常做為其他用途，或是由第三方蒐集以提供新服務。舉例來說，有些智慧型手機的應用程式，雖然本身用不到位置資訊，卻也會順便蒐集。也有時候，某個應用程式的價值，正是建立在取得用戶位置這一點。以Foursquare這個程式為例，就是讓人在自己喜歡的地方「打卡」，而廠商就能從各種會員優惠方案、餐廳推薦、或是其他與位置相關的服務中，獲得收入。

用戶的地理位置正逐漸變成非常寶貴的資料。對業者而言，知道消費者個人的地理位置、或是正要前往何處，就可以放出最切合情境的廣告。而且，集合此類資訊之後，還可以看出整體趨勢。舉例來說，只要有眾人的位置資訊，業者不用看到實際交通狀況，也能知道是不是有塞車：只要看看在高速公路上移動的手機數量和速度，就可預料。以AirSage公司為例，每天數百萬的手機用戶，會給該公司帶來超過一百五十億則地理位置紀錄，產生全美超過一百座城市的即時路況報告。另外，Sense Networks 和 Skyhook 同樣也是經營地理位置業務的公司，很擅長使用位置資訊找出城市中哪裡有最熱鬧的夜生活，以及估計某次遊行究竟有多少參加者。

然而，在地理位置資訊的各種用途當中，非商業用途才是最重要的。麻省理工學院人類動力學實驗室主任潘特蘭（Sandy Pentland）與伊格（Nathan Eagle）合作，開創他們稱為「現實挖掘」的研究，也就是藉著處理大量的手機資訊，推論和預測人的行為。他們在一項研究中，藉著分析移動和通話的模式，成功找出那些已經感染流感、甚至自己都還不知道的病患。如果爆發致命的禽流感疫情，這種能力就能夠讓公共衛生官員立刻知道最嚴重的疫區何在，盡快採取必要的手段，拯救數百萬人的生命。

然而，如果現實挖掘的能力落在心懷不軌的人手中，也可能產生可怕的後果。這點我們會在後面提到。

伊格是無線資料公司 Jana 的創辦人，他手中有來自一百個國家以上、兩百家行動網路業者的手機資料，涵蓋非洲、拉丁美洲和歐洲的三億五千萬名用戶。有了這些資料，伊格便能夠回答那些行銷業者最心之所繫的問題，如每個家庭每星期洗幾次衣服。伊格也會利用這些巨量資料，回答像是「城市該如何繁榮發展」之類的大問題。譬如在非洲，Jana 公司便是先取得手機預付卡用戶的位置資料，再與用戶加值數額的資料結合。加值的金額與收入密切相關：愈有錢的人，每次加值的金額也愈高。但讓伊格沒想

到的是，城市中的貧民窟除了是貧困的中心，其實也是經濟活動
熱絡的地點。

　　這裡的重點在於：蒐集位置資料，原本只是為了提高行動通
訊的服務水準，但現在已經發展出這許多的間接用途。一旦「位
置」資料化之後，我們同樣觀察到，很快就出現了新的用法，創
造出新的價值。

當互動成為資料──掌握社交動態之祕

　　下一個資料化的前線與個人較有關：我們的人際關係、生活
體驗、和心情。許多網路上的社群網站，都是以資料化的概念做
為骨幹。社群網路平台不只是能夠尋找朋友同事並保持聯絡，更
是擷取了我們的日常生活點滴，將它們轉化成資料，用於新的用
途。像是臉書，便是將「人際關係」資料化。

　　過去，人際關係一向存在、也是一種資訊，但一直要等到出
現了臉書的社交圖譜（social graph）資料庫，人際關係才真正成為
資料。推特則是提供很簡單的方式，讓人可以記錄、分享他們一
瞬而逝的想法，於是便能將「情緒」資料化，而不是像過去就消
散在風中。至於LinkedIn，則是將各種過去的「專業經驗」（像是
莫銳的舊航海日誌）資料化，轉化為對我們現在和未來的預測：
可能認識什麼人、或是想要什麼工作。

　　這些資料的用途仍然在萌芽階段，譬如臉書，其實一直很精
明、很有耐心，知道如果一下子告訴所有用戶，可能拿他們的個

人資料去做什麼，一定會讓用戶嚇壞了。此外，臉書到現在還在
調整商業模式、以及個資隱私政策，看看能蒐集到哪些種類的資
料，數量又如何。因此，許多對臉書的批評，其實不在於現在的
資料用途，而在於它蒐集了什麼樣的資料。在2012年，臉書共有
大約十億個用戶，構成超過一千億條交友連結，整個社交圖譜代
表的是全世界總人口的一成多。而且，這一切都掌握在僅此一家
公司手中。

　　這一切背後的潛在用途，絕對不同凡響。有許多創業公司都
希望利用社交圖譜，找出能夠建立信用分數的指標。這裡用的是
物以類聚的概念：花錢小心的人，交的就是花錢小心的朋友，至
於揮霍的人，也會和揮霍的朋友同行。如果這種建立指標的方式
能夠成功，臉書就可能成為下一個費埃哲（FICO）信用評分機
構。社群媒體公司能夠掌握到的資料集，絕不只是表面上的共享
照片、狀態更新或是「讚」而已，所有這些資料都能成為全新業
務的基礎。

　　推特也同樣看到，將資料用於全新用途的機會。2012年，推
特每個月都有超過一億四千萬個用戶、每天發出超過四億則簡短
的推文。在某些人看來，這些推文可能就像是隨口嚷嚷（確實也
是如此），但對推特來說，這其實是將人們的想法、情緒和互動
都加以資料化，這絕對是前無古人的成就。推特已經與DataSift和
GNIP兩家公司簽訂合作協議，出售資料的存取權。（雖然所有的
推文都公開，但想要大批使用，還是得付費。）此外，也有很多
公司會使用「情感分析技術」來分析推文內容，希望瞭解消費者

的整體反應，或是判斷行銷活動的效果。

英國倫敦的德溫特資本（Derwent Capital）和美國加州的市場心理（MarketPsych）這兩家對沖基金公司，就是靠著分析資料化之後的推文，做為在股市投資的依據。當然，實際的交易策略是公司機密，他們可能並不會投資眾人大力吹捧的公司，反而是逆向操作。現在，這兩家公司都已開始出售這些資訊。以市場心理公司為例，該公司與湯森路透（Thomson Reuters）合作，提供在一百一十九個國家、至少18,864項獨立指標的資訊，資料每分鐘更新，內容包括像是樂觀、陰鬱、快樂、恐懼、憤怒等情緒狀態，甚至也包括像是創新、訴訟、衝突等等主題。這些資料主要不是要提供給人，而是要交給電腦加以運算：華爾街的一群計量金融專家（稱為quant），就會將這些資料放入演算法模型，希望能找出過去未看到的相關性，好藉以獲利。

根據「社交網路分析之父」休伯曼（Bernardo Huberman）的說法，光是推特上面針對某個主題的推文頻率，就已經足以構成預測，例如推測好萊塢的票房收入──休伯曼和惠普公司的同事開發出一個模型，能夠顯示新電影推文發布的速率。有了這個模型，他們便能預測某部電影是否賣座，準確度超過其他的傳統指標。

用途還不僅於此。推特的推文，每則限定在一百四十個字元以內，但它的後設資料（也就是「關於資料的資料」）卻共有三十三個項目，非常豐富。有些資料似乎不是很有用，例如該用戶推特首頁的背景圖案，或是用戶用來上推特的軟體類型。但也有一

些後設資料就非常耐人尋味，像是用戶的語言、地理位置、所跟
隨（follow）的人數及人名，以及其他跟隨該用戶的人。2011年，
《科學》雜誌就有一篇關於這些後設資料的研究，共分析了八十四
國、兩百四十萬用戶，在兩年之間的五億九百萬則推文，發現不
論是全球哪個文化，民眾在每週和每天都會有類似的情緒起伏週
期。這種研究在過去是不可能完成的。現在連「情緒」也已經資
料化了。

資料化不只是將態度、情緒轉為可分析的形式，還囊括人類
的種種行為。如果不這麼做，特別是到了更廣大的社群、有了更
多的子群體，就很難追蹤人類的各種行為。

賓州大學的生物學家塞拉瑟（Marcel Salathé）和軟體工程師
康德沃（Shashank Khandelwal）分析推特推文，發現民眾對於接種
疫苗的態度，與他們實際接種流感疫苗的可能性相符。但更重要
的是，他們運用推特的後設資料，進一步研究這些人在推特上的
跟隨關係，發現未接種疫苗的人可能會構成具有獨特模式的子群
體。這項研究的特別之處在於，其他像是「谷歌流感趨勢」的研
究，都是用整體的資料來探討個人的健康狀況，但塞拉瑟的情感
分析卻能夠預測健康的「行為」。

從這些早期的研究結果，可以看出資料化的下一步。像是臉
書、推特、LinkedIn、Foursquare之類的社群網路，都如同谷歌一
樣，就坐臥在一座巨大的資料化寶庫之上。只要分析這些資料，
無論是個人層次或是社會層次，種種社交動態的祕密都將無所遁
形。

當一切成為資料——用途無窮無盡

只要有一點想像力，不論是什麼東西，都能夠化為資料形式，後續也會驚喜連連。就像是越水重臣教授在東京對臀部所做的研究，IBM本著同樣的精神，在2012年也以「以表面運算科技維護處所安全」獲得美國專利。引號裡的文字是智慧財產權律師協助申請專利時的用詞，如果說得白話點，就是在地板鋪上一層觸控感應的材質，很像是巨大的智慧型手機螢幕。這一切背後能衍生出無窮的潛在用途，例如能夠辨識在地上的物品，或是在有人走近的時候開燈或開門。

除了這些基本用途，這項科技或許還能夠靠著人的重量、或是站立及行走的姿勢，達到身分辨識的功能。也能夠判斷屋子裡的住戶是不是在摔倒後便無法爬起，這對於老年人來說可是個重要的功能。店家有了這個科技，也能夠知道店面裡的人流。只要將地板資料化，可能的用途就無窮無盡。

我們說要盡量把一切資料化，其實並非遙不可及的夢想。想想「量化生活」（Quantified Self）這項活動，發起人是一群健身狂、醫療狂和科技迷，他們希望能靠著測量自己的身體及生命中的所有元素，讓生活更進步，或至少學到以前學不到的新東西。這種不斷追蹤自己身體情況的人，目前人數還不是很多，但持續增加中。

由於現在有了智慧型手機和便宜的運算科技，要將日常生活重要行為加以資料化，可是比以往都更為容易了。像是有許多新公司就是讓使用者整夜測量腦波，藉以追蹤他們的睡眠模式。例如Zeo公司便已經創造出全球最大的睡眠活動資料庫，發現男女睡眠的快速動眼期（REM）時間長度有差異。Asthmapolis公司則是把氣喘用的藥物吸入器，裝上感應器，以透過GPS追蹤定位；將資料整合之後，公司就能找出氣喘發作的環境因素，例如是否接近了某些農作物。

Fitbit和Jawbone兩家公司，測量的是民眾的生理活動和睡眠。Basis公司則是讓人戴上腕帶監測器，監控生命徵象，包括心跳速率和皮膚導電率等等，以判斷心理壓力大小。

現在要取得資料比過去任何時候都更容易，也更不需要侵入式措施。2009年，蘋果公司便取得一項專利，可以透過耳塞式耳機，蒐集血氧、心跳速率和體溫等資料。

想把人體運作方式資料化，現在還有很多需要學習的。挪威約維克大學和德拉威生物識別（Derawi Biometrics）公司的研究人員，也開發了一套智慧型手機應用程式，可以分析人走路的步態，做為手機解鎖的安全系統。

同時，美國喬治亞理工研究中心的兩位教授德拉諾（Robert Delano）和帕里斯（Brian Parise）也正在開發一套稱為iTrem的智慧型手機應用程式，可以使用手機內建的加速感應器，來監控人身體顫動的情形，便能檢驗帕金森氏症和其他神經系統疾病。這個應用程式會是醫生和患者的一大福音，病患不再需要大老遠跑到醫院、接受昂貴的測試；專業醫護人員也能夠遠端監控病患失能的狀況，以及對治療的反應。日本京都的研究人員表示，比起專業醫療設備所使用的三維加速度感應器，智慧型手機的感應效果只差了一點點，結果還是相當可靠。我們再次看到，稍微有點雜亂，勝過處處要求精密。

資料化是現代基礎建設

幾乎在以上所有情境當中，一旦取得資訊，便會存放成資料形式，方便重複使用，既沒有地點的限制，也沒有對象的限制。像是舊金山的GreenGoose公司，販賣的是小型的運動感應器，裝置在某個物件上之後，就能追蹤使用量。例如裝在一包牙線、一個澆水筒、或是一盒貓砂上，就能將口腔衛生、對植物和動物的照顧等等概念，都予以資料化。這種對於「物件的網路」（為日常物件裝上晶片、感應器、通訊模組）的熱情，雖然一部分是基於希望建立網路，但也是因為希望：盡量將我們周遭的一切都加以資料化。

等到將整個世界都資料化之後，種種應用的潛力便再也沒有止境，只怕想不到而已。莫銳經過辛苦的手工製表整理，將過去的海上航行紀錄和經驗資料化，因而釋放出不凡的觀點和價值。今天，我們已經擁有工具（統計和演算法）以及必要的設備（數位處理器和記憶體），面對類似的任務，執行起來速度更快、規模更大，還能運用在許多不同的情境。在巨量資料時代，就算是臀部也能有美妙的用途。

就某些意義而言，現在也像是古代正在進行各種基礎建設，譬如古羅馬的水道、啟蒙時代的百科全書。但我們卻似乎視而不見，因為這一切都還太新、我們還置身其中，而且不像水道還會看到水流，現在的建設成果都是無形的。這裡說的基礎建設，正是資料化。就像其他基礎建設，資料化也會為社會帶來根本上的改變。

水道讓城市發展，印刷術推動了啟蒙運動，報紙則促成了民族國家。這些基礎建設的重點都在「流動」，像是水、像是知識。過去的電話和網路也正是如此。相對的，資料化代表的是人類理解事物的本質更為豐富。在巨量資料的幫助下，世界不再像是一連串自然或社會上的事件，而是本質上由資訊組成的場域。

過去一個世紀以來，物理學家就已經這麼認為：萬物的基礎不是原子，而是資訊。確實，這聽來有些玄妙。然而，「存在」有各種有形及無形的層面，透過資料化，很多時候我們就更能掌握實體實情，也能計算得更為全面。

如果能把世界看成資訊，就像是一片能讓人探索得更深更廣的資料海洋，我們對於現實就會有前所未有的認識。這是一種可以滲透到生活各個領域的新觀點。我們現在可說是生活在一個數字充斥的社會，我們相信用數字和數學，就能理解這個世界。而且我們對於文字的概念也已經根深柢固，認為知識必然能夠透過文字，跨越時空而傳播。然而，到了明天，我們的後代子孫可能擁有的是一種「巨量資料意識」，認為世間的一切都能夠量化，也認為資料是社會必須從中學習、不可或缺的要素。對現在大多數人來說，要把現實世界的林林總總，全部轉化為資料，可能聽起來還像是天方夜譚。但在未來，我們必定會將這視為是既定的事實。（很巧合的，「既定的」這個字眼，又呼應到data一字的拉丁文起源。）

資料化可說是給了我們工具，讓我們能夠用資料來繪出世界的真實樣貌。隨著時間進展，資料化的影響一定會超過水道和報紙，或許可和印刷術及網路相媲美。

就目前而言，對資料化應用得最積極的就在商業領域，巨量資料已經用來創造新形式的價值了。這也正是下一章的主題。

第 章

價值
不在乎擁有，只在乎充分運用

　　1990年代晚期，網路迅速變成一個沒有規矩、冷漠而不友善的地方。垃圾訊息機器人（Spambot）灌爆許多電子郵件信箱，網路論壇一片狼藉。2000年，剛剛從大學畢業、二十二歲的馮安（Luis von Ahn）想到了一個解決辦法：如果想要登記註冊，使用者必須先能夠證明自己是人。所以，他必須找到某件對人來說輕而易舉、但對機器來說難上加難的事。

　　他當時想到的點子，是在登入過程中辨識一些有波浪起伏、難以閱讀的字母。只要是人，幾秒之內就能夠破解這道題目，輸入正確的文字，但若是電腦就會被難倒。雅虎決定採用這種方法，結果在一夜之間，便減少了垃圾訊息機器人的危害。馮安把他的這項發明命名為Captcha，英文全名是Completely Automated Public Turing Test to Tell Computers and Humans Apart，意指「能夠分辨電腦和人的完全自動化公共杜林測試」。五年之後，全球每天大約要輸入二億則Captcha。

　　Captcha讓馮安聲名大噪，也讓他在取得博士學位後，獲聘到卡內基美隆大學執教電腦科學。而這項成就也是一個重要因素，讓他在年僅二十七歲時，便成為麥克阿瑟基金會夙負盛名的「天才獎」五十萬美元得獎者。但馮安後來意識到，Captcha這種做法等於是讓全球數百萬人每天都要浪費大把時間，去辨識一堆彎曲煩人的字母、然後鍵入，且這些資料之後也都完全浪費掉。這時感覺起來，這方法就不太聰明了。

　　馮安希望能更有效率的運用人類的運算能力，於是想出了第二代的Captcha，前面加上了代表「再次」的字首Re，成為

ReCaptcha。使用ReCaptcha的時候，不再是輸入隨機的字母，而是輸入兩個在谷歌圖書掃描計畫中、電腦的光學文字辨識軟體無法辨認的字詞。其中一個字是用來確認其他用戶已經輸入的結果，好確認另外輸入的那一位也是人；而另一個字則是真的還沒有辨識出來的新字。為了確保正確性，系統平均會將同一個模糊的字發給五個人，必須五個人的輸入都相同，才會確認該字已經正確辨識。這種資料除了有原始用途（證明用戶是人），還有第二個用途：協助解譯在數位化文本當中，模糊不清的字詞。

只要想想，如果聘請人工來辨識模糊不清的字詞，該要付多少錢，就知道ReCaptcha能夠釋放出的價值相當巨大。如果估計每次辨識要花上十秒，全球每天二億個ReCaptcha用戶，就代表著大約五十五萬個工時。在2012年，美國的最低工資是每小時七點二五美元。假設想請人來辨識這些電腦無法確認的字，每天就要花上四百萬美元，每年則要超過十億美元。但用了馮安設計的系統，幾乎是無償就能完成。靠著谷歌，現在ReCaptcha已經免費提供給任何網站使用；全球大約有超過二十萬個網站使用，包括臉書、推特和Craigslist。

發掘資料的潛在用途

ReCaptcha的故事告訴我們重複使用資料的重要性。隨著巨量資料概念來臨，資料的價值正在發生變化。在數位時代，資料不再只是支援交易的角色，資料往往也成了交易的主角。到了巨量資料時代,事情再次發生變化。資料的價值不僅是現在的原始用途,也能轉移到潛在用途上。這件事影響深遠,會讓企業開始看重自己擁有的資料,並開始在乎有誰能夠使用這些資料。如此一來,也有可能會促成、甚至迫使公司改變商業模式。

資訊一直是市場交易必不可少的基礎。舉例來說,有了資料才能有價格發現(price discovery),讓生產者知道該生產多少數量。對於資料的這個面向,我們已經知之甚詳。另外,某些類型的資訊也早已在市場上交易,例如各種書籍、文章、音樂、電影的內容,或是像股票價格之類的金融資訊。在過去的幾十年間,還要再加上「個人資訊」一項。美國一些像是Acxiom、Experian和Equifax的專業資料仲介公司,手中握有數百萬個消費者的完整個人資訊,便能換取可觀的利益。隨著臉書、推特、LinkedIn以及其他社群媒體平台興起,現在連我們的人脈連結、意見、偏好、日常生活模式等等,也加入所謂個人資訊之列了。

簡言之,雖然我們早已知道資料寶貴,過去卻只認為資料是經營核心業務的附屬品,又或是對資料的概念狹隘,只知道有智慧財產權或個資保護的概念。但是在巨量資料的時代,「所有資料」本身就有其價值。

這裡說的「所有資料」,還包括那些最原始、看起來最平凡的資訊,例如:工廠機器熱感應器的讀數,或者是某台貨車不斷即時傳回的GPS坐標、加速度感應器讀數及剩餘油量,又或是六萬台車隊全體的上述資訊;又或者,像是數十億個過去的搜尋字眼、好幾年來全美每架客機幾乎全部的訂位票價資訊。

　　這些資料，過去想要蒐集、儲存和分析都十分困難，大大限制了取得其潛在價值的機會。譬如十八世紀的亞當·斯密（Adam Smith）曾經以製造大頭針為例，討論勞力分工的問題。當時想要研究這種問題，必須派出許多觀察員，時時盯緊所有工人，計算各種數字，再用羽毛筆把這些計算結果寫在厚紙上。資料的取得實在很不容易，這使得古典經濟學家在考量生產要素（土地、勞力、資本）的時候，幾乎完全漏掉了資訊這一項。在過去兩個世紀以來，雖然取得、儲存和使用資料的成本一直在下降，但還是要到非常晚近，才真的變得比較便宜。

　　現在這個時代的不同之處，在於蒐集資料的許多限制已不復存在。目前的科技進展，讓我們經常能取得大量資料，而且我們還常常能夠被動的蒐集資料，不用費心一一記錄，甚至有時候根本沒有意識到正在蒐集資料。而且由於儲存的成本大降，現在大可將資料全部收藏，不須因容納量有限而丟棄。這一切都使得我們能夠以更低的成本，取得比以往任何時候都更多的資料。

　　過去半個世紀中，數位儲存的成本大約每兩年便會砍半，而儲存密度更增加了五千萬倍。對於像是Farecast或是谷歌之類的資訊公司來說，彷彿有一條數位生產線，一端輸入原始資料、一端輸出經過處理的資訊，資料儼然成為新的生產要素之一。

　　大多數資料的直接價值，詢問那些蒐集資料的人最清楚。甚至，那些人可能在蒐集資料之前，就已經想好了資料的用途。對店家來說，當然會想要蒐集銷售數據，做好財務會計。對工廠來說，會想監控產品，確保符合品質標準。對於網站來說，會想記下所有使用者的點擊、甚至滑鼠游標如何移動，好加以分析，決定該在網站的哪個位置為訪客呈現哪些資料。

這些都是資料的原始用途，也就是最初蒐集和處理資料的原因。但是，像亞馬遜不只會記錄使用者購買的書籍，還會記錄他們看過哪些頁面，正是因為亞馬遜知道，可以用這些資料來提供量身打造的閱讀建議。同樣的道理，臉書會追蹤使用者的「狀態更新」和「讚」，以確定應該在網站上呈現哪些最適合的廣告，好大撈一筆。

一般物質性的東西一旦使用，價值便會降低（像是吃掉食物、點燃蠟燭），但資料卻不同，可以一次又一次處理，價值並不會減少。資料就是經濟學家所謂的非競爭性（non-rivalrous）商品：某個人的使用並不妨礙他人的使用。而且，資訊使用後，也不會像物質性商品一樣有損耗。因此，亞馬遜不只可以用過去的交易紀錄，來向使用者提出建議，還能夠一用再用，除了用在那些一開始產生資訊的用戶身上，還能用到其他更多人身上。

資料除了能夠為同樣目的重複使用，更重要的是，還可以為了許多不同的目的而重複使用。我們想瞭解資訊在巨量資料時代究竟多有價值，就不能小看這一點。我們已經看到某些企業發揮了這種潛力，像是沃爾瑪就翻出舊結帳資料，找出颶風和小甜點之間的相關性，藉此大發利市。從這一切都可看出，資料能發揮的真正價值，會遠大於原始使用價值。這也意味著，企業取得資料後，即使第一次或後續每次使用都只得到少量的價值，但只要不斷重複使用資料，就能做到有效而充分的利用。

資料的「選項價值」

　　想感受一下，什麼叫做從「重複使用」而得到資料的最終價值，可以用電動車當個例子。電動車要成為新的交通工具，背後需要足以令人眼花撩亂的配套措施，而這一切都和電池的壽命有關。駕駛人希望能夠快速、方便的完成充電；電力公司需要確保既能提供電力給這些車輛，又不能使得電網不穩。對於汽油車來說，現在的加油站分布已經大致能符合要求，但是對於充電的需求、適當的充電站地點，就還未能參透。

　　出人意料，與其說這是基礎建設的問題，不如說是資訊的問題，而且巨量資料正是解決難題的重要關鍵。在2012年的一項試驗中，IBM與加州的太平洋煤電公司（PG&E）、車廠本田（Honda）三方合作，蒐集大量資訊來回答一些最基本的問題，像是電動車在何時何地需要充電、這對於電力供應會有何影響。

　　IBM開發了一套精密的預測模型，以多項資訊做為基礎：汽車的電池容量、剩餘電量、車的位置、當時幾點、附近充電站的可用餘位。另外，再搭配當地電網現在的用電量，以及過去的電力使用模式。分析了這些大量的即時資訊流，以及多個來源的歷史資訊，讓IBM能夠幫助駕駛人找出最適合的充電時間和地點。而且，IBM也就會知道最該在哪裡蓋充電站。最後，這套系統還能夠考量臨近各充電店的價格差異，甚至是氣象因素。例如，如果是晴天，附近的太陽能充電站就能供應無虞，但如果已經連續下雨一星期，太陽能充電站就無用武之地。

　　這個系統所做的，就是先取得資訊、完成原始目的，接著再重複使用這些資訊，轉作延伸用途。因此，隨著時間過去，資料能夠不斷延伸應用，甚至會愈來愈有價值。例如，汽車的電量指示器告訴駕駛何時該充電，而電力公司則是從電網的使用資料，判斷該如何維持電網穩定；這些就是資料的原始用途。但在這之後，這兩組資料還能找到完全不同的延伸應用，發現新的價值，例如：決定何時該在何地充電、以及該在哪裡蓋電動車充電站。另外，由於電動車的耗電曲線不一，電網承受的用電壓力會不斷變動，IBM也不是只要處理資料一次就行，而是需要一再處理。

　　資料的真正價值，就像是漂浮在海上的冰山，第一眼看到的只有一小部分，有很大一塊都藏在海面之下。創新企業能夠看穿這一點，就能直取隱藏價值，獲得巨大利益。總之，要討論資料的價值，就必須考慮所有未來可能加以應用的方式，而不能只看眼前的用途。這一點我們已經在前面舉過很多例子，像是Forecast用過去的機票銷售資料，來預測機票的未來價格；谷歌重新使用搜尋字眼的資料，找出流感趨勢；麥克蕾格博士追蹤早產兒的生命徵象，預測是否會爆發感染；莫銳也重新利用老船長的日誌，找出洋流，繪製新的海圖。

　　即使如此，現在的企業和社會仍未充分認識資料重複使用的價值和概念。紐約愛迪生聯合電力公司的高層主管，過去就沒想過，百年來的電纜和維修紀錄可用於防患未然，要等到有新一代的統計人員、新一波的方法和工具，才真正解放了這批資料的價值。甚至連很多網路及科技公司，也是到最近才驚覺，重複使用資料可以帶來多大的價值。

或許，我們可以用物理學家看待能量的方式，來看待資料。物理學家認為，就算是靜止的物體，例如壓緊的彈簧、放在山頂的球，也會有位能（potential energy），要在得到釋放的時候才會展現；像是把彈簧放開、或是把球一推而滾下山來。於是，這些物體的位能轉變成動能（kinetic energy），對其他物體施力。因此，資料完成原始用途之後，可以說它的價值仍然存在，只是靜止不動，就像彈簧或球一樣保存著位能，得等到再次使用，才會釋放出來。

到了巨量資料的時代，我們終於可以有這種看待資料的新想法、創意和工具，去挖掘出資料的隱藏價值了。

最後，資料的價值要看我們能如何用盡所有可能的方式來使用。能做的事情看似無限，終究需要做出選擇（option）。這裡講的不是金融證券的選擇權，而是真的要去選擇該做哪一項。資料的價值，就是所做選項產生的價值之總和，這也可以算是資料特有的選項價值（option value）吧。

在過去，一旦資料完成原始用途，我們常常就認為資料已經完成目的，似乎所有關鍵價值都已釋放完畢，可以放手刪除了。但到了巨量資料時代，資料就像一座神奇的鑽石礦，就算已取得主要價值，還是能不斷繼續開採。

要釋放資料的選項價值，有三種重要方式：重複使用資料、合併資料集、找到「買一送一」的情況。

選項價值之一：重複使用資料

講到資料重複使用的創新案例，搜尋字眼就是一個經典的例子。當初完成原始目的之後，這些資訊乍看之下似乎一文不值。畢竟，這似乎不過就是透過消費者和搜尋引擎互動，產生了一串網站名稱的列表，以及一些與當下相關的廣告。但到頭來，舊的搜尋字眼還是可以發揮極大的價值。

像是在資料仲介公司Experian旗下，就有一家網路流量測量公司Hitwise，能讓客戶從搜尋流量下手，來瞭解消費者的喜好。有了這項服務，行銷人員就能夠大致推測，今年春裝是粉紅當道、或是黑色重領風騷。

谷歌則把他們的搜尋字眼分析，公開了其中一個版本，讓人人都能使用。谷歌同時與西班牙第二大銀行BBVA合作，推出旅遊業的業務預測服務，並且販售以搜尋資料為基礎的即時經濟指標。英國央行則是使用與房地產相關的搜尋字眼，希望能進一步掌握房價的升降。

有些公司並沒有意識到重複使用資料的重要性，就會從慘痛的經驗中得到教訓。例如，亞馬遜早期曾與AOL（美國線上）簽署一項協議，讓亞馬遜能在AOL的電子商務網站背後，使用這種資料搜尋科技。對大多數人來說，這看起來不過就是個普通的外包協議。但亞馬遜的前任首席科學家韋思岸（Andreas Weigend）解釋，亞馬遜真正感興趣的，是要掌握AOL的用戶究竟看了什麼、又買了什麼，好讓亞馬遜改進自己的推薦引擎。可憐的AOL一直沒有意識到這一點，只看到了這些資料的原始用途（也就是銷售用途）。至於聰明的亞馬遜，則是知道只要把資料運用到延伸用途，就能取得利潤。

另一個例子，則是谷歌曾推出使用語音辨識來搜尋本地商家的服務「GOOG-411」，時間是從2007年到2010年。因為谷歌這家搜尋巨擘並沒有自己的語音辨識技術，只好外包出去，最後是與該領域的龍頭Nuance達成合作協議。Nuance很高興能有這樣一個聲譽卓著的客戶，但是Nuance在巨量資料方面卻是毫無概念：合約中並未聲明哪一方能夠保留語音翻譯資料，而谷歌便全部自己保留了下來。只要分析這些資料，就能計算出某個聲音片段會對應到哪個詞的機率，而這不只能用來改進語音辨識技術，甚至能用來創造全新的服務。當時，Nuance公司只認為自己做的是軟體授權、而非資料處理。但是等到該公司一發現這個錯誤，就與行動網路業者和手機製造商訂出協議，好讓自己也能夠開始蒐集這些資料。

有些機構目前手中就握有大批資料，卻很少使用，譬如一般經營非線上業務的傳統產業。這些公司就像是空手坐在資訊的寶山之上，如果能夠瞭解重複使用資料的價值，必能得益良多。例如，有些公司可能會蒐集資料、使用一次（甚至用都沒用！），就全部放在一旁，再也不去使用。現在由於儲存成本低，這種情況常常發生，資料科學家便把這樣的資料儲存處，稱為資料墳場。

網路科技公司可說是站在巨量資料運用的最前端。他們本身就從事線上業務，自然蒐集到大批資料，另外在分析資料這部分也領先群倫。然而，並不是說只有這些公司才能獲利。麥肯錫顧問公司就曾以不透露名稱的方式，舉出一家物流公司為例，該公司發現在送貨的過程中，會累積大量關於全球產品運送的資訊。該公司抓住這個商機，成立了專門的部門，將這些資訊轉成對業務及經濟的預測來出售。換句話說，它創造了一個離線版的谷歌過往搜尋查詢業務。

另一個例子則是全球銀行電匯系統SWIFT。該公司發現，付款情況會與全球經濟活動息息相關，於是根據透過該公司的電匯資料，SWIFT也能提供各國的GDP預測。

有些公司占到資訊價值鏈中的有利位置，能夠蒐集大量的資料，但卻很少立刻使用，或不擅長使用。例如手機業者就擁有用戶的位置資訊，使他們能夠繞送（route）通話資料。對於這些公司來說，這項資料就只有技術上這種非常有限的用途。但如果重新打造用途，用來傳送個人化、位置導向的廣告和促銷活動，就會變得更有價值。

有時候，價值不是來自單個資料點，而是來自許許多多資料點的集體呈現。像是上一章提到的AirSage和Sense Networks，就能靠著知道星期五晚上人潮所在、或是知道現在哪裡的交通像龜在爬，而開創賺錢的業務。這種集中大量資料而成的資訊，也可用來判斷房地產價值、或是廣告看板的價格。

即使是最平凡的資訊，只要用法正確，也能創造特殊價值。讓我們再次以行動通訊業者為例，他們能夠知道手機連線到基地台的時間和地點資訊，甚至還包括信號強度。這些業者早就在用這些資料來調整網路性能，決定是否要新增或升級設備。然而，這些資料還能有很多其他潛在用途。像是手機製造商就能夠用這些資料，來瞭解什麼因素會影響通訊，以改善接收品質。

行動通訊業者一直不敢用這些資料來賺錢，深怕被判侵犯個人隱私。但隨著業務少有起色，他們的立場也正在軟化，希望資料能成為潛在的收入來源。2012年，西班牙的國際大型行動通訊業者Telefonica，竟然直接創立另一家獨立的公司「Telefonica數位洞察」（Telefonica Digital Insights），將手機用戶匿名後的位置資料，打包出售給零售商和其他業者。

選項價值之二：重新組合資料

有些時候，想要釋放潛藏的資料價值，就必須與其他資料結合，甚至是和截然不同的資料結合。靠著用全新方式混合資料，就能達到創新。

舉例來說，2011年曾有一篇聰明絕頂的論文，研究手機究竟會不會增加罹癌率。目前全球約有六十億支手機，幾乎每個人都有一支，這個問題當然至關緊要。許多研究都希望能找到兩者之間是否有相關性，但總是避免不了研究方法上的缺陷，像是樣本數過少、研究時間太短，或是樣本選取不當、以致推論有誤。但丹麥癌症學會的研究人員設計了一個有趣的方法，使用的是過去所蒐集的舊資料。

首先，研究人員從行動通訊業者手中，取得自從手機引進丹麥之後的所有用戶資料,這裡用的是1987年到1995年的資料,排除企業用戶和其他社經資料不可得的用戶,最後共有358,403人。另外,丹麥也有全國的癌症患者紀錄,從1990年到2007年的追蹤紀錄中,患有中樞神經系統腫瘤的病患共有10,729人。研究人員蒐集的最後一項資料,則是丹麥全國人口的最高學歷及可支配收入資訊。研究人員結合這三個資料集,希望看看手機用戶的癌症發病率,究竟是否真的高於不用手機的人?另外,在用戶之中,是不是用手機的時間愈久,就愈容易罹癌?

雖然這項研究聽起來規模宏大,資料卻完全沒有混亂或不準確的情況,因為像這種關於醫療、商業或人口統計的舊資料,原本就具有極高的品質。另一方面,蒐集資料的方式也不會造成對研究主題的偏見。事實上,這些資料的蒐集時間都已經是好幾年前,當時蒐集的原因也和丹麥癌症學會的這項研究無關。最重要的是,這項研究並不是根據某個抽樣樣本,而是接近「樣本=母體」:資料涵括了幾乎所有的癌症病例,以及幾乎所有的手機用戶,擁有手機的總時間達到380萬人年。正因為它幾乎納入所有案例,也就代表研究人員可以控制其中的子群體的變項,例如進一步分析高收入者的罹癌率等等。

最後,研究結果並沒有發現,任何使用手機造成罹癌風險增加的證據。當然也因為如此,雖然論文於2011年10月發表於英國醫學雜誌*BMJ*,但大眾媒體卻是一片靜悄悄。如果真能找到造成罹癌的證據,想必這篇研究就會是全球各地嗜血嗜腥媒體的頭版新聞,而這種「重新組合資料」的方法也會聲名大噪。

在巨量資料時代，整體會比部分更有價值，而我們結合多個資料集的時候，最後的價值也會大於原本的各個資料集。現在的網路用戶都很熟悉基本的混搭（mashup）概念，也就是以新穎的方式，結合兩種以上的資料來源。舉例來說，美國的房地產網站 Zillow 就是先取得房地產價格資訊，再結合當地的地圖來顯示。此外，該網站也收錄像是最近成交的房屋物件規格、實際成交價格，經過處理之後，便能預測該地區特定房屋物件的價格。有了視覺效果，這種實價登錄的資料就讓人更容易閱讀理解了。

然而，巨量資料能做的遠遠不止於此。丹麥的癌症研究可說是給了我們寶貴的提示。

選項價值之三：讓資料「買一送一」

想要重複使用資料，可以從一開始就加入可延伸的設計，讓資料適用於多種用途。只不過，因為有時候是在蒐集資料之後，才想到可以有什麼用途，所以不見得總是可行。

然而還是有一些方法，可以讓同樣的資料集展現多種用途。例如，有些店家就會調整監視器角度，一方面可以抓小偷，一方面也能夠看到消費者進出的情形，或是顧客會在什麼地方停下腳步多看兩眼。只要知道顧客喜歡在哪裡停留，店家就能夠調整出最佳店面設計，也能判斷行銷活動是否有效。在以前，監視器也不過就是監視器罷了，但現在卻也是一種可能增加收入的投資。

講到要在蒐集資料的時候就考量到延伸性，最佳的例子無疑又是谷歌。谷歌的街景攝影車曾經引起不少爭議,攝影車在街上趴趴走的時候,除了照下房屋和道路的照片,同時也會蒐集GPS資料、檢查地圖資訊,甚至蒐集WiFi網路名稱(可能還曾經非法查看流經開放無線網路的內容)。每次谷歌街景車開上一趟,每分每秒都會取得大量各類資料。這之所以能做為延伸性的例子,是因為谷歌使用這些資料,並不只是為了任何特定的原始用途,而是有許許多多的延伸用途。例如取得了GPS資料,就能改善谷歌的地圖服務,對於發展自動駕駛的車輛也是不可或缺的資料。

蒐集資料的時候,同時蒐集多個資料流或更多的資料點,增加的成本常常並不高。所以想要盡量蒐集多一點資料、或是在一開始就考慮延伸用途,都是十分合理的想法。而且這還能增加資料的選項價值。這裡的關鍵在於找出類似「買一送一」的選項,也就是只要以某一種方式搜尋資料,同一份資料就能用在多種用途,那就再理想不過。

資料擺久了也會貶值

既然儲存數位資料的成本已大幅下降,企業就有充分的經濟理由,想要保存全部資料,以供同樣或類似的用途重複使用。但這種做法的實用程度,其實也有一定的限度。

例如線上租片公司Netflix和網路書店起家的亞馬遜,他們向顧客推薦新品,根據的就是顧客過去購物、瀏覽及評論的資料,這些公司當然會希望長久保存這些資料、一用再用。這樣說來,可能會有人認為，只要不違反個資保護法、又符合成本考量，就應該把數位資料永遠保存起來。然而，事情並非如此簡單。

大多數資料都會隨著時間而失去部分效用，這種時候如果還一直依賴舊資料，非但無法增加價值，還會影響到新增資料的價值。例如，十年前從亞馬遜買的某本書，現在可能已經不符合你的興趣；如果亞馬遜還在使用超過十年以上的購買紀錄，來推薦其他的書，不但讀者購買的可能性很低，甚至對於之後提出的購買推薦，也會興趣缺缺。由於亞馬遜的建議會同時參考過時的資料、以及比較新而仍然有價值的資料，舊資料的存在反而會讓新資料的價值降低。

因此，亞馬遜必須努力找出方法，確認只使用仍具價值的資料。這需要不斷對資料加以檢視，並剔除已經失去價值的資訊。這裡的難處在於：如何知道哪些資料已不再有用？光是「時間」這個因素往往還不夠，所以像亞馬遜之類的公司都會有複雜的模型，協助區分有用及無用的資料。例如，如果顧客根據購買推薦買了一本書，就能判斷這些過去的購買資料，仍然能夠反映該位顧客的喜好。依據類似的方式，就能對舊資料加以評分，從而更準確計算資料的「折舊率」。

不同的資料，折舊速率或折舊方式也有所不同。正因如此，有些公司才會不顧法規，或不顧公眾希望在一段時間後刪除資料的要求，仍然盡力保留所有資料。像是谷歌，長期以來一直拒絕刪除用戶過往搜尋時的完整IP位址。（谷歌的做法，是在經過九個月後，只刪除最後的幾位數，使這些關於搜尋的資料稍微達到匿名效果。這樣一來，谷歌仍然可以看到每年之間的變化，譬如比較去年和今年過節購物搜尋的品項。不過這樣只能從IP來比較整個地區的差異，而無法追蹤到個人的情形。）

另一方面，知道搜尋者的位置，也有助於提高搜尋結果的命中率，避免資料貶值。像是如果在紐約有很多人搜尋turkey這個字眼，而且接著點入的是關於土耳其（Turkey）的網站、而不是有關火雞（turkey）的資料，谷歌就會針對紐約的用戶，把與土耳其相關的網頁排名提高。如此一來，就算資料在某方面的價值降低了，整體的選項價值還是能夠保持在高檔。

谷歌擁有最完整的拼字檢查程式

有時候，可以用一種聰明而無形的方式，來重複使用資料。像是網路公司可以記錄用戶做過的所有事情，從這些互動就可看出用戶對網站的反應，於是便可將網站客製化、改善服務，或是創造出全新的數位產品。這裡，我們用兩套拼字檢查的故事來說明。

過去的二十多年中，微軟為Word文書處理軟體開發了強大的拼字檢查程式，能夠將使用者輸入的字串，與內建的詞典做比較。這個詞典收錄所有現在已知的英文字詞，而且會時時更新，如果使用者輸入的字不在詞典當中，系統就會挑出近似字，供使用者更正。想要建立和維護這樣一個詞典，十分不簡單，因此微軟Word軟體只針對最常用的語言提供拼字檢查功能，而且光是這樣，就已經花了微軟數百萬美元。

現在再來看看谷歌的做法。或許可以說，谷歌擁有的是世界上最完整的拼字檢查程式，基本上每一種還在使用的語文，都納入其中。而且，只要每天都還有人在搜尋的時候打錯字，系統就會不斷加入新字，使系統更完善。想打入「iPad」這個字？當然沒問題。「Obamacare」（歐巴馬健保案）？這字也有！

更重要的，谷歌這個拼字檢查程式看起來，幾乎可說是免費取得，就是把每天用戶那三十億筆搜尋裡的錯字整理整理，就成了拿來重複使用的資料。程式中有一個聰明的反應機制，可以告訴系統，使用者究竟想打哪一個字。有時候，想查某個字，例如epidemiology，卻打錯了，搜尋頁面上方就會出現「您是不是要查：epidemiology」，這時只要按一下這個連結，就會用正確的拼字重啟搜尋，而用戶也就明確的「告訴」了谷歌正確的拼法。又或者，看看用戶最後點進哪個頁面，谷歌的拼字檢查系統也可以稍做判斷，因為用戶最後點選的頁面，應該會與拼正確的字比較相關。（這一點看來沒什麼了不起，但其實很重要：由於谷歌的拼字檢查不斷改進，現在使用者甚至懶得把字拼對，反正谷歌還是能處理得很好。）

谷歌的拼字檢查系統告訴我們，就算是錯的資料、不正確的資料、有問題的資料，也可能非常有用。有趣的是，第一個想到這個點子的，並不是谷歌。大約在2000年，雅虎就已經想過要拿用戶輸錯的查詢詞彙，來建立拼字檢查程式，不過卻一直沒有實際進行，而舊的搜尋資料也被視為垃圾。同樣的，早期也流行過的搜尋引擎Infoseek和Alta Vista，都曾經擁有當時最完整的「拼錯字」資料庫，但也都沒能看到其中的價值。在那些不為用戶所知的處理程序中，這些系統把拼錯的字當作「相關詞彙」來進行搜尋。然而，它們的做法仍然是和標準詞典相比對，而不是依據活生生的用戶互動結果。

只有谷歌看到，用戶的互動就像是金砂，蒐集、熔注之後就能成為閃亮的金條。有一位谷歌的工程師，便估計谷歌的拼字檢查程式性能，強過微軟至少一個數量級。（雖然等到再進一步詢問的時候，他也承認這沒什麼實際根據。）另外，他對於這種程式是「免費」的想法也嗤之以鼻。他笑著承認，雖然說原料（也就是拼錯的字）確實沒什麼直接成本，但谷歌花在開發的成本，應該超過微軟非常多。

從這兩家公司不同的做法，其實能告訴我們非常多事情。微軟只看到了拼字檢查的一個目的：文字處理。但谷歌卻看到了更進一步的應用，拿這些拼錯的字來開發出世界上最好、最新的拼字檢查程式，不僅能夠改進搜尋結果，還能應用到許多其他服務上，例如在搜尋功能上、Gmail、Google文件、甚至Google 翻譯，都能用到「自動完成」功能。

資料廢氣也有價值

關於使用者留下的數位足跡，現在也有一個專門術語：資料廢氣（data exhaust），講的是使用者各種活動的副產品形成的資料。在網路上，這個詞講的就是用戶的線上互動情形，像是：使用者點擊哪裡、在同一個頁面停留多久、滑鼠游標滑過哪裡、打了什麼字等等。

許多公司現在設計的系統，都會蒐集這些資料廢氣，希望能夠用來改善現有的服務，或開發新服務。想當然耳，谷歌又是此領域的龍頭老大，將「從資料中學習」的原則，在各個服務層面應用得淋漓盡致。對谷歌來說，用戶執行的每一項操作，都是一個可以分析、輸入系統的訊號。

谷歌知道，用戶搜尋某個詞或相關詞彙幾次，或是點進一個連結但又不滿意、所以又回到搜尋頁面再搜一次。谷歌也知道，用戶是點了第八頁的第一個連結、或是第一頁的第八個連結，也知道用戶是不是連點都沒點。雖然谷歌可能並不是第一個想到這些事的機構，但卻能把這個想法執行到非常了不起的地步。

這些資訊可說是價值非凡。如果許多用戶都點了某個「位於搜尋結果頁面底部」的連結，就代表這個連結可能比上面的連結都更相關。一旦谷歌的排序演算法看到這點，之後便會將這個連結的排序向上拉。（對於廣告的做法也相同。）一位谷歌的員工就說：「我們喜歡從龐大、『吵雜』的資料當中學習。」

許多服務的背後，都用得到資料廢氣的機制，例如：語音辨識、垃圾郵件過濾器、語言翻譯等等。用戶只要告訴語音辨識程式它出錯了，其實就是在訓練這個系統不斷改進。

許多企業都開始這麼設計系統，以這種方式來蒐集並使用資訊。臉書的第一位資料科學家漢默巴克（Jeff Hammerbacher，可能也是最早提出這個稱呼的人），研究了臉書豐富的資料廢氣寶庫。他的研究小組發現，想知道某人會不會做某件事（像是發文、點擊某個圖示等等），有一個很重要的預測指標就是：他是否看到朋友也做了這件事。所以，臉書重新設計系統，讓人更容易看到朋友的動態，於是引發良性循環，讓用戶在臉書的活動更熱烈。

這個概念影響的範圍，遠遠超過網路業，只要能蒐集到用戶回應的產業都能適用。像是電子書閱讀器，就能取得大量關於使用者的文學偏好和閱讀習慣的資訊：每頁或每節所需閱讀時間、在哪裡閱讀、讀的時候是隨便翻翻還是乾脆放棄。只要使用者在某個句子或段落下方畫線、或是在頁緣加上筆記，閱讀器就會記錄下來。只要能蒐集這種資訊，就能讓閱讀從以往那種孤獨的行為，轉換成愛書人共同的體驗。

這些資料廢氣能夠以量化方式，告訴出版社和作者一些以前無法知道的事：讀者喜歡的、不喜歡的、還有他們的閱讀模式。這些資訊具有極高的商業價值，可以想見，電子書公司一定會將這種資料賣給出版社，好參考改進書籍內容和架構。像是邦諾書店（Barnes & Noble）分析了 Nook 電子書閱讀器的資料，得知大多數讀者碰到長篇非小說類書籍，常常半途而廢。於是邦諾書店決定推出「Nook 短篇」（Nook Snaps）系列，都是像健康養生或時事之類的短篇專題。

另一個例子則是線上教育課程，例如 Udacity、Coursera 和 edX。它們會追蹤學生的網路互動情形，看看哪種教學法效果最好。這些網路課程的班級人數，一直都有數千名，產生的資料量十分驚人。教授現在可以看到，是不是很多學生都會反覆收看某節課程，代表可能他們不太懂那個部分。

史丹佛大學教授吳恩達（Andrew Ng）曾在Coursera開設一門機器學習的課程，提到曾經有大約兩千位學生都答錯了某題回家作業，而且錯的答案還一模一樣。顯然他們都在某個同樣的地方出錯了，但到底是哪裡？

吳恩達稍微調查一下就發現，原來學生是把某個演算法裡的兩個代數方程弄顛倒了。現在，如果有其他學生也犯了同樣的錯誤，教學系統不會只說他們錯了，而是會給個提示，要他們檢查一下算式。這套系統也是用了巨量資料的概念，藉著分析學生讀過的討論區，加上他們回答作業的正誤，就能預測讀過哪些討論區有助於正確回答問題，也就能找出閱讀哪些討論區的文章對學生最有益處。這都是以前絕對做不到的事，將使得教學這件事徹底改變。

資料廢氣可能成為公司巨大的競爭優勢，也可能成為新手要跨入特定領域的高大門檻。讓我們想想：如果有某家新公司，想要設計一個比現今龍頭亞馬遜、谷歌、或臉書更好的電子商務網站、或搜尋引擎、或是社群網路，這家新公司所要面對的競爭，絕不僅在於規模經濟、網路效應或品牌，還在於這些老牌公司已經透過和顧客的持續互動，得到許多資料廢氣，且都融入了服務之中。如果現在的線上教學網站已經有了龐大的資料，能夠知道怎麼教的成效最好，新的教學網站又如何能競爭呢？

從政府的公開資料，挖掘新價值

講到巨量資料的先驅，我們現在想到的，很可能是谷歌和亞馬遜之類的網站。但是很顯然，各國政府才是真正最早大規模蒐集資料的組織，而且手上的資料量絕對超過任何民間企業。然而，與民間企業不同的地方，在於政府往往能夠規定民眾必須提供資訊，而不用去說服他們、或是提供報價。因此可以想像，政府機關還是會繼續累積大量的資料。

關於巨量資料，我們在民間企業學到的教訓，也能適用於公部門：政府資料的價值現在依然隱而不顯，需要創新分析才能釋放。雖然政府在取得資料方面得天獨厚，但在使用資料方面卻是效率低落。最近有了一個熱門的想法，覺得想要激發出政府資料的價值，最好的辦法就是交給社會和民間企業來試試。這背後其實有一項立論：既然國家蒐集資料是為了服務全體公民，公民就應該有權使用這些資料（只有少許例外，例如可能危害國家安全或侵犯他人隱私）。

基於這種想法，目前世界各地已經有許多要求「開放政府資料」的運動，認為政府不過是這些資料的託管人，而在使用資料上，民營企業和民間組織更有創新的能力。因此，開放資料的倡導者呼籲官方機構應該公布資料，以供公共及商業用途。當然，這件事情要成功，資料就必須採用標準化、電腦可讀取的形式，才方便處理。否則，這些資訊只是徒有公開的名稱。

2008年1月21日是美國公開政府資料的一大里程碑。當天是歐巴馬總統走馬上任的第一個完整上班日，他發出一則總統備忘錄，要求各聯邦機構負責人盡量公布所有資料。他在指示中寫道：「如果有疑問，就以開放為準。」這是一項了不起的宣誓，特別是和前任總統相比，正是一百八十度的大轉變。歐巴馬的命令促成了 data.gov 這個網站，基本上就是儲存了所有聯邦政府公開可下載的資訊。網站成長迅速，2009 年只有四十七個資料集，發展到 2012 不過三年，就已經是一個擁有跨一百二十七個部會機構、將近四十五萬個資料集的網站。

英國一向是謹慎保守的國家，過去許多政府資料都在「皇室著作權」規定之下，不予公開；即使要公開也是關卡重重，而且所費不貲，例如開放郵遞區號供線上地圖公司使用。不過，英國現在也出現了長足的進展，政府已經頒布法規鼓勵公開資訊，也支持成立「開放資料協會」（Open Data Institute），讓資料脫離政府過多的管制，而能有更創新的方式來運用政府的公開資料。開放資料協會的主事者之一，就是發明網際網路的柏納斯李（Tim Berners-Lee）。

歐盟也已經宣布了開放資料的措施，即將在全歐施行。其他國家如澳洲、巴西、智利、肯亞，也都相繼公布實施開放資料的政策。在國家層級之下，也有愈來愈多的州市政府，相繼開放資料；國際組織也已開始跟進，像是世界銀行，手中握有數百個過去不公開的經濟和社會指標的資料集，現在也已開放。

於此同時，許多網路社群和腦筋靈活、富有遠見的人士，已經看上這些資料，希望能發揮它們最大的用途。相關組織包括美

國的「美國密碼」（Code for America）、陽光基金會，以及英國的
開放知識基金會（OKFN）。

　　講到公開資料的好處，一個早期的例子就是FlyOnTime.us這
個網站。這網站的功能之一，就是可以透過和網站互動，找出某
一座機場的某個航班、因天候惡劣而造成延誤的可能性。這個網
站的做法是：先取得網路上公開可免費取得的官方航班及氣象資
料，再將兩者結合。設計這個網站的高手，正是一群主張開放資
料的人，他們希望能讓大家看看聯邦政府所蒐集的資料，能有多
大的用途。他們甚至還把網站的原始碼也公開，所以其他人也能
從中學習或是重複使用。

　　FlyOnTime.us讓資料說話了，而且還常常說出令人意想不到的
事。像是從資料便發現，如果要從波士頓飛到紐約的拉瓜迪亞機
場，因霧造成的延誤時間，可能會是因雪造成延誤的兩倍長。對
於那些在候機室苦苦等待的人來說，這可能是大部分人想都沒想
到的事；因為感覺起來，因雪延誤的機會似乎大得多。但正是基
於巨量資料，我們現在才看得到這種觀點。FlyOnTime.us所做的，
不過是從交通運輸局取得歷史航班延誤資料、從聯邦航空管理局
取得現在的機場資訊、從美國海洋暨大氣總署取得過去的氣象報
告、再加上從國家氣象局取得即時的天氣狀況，然後將這些資料
結合起來。

　　FlyOnTime.us充分告訴了我們，就算沒辦法像搜尋引擎或大型
零售商一樣取得或控制資料流，我們還是可以從政府機關的公開
資料，創造出新價值。

難以估價的資料價值：以臉書為例

　　無論是開放給大眾、或是緊鎖在公司的資料庫中，資料的價值都難以估計。讓我們舉2012年5月18日這天為例。就在這一天，臉書二十八歲的創辦人札克伯格（Mark Zuckerberg）從公司位於加州門羅帕克的總部，象徵性的敲響了納斯達克的開盤鐘。

　　臉書是全球最大的社群網路公司，號稱全球每十人便有一人是它的會員。就在這一天，臉書正式上市。正如許多科技股，臉書股價在上市當日立即上漲了11%。但奇怪的現象發生了，臉書股價開始下跌。當時，納斯達克的電腦還發生故障，暫時停止交易，但也未能阻止跌勢。更大的問題接踵而來。臉書上市的承銷商以摩根士丹利（Morgan Stanley）為首，他們發現股價不如預期之後，曾試圖支撐臉書股價，希望能讓股價維持在高於發行價。

　　上市前一晚，臉書在銀行定出的上市價格為每股38美元，總值約合1,040億美元。如果做個比較，大概就是波音公司、通用汽車和戴爾電腦的市值總和。究竟臉書的價值在哪？

　　根據2011年經會計師查核簽證的財務報表（也就是投資人衡量公司價值的依據），臉書的資產共63億美元，也就是臉書的電腦硬體、辦公設備、以及其他實質物品的總價值。這麼說來，臉書巨大資料庫裡面儲存的大量資訊，帳面價值究竟多少？基本上來說，就是零。雖然臉書所擁有的一切幾乎就全是資料，但這一項硬是不在帳面上。

　　情況開始變得有點詭異。市場研究公司Gartner的研究副總裁蘭尼（Doug Laney）曾經調查臉書首次公開募集（IPO）之前的資料，估計臉書從2009到2011年已經蒐集到二兆一千億則「可貨幣化的內容」，像是使用者的「讚」、張貼的內容、評論等等。如果和臉書的IPO估價相比，也就代表每則內容（視為一個資料點）價值約0.5美元。另一種算法，基於臉書蒐集資訊的來源就是臉書使用者，換算下來每位使用者大約價值100美元。

這麼說來，臉書的價值根據會計標準只有63億美元，但最初市場卻估計它值1,040億美元，為何有這麼大的差距？目前還沒有很好的解釋，但普遍認為，目前計算企業價值的方法，還是鎖定在帳面價值（多半也就是有形資產的價值），但這已經無法充分反映真正的價值。事實上，帳面價值和市場價值（也就是想直接在股票市場買下這家公司所需的價格）之間的差距，過去幾十年來一直不斷擴大。美國參議院甚至在2000年舉行了聽證會，希望能修正財務報表規則，原因就在於舊規則定於1930年代，當時以資訊為基礎的企業幾乎都還不存在。這項議題影響的絕不只是某間企業的資產負債表而已，如果無法正確評判企業價值，就可能產生經營風險和市場波動。

公司帳面價值和市場價值之間的差異，被視為無形資產。在1980年代中期，無形資產大概還只占美國公開上市公司價值的40%左右，但是到了2000年，已經占了大約75%。這是一個巨大的差異。所謂的無形資產，包括品牌、人才、策略等等非實質、不納入正式財務會計制度的項目。而現在也逐漸將資料，視為無形資產的一種。

　　到頭來，我們還是沒有明確評判資料價值的方式。臉書股價開盤頭一天，市價總值與帳面價值之間的價差幾乎是1,000億美元。誰都看得出來其中的荒謬之處。但隨著企業逐漸找出辦法，讓資料資產的價值也能反映在資產負債表上，這樣的差距就會漸漸縮小。

　　目前我們正朝這個方向小步前進。一家美國最大無線業者的高階主管透露，目前公司已經瞭解手中的資料極有價值，也曾研究是否要在正式的會計帳上，將資料列為企業資產。但公司的律師一聽說這件事，便立刻介入阻止。這些律師認為：把資料列在帳上，公司對此就要負上法律責任，這可不是個好主意。

　　同時，投資者也開始注意到資料的選項價值。已經擁有巨量資料或可能蒐集到巨量資料的公司，股票價格有可能上升，而那些所處位階較不利於蒐集巨量資料的公司，則可能發現市值開始縮水；甚至在資料這一項都還沒列在會計帳上的時候，就已經出現這種情形了。

　　事實上，市場和投資者心中都會計算這些無形資產的價值，即使很難估算得精確。正因如此，臉書的股價才會在最初的幾個月有起伏變化。然而，只要能解決會計窘境和法律責任方面的難題，幾乎可以肯定，企業的資產負債表必定會將「資料」列成一個新的資產類別。

讓資料的價值最大化

究竟資料該如何估價？資料的價值不會只限於原始用途取得的利益。但如果其他價值都還只是潛在的，需要經由未來的延伸用途來取得，該怎麼估算可就成了一大難題。

這很像是1970年代尚未發展出布雷克—休斯選擇權評價模型（Black-Scholes option pricing model）之前，要為衍生性金融商品定價的情況；也像是要衡量某項專利的價值，必須考量到專利權拍賣、交易、授權、以及大量的專利訴訟，而這些實務正在慢慢建立起專利權市場。別的不提，光是要定出資料的各種選項價值，就讓金融產業躍躍欲試。

想為資料定價，有一種方式是看看持有人有什麼不同策略來取得資料的價值。最明顯的當然就是保留供公司本身使用。然而任何一家公司都不可能自己開發出資料的所有潛在價值，因此目標更遠大的做法，就是授權給第三方使用資料。

在巨量資料時代，許多資料持有人授權的時候，都不是收取固定費用，而是收取收益的一定百分比，有點類似銷售書籍、音樂或電影的時候，出品公司也會支付作者及演出者一定比例的版稅。也像是生物科技領域的智慧財產協議，授權者有權針對由此而衍生的發明，要求後續的權利金。這樣一來，各方都有重複使用資料的動機，能夠讓資料的價值最大化。

然而，由於單一獲授權人可能無力開發出資料的各種完整選項價值，資料持有人應當不會希望只有獨家授權。資料的多方交又授權，可能成為常態，好讓資料持有人不把雞蛋全放在一個籃子裡。

目前已有許多市場開始試驗，如何對資料定價。像是冰島於2008年成立的資料提供商DataMarket，如果手中的資料是來自免費的資料來源，例如聯合國、世界銀行、歐盟統計局，就會免費提供；如果是來自像市場研究公司之類的商業來源，則是販售以獲利。

也有其他新創公司，是嘗試成為資訊的掮客或仲介，或是建立平台，供第三方免費或付費共享資料。資料仲介的想法，是讓任何人都能夠出售手中資料庫的任何資料，這就好比eBay提供了一個平台，讓大家都能把倉庫裡的東西翻出來販賣。有些公司的資料，有被人從網上強刮（scrape）的可能，Import.io公司就會鼓勵這些企業乾脆授權，許可他人使用。至於由前谷歌員工艾爾巴茲（Gil Elbaz）所建立的Factual公司，則是開放了它自己花時間編集而成的資料集。

微軟已經透過Windows Azure Marketplace進入這個舞台，微軟的焦點擺在高品質的資料，審查有何資料待價而沽，有點類似蘋果公司審查App（應用程式）商店的做法。在微軟的願景中，正在製作Excel業績報表的行銷主管，可能會希望將自己公司內部的資料，與經濟智庫提出的GDP成長預測交叉比對，這位行銷主管於是能立即點選購買智庫的資料，而購得的資料也會在瞬間躍上螢幕。

到目前為止，還沒有人知道資料的估價模式究竟會是如何。

但可以肯定的是，資料市場已經開始形成，很多新公司能從中獲利，而一些舊公司也可能找到意外的新租借區。科技出版人兼矽谷專家奧萊利（Tim O'Reilly）說「資料就是平台」，因為這正是新產品和新商業模式的基石。

資料價值的關鍵，就在於似乎能夠無限次重複使用，也就是其選項價值。雖然蒐集資訊非常重要，但光是這樣還不夠，因為大部分資料的價值是在於使用，而不是單純的占有。在下一章中，我們就會看看如何實際使用資料，以及瞭解新興的巨量資料業務。

第 7 章

蘊涵
資料價值鏈的三個環節

　　2011年，線上公司Decide.com在西雅圖創業，理想非常遠大：它想成為數億種消費產品的價格預測引擎。然而，剛開始的時候還是比較保守，只先瞄準各種科技玩意，像是行動電話、平板電視、數位相機等等。該網站從各個電子商務網站尋找資料，蒐羅所有網路上能找到的價格和產品資訊。

　　網路上的各種價格整天都在不斷變動，會根據數不勝數、錯綜複雜的因素而持續更新。因此，該公司隨時都必須蒐集價格資訊。這不只是巨量資料的問題，還是巨量文本（big text）的問題，因為系統必須能辨認，某個產品是否將停產或推出新型號，而這些正是會影響價格、消費者也應該知道的資訊。

　　創業一年後，Decide.com已經調查過二百五十億筆價格資訊，正在分析的產品也大約有四百萬項。該公司能夠看到先前無人發現的零售業祕辛，例如產品新型號推出之前，舊型號反而有一段時間會漲價。每次有新型號推出，大多數人可能以為舊型號必然會降價，於是就點了「付款」，但反而是付了更高的價錢。由於線上商店愈來愈常使用自動定價系統，Decide.com就能夠找出那些「就演算法而言，異常的價格暴漲」，警告消費者先等一等。根據該公司內部計算，他們的預測有77%是準確的，平均讓買家在每件產品上節省了一百美元左右。

　　表面上看來，Decide.com就像是其他前途看好的新創公司，期待找出使用資料的新方法，並努力以正當方式賺大錢。但這裡要提的是，Decide.com的特別之處並不在於資料；該公司所倚靠的資訊，是由其他電子商務網站授權、以及從免費網路上搜尋而來的。該公司也沒有特殊的技術專長；這些操作並不十分複雜，並不是因為公司擁有某位全球獨一無二的工程師，才能完成。重點在於，雖然蒐集資料和擁有技術很重要，但Decide.com真正的特殊之處在於一個理念：他們擁有「巨量資料的思維」。他們發現一個機會，看到可以用某些資料，來找出能帶來利潤的祕密。

各位讀者看到這裡，如果覺得Decide.com和機票價格預測網站Farecast似乎可以兩相呼應，確實也沒錯：兩者都是伊茲奧尼的心血結晶。

未來需求孔急的人才：資料科學家

前面幾章提過，資料之所以成為新的價值來源，一大原因在於所謂的選項價值，也就是能夠用做新的用途。當時的重點放在蒐集資料的公司身上，這一章的重點則是放在使用資料的公司，以及這些公司在整個資訊價值鏈裡的定位。我們會討論這對於企業與個人（包括職涯和日常生活）的意義。

與巨量資料相關的公司，目前可分為三種類型，分別提供不同的價值：資料、技術、思維。

我們先談談資料。這裡指的是擁有資料、或至少能夠存取使用資料的公司。然而，這些公司不一定是以資料本身做為業務，或者不一定有適合的技術來汲取資料的價值，又或者並不具備創意想法、不知道裡面有何價值。這裡最好的例子是推特，該公司的伺服器顯然擁有極龐大的資料流，但卻決定授權給另外兩間獨立的公司來使用。

第二是技術。這類公司往往是顧問公司、技術供應商和分析提供商，擁有實際操作的技能，但可能本身並不擁有資料，或是想不出點子來做最創新的用途。像是前面提過沃爾瑪和小甜點的例子，當時沃爾瑪找上的就是資料分析公司天睿（Teradata），請該公司協助找出裡面可用的點子。

第三是巨量資料的思維。對於某些公司來說，資料和技術都不是他們成功的主因。他們真正與眾不同的地方，在於創辦人和員工的獨特理念，能想到如何挖掘資料、發掘新價值。這裡可以用Jetpac的鬼才創辦人華登（Pete Warden）為例，Jetpac竟然是從使用者上傳到該網站的照片，為用戶提出各種旅行建議。

到目前為止，資料和技術搶了大部分的風采：現在看來，相關的技術仍然很欠缺，而資料已經很豐富。近年來也出現了「資料科學家」這個新的專業，結合了統計學家、軟體工程師、資訊圖表設計師的技能，而且擅長講故事、樂於宣揚資料科學。資料科學家不是瞇著眼睛，妄想用顯微鏡解開宇宙的奧祕，而是一窺資料庫中的資料、探索其中的神奇。麥肯錫全球研究所提出一項預警，認為從現在起、尤其是不久的未來，將會對資料科學家求才若渴。（現在的資料科學家便常常引用這篇研究報告，好讓自己得意得意，順便要求加薪。）

谷歌首席經濟學家瓦里安（Hal Varian）曾經說過一句著名的話，認為統計學家是世界上「最性感」的工作。他說：「如果你想成功，就必須先找到某個便宜而無所不在的東西，然後做一些能夠補足其缺點、而且又很少別人做得到的事。現在,資料已經可以如此廣泛取得,又具有重要策略意義,缺少的則是能夠找出並取得其中價值的智慧。正因如此,統計學家、資料庫管理人員及機器學習這幾項專業,可說都已經站穩了未來的夢幻位置。」

然而,如果光是著重技術而看輕資料的重要性,可能也過於短視。隨著產業發展,瓦里安看重的技術會愈來愈普遍,缺乏人才的問題就一定能克服。而且這裡還有一個錯誤的觀念,以為到處都有資料,資料肯定是免費的或十分便宜。事實上,資料是關鍵的生產要素,重要性有如土地、勞力、資本。想瞭解這點,可以先想想看,巨量資料的價值鏈分為哪些部分,而且隨著時間可能有什麼改變。

以下,讓我們一一檢視不同人的立場:資料持有人、資料專家,以及擁有巨量資料思維的人。

資料價值鏈環節之一:資料持有人

巨量資料價值鏈的主要成分,就是資訊本身。因此,我們先檢視資料持有人,是個很合理的選擇。這些人可能並不是最初蒐集資料的人,但現在握有資料存取權,可自己使用資料、或是授權給他人從中取得價值。例如「ITA軟體」網站便是一例,這是繼Amadeus(阿瑪迪斯)、Travelport和Sabre之後的全球第四大機票購票網站。該公司提供資料給Farecast做票價預測,但並不自己進行分析。

這麼做的原因為何？ITA認為，自己的主要業務就是使用資料的原始用途（賣機票），而不是擺在延伸用途，因為所需的核心能力不同。而且，如果想跳進去自己做分析，還得先和伊茲奧尼釐清專利權的問題才行。

因此，ITA看清楚自己在資訊價值鏈的定位，決定不要從這些資料中再去尋找其他價值。ITA軟體的創辦人兼前資訊長德馬肯（Carl de Marcken）表示：「有些業務涉及將資料用於商業用途，而且與航空公司的收入密切相關。ITA就會迴避這些業務。畢竟ITA是經過特別授權，才能得到這些資料，而且這是ITA服務的命脈所在，禁不起任何危害。」於是ITA選擇將資料授權，而非親自使用，巧妙的保持一定距離。這麼一來，ITA也能間接取得少部分的衍生利益（資料提供費）。至於資料的延伸價值，大部分都轉往Farecast公司了：Farecast的使用者，能夠買到便宜的機票而得利，Farecast公司的老闆員工，則是從網站廣告營收及佣金而獲利，而且老闆最後把公司賣掉的時候，也賺了一筆。

有些公司很巧妙的讓自己處於資訊流的中心，既能取得資料規模，又能從資料中得利。像美國信用卡業便為一例。

多年來，由於要處理信用卡欺詐行為的成本實在太高，許多中小型銀行並不發行自己的信用卡，而是將這項業務轉移給更有規模、更有能力投資研發相關技術的大型金融機構。例如，第一資本和美國銀行的MBNA，就幾乎將相關業務吃乾抹淨。當然，規模較小的銀行現在都十分後悔，因為沒了信用卡業務，就無法得知消費者的消費模式，也就無法進一步瞭解消費者，據以量身打造適合的服務。

相反的，規模較大的銀行和發卡機構，例如Visa卡和萬事達卡，則似乎可說是在資訊價值鏈上立於不敗之地。由於他們為許多銀行和商家提供服務，便可取得更多交易紀錄，用來推斷消費者的行為。他們的商業模式已經有所轉變，不再只是簡單的付款作業，而是跨足到資料蒐集領域。接下來的問題，就是要拿資料做什麼了。

萬事達卡原本可以像ITA一樣，將資料授權給第三方，由第三方汲取其中的價值。但是，萬事達卡選擇自己來分析。該公司旗下的萬事達卡顧問公司（MasterCard Advisors），有能力匯整分析來自二百一十個國家、十五億人口的六百五十億筆交易紀錄，希望能找出商業和消費趨勢，然後該公司便能夠出售相關資訊。他們的發現之一是：如果民眾在下午四點左右加油，接下來的一個小時內，就很可能在附近的雜貨店或餐廳，花掉三十五美元到五十美元。行銷人員如果知道這種事，就能加以設計，只要是差不多那個時候的加油站收據，就在背面印上附近雜貨店和餐廳的折價券。

萬事達卡做為資訊流的中間人，可說占了有利的位置，既能蒐集資料，也能取得其中的價值。可以想見，未來信用卡公司可能會放棄收取每筆交易的手續費，以換取獲得更多資料的權利；有了更多資料，就能進行更細緻的分析。而出售這些分析資訊，才是未來信用卡公司的獲利來源。

資料價值鏈環節之二：資料專家

巨量資料價值鏈的第二個環節，是資料專家。這些個人或公司擁有相關專業知識或技術，能夠進行複雜的分析。

萬事達卡選擇自己來分析，有些公司則是看情況偶一為之，但許多公司的選擇是直接交給資料專家。例如埃森哲（Accenture）顧問公司，便與許多不同產業的公司合作，採用先進的無線感應器技術，來蒐集資料並進行分析。在美國密蘇里州聖路易斯市的一項先導計畫，埃森哲就是用無線感應器，來監控二十部公車的引擎，好預測故障情形，找出最佳的定期保養時間。這項計畫讓公車的營運成本足足降了10%。其中一項發現，讓零件更換的頻率從每二十萬到二十五萬英里，提升到每二十八萬英里更換一次，光是這一點，就讓每台公車節省一千多美元。在這個計畫中，真正最大的得利者是客戶端，而不是顧問公司。

醫療資料領域也有一項驚人的例子，可以看到第三方技術公司，能如何提供有用的服務。位於華盛頓特區的醫星（MedStar）華盛頓醫學中心，與微軟研究院合作，使用微軟的Amalga軟體來分析數年期間的匿名醫療紀錄，包括病患的人口統計資料、檢查項目、診斷報告、治療結果等，希望能減少再住院率和感染。由於再住院和感染都是醫療保健最花錢的部分，只要能稍微降低發生率，都能省下大筆支出。

軟體分析發現了一些意想不到的相關性。首先，研究發現在

某些情況之下，出院的病患於一個月內再住院的機率較高。有些
是早已知道的情形，而且沒有簡單的方式能夠處理，像是鬱血性
心衰竭的病人，再住院率就很高，而且這是很難治療的病況。然
而，這套分析系統還發現了另一個意想不到的重要指標：病患的
心理狀態。如果病人一開始講到病情的時候，曾提到與心情沮喪
相關的字詞，像是「憂鬱」，在出院後一個月內，再住院的比例會
大幅升高。

　　雖然這種相關性不代表有任何因果關係，但仍然可以想見，
如果在病患出院後，能夠提供和心理健康相關的醫療介入，可能
有助於病患的生理健康，於是降低再住院率、降低醫療成本。這
項發現，是靠著機器篩選巨大的資料庫之後得出的結果，如果只
是讓某個人去研究這些資料，可能永遠都不會發現這項事實。

　　在這項研究計畫中，資料的所有權仍然屬於醫星華盛頓醫學
中心，而不是微軟。而且，這也不用靠什麼靈感或沒人想到的概
念，那不是這裡的重點。這裡的重點在於軟體工具，因為有了微
軟的 Amalga 這套分析軟體，所以能夠找出這個相關性。

　　公司如果屬於巨量資料持有人，就必須依靠資料專家，從資
料中提取價值。但是，雖然資料專家廣受推崇，又有一些很好聽
的稱呼，譬如資料忍者，但這項工作的過程並不見得總是如成果
的光鮮亮麗。他們必須在巨量資料的鑽石礦裡勞勞碌碌，雖然報
酬頗豐，但挖出的寶石最後還是得交給那些資料的持有人。

資料價值鏈環節之三：有巨量資料思維者

　　巨量資料價值鏈的最後一個環節，則是具備巨量資料思維的
個人或企業。這些人的長處在於：他們能早別人一步看到機會；
就算手中沒有資料，或是沒有能夠處理資料的技術。也或許正因
為他們是局外人，沒有資料或技術，反而讓他們的思想觀點更自
由──他們看的是可能性，而不會受到可行性的限制。

　　克羅斯（Bradford Cross）正是具備巨量資料思維的代表。
2009年8月，克羅斯還只有二十多歲，就和幾個朋友創立網路公司
FlightCaster.com。就像FlyOnTime.us一樣，FlightCaster也是個預測
美國航班是否可能延誤的網站。為了做出預測，該網站會分析過
去十年的每一個航班，與歷史及當下的天氣資料相比對。

　　有趣的是，那些真正擁有資料的人，自己卻做不到這一點，
他們都沒有動機、或是沒有法令依據能做這件事。事實上，如果
那些資料來源（美國運輸統計局、聯邦航空管理局和氣象局）竟
敢預測商業航班是否會延誤，美國國會搞不好還會舉行聽證會，
有些官員就要倒大楣了。至於航空公司，則是不能或不願意這麼
做。畢竟，他們在這裡的中間角色愈隱晦，就愈有利。所以最後
真正接手這項預測工作的，就是一群年輕的工程師小夥子。

　　FlightCaster的預測驚人的準確，連航空公司的員工也是愛用
者。因為航空公司也不希望拖到最後一分鐘，才緊急宣布班機延
誤。

　　正因為克羅斯擁有巨量資料思維，才能想到要這樣使用這些

公開資料，提供幾百萬人都渴望知道的答案。但是FlightCaster雖然拔得頭籌，卻也有對手緊追在後。就在FlightCaster網站推出的同一個月，一群科技怪咖也開始蒐羅各種公開資料，建起自己的網站FlyOnTime.us。FlightCaster的優勢很快就減弱了。2011年1月，克羅斯和合夥人決定將公司賣給Next Jump，這是一家使用巨量資料技術、來管理企業商品折扣計畫的公司。

接著，克羅斯把眼光轉向另一個日薄西山的產業，而且又發現了一個外部創新人士可以進入的利基：新聞媒體。於是他開設了Prismatic公司，以文本分析、用戶喜好、社群人氣和巨量資料分析為基礎，蒐集網上的各種內容，並加以排序。更重要的是，不管某篇文章是出自哪個青少年的部落格文章，或是出自《華盛頓郵報》的報導，系統都一視同仁。只要系統判定該內容是有關聯的、而且是熱門的（例如有多少點閱率、多少人分享），就會出現在螢幕最上方。

Prismatic這項服務，可說是確認了年輕一代與媒體互動的方式。對年輕族群來說，資訊來源為何，已不再像以前那麼重要。這對於仍然認為自己高高在上的主流媒體人士來說，是個震撼，提醒他們，民眾集合起來就會比他們更有知識；而且那些西裝筆挺的記者，現在也必須和宅在家裡、穿著浴袍的部落客競爭。

但很關鍵的一點是，雖然Prismatic蒐集許多資訊，還是很難想像，它其實是從媒體業本身發展出來的。那些美國「全國記者俱樂部」酒吧的常客，從來沒想過，要重新使用關於媒體消費的線上資料。位在全球科技重地紐約阿蒙克（Armonk）或印度班加羅爾（Bangalore）的分析專家，也沒人想過可以這樣使用資訊。到頭來，還是要靠克羅斯這種聲名狼藉的局外人，頂著一頭亂髮、用著懶鬼懶洋洋的說話態度，告訴大家：只要善用巨量資料，就能比《紐約時報》的編輯，更知道全球應該注意什麼消息。

巨量資料的思維、以及有著靈活點子的局外人，其實都像是1990年代中期，電子商務剛開始發展的情況，那些先驅者都擺脫了傳統產業陳舊的思維或制度限制。因此，成立網路書店的不是邦諾書店，而是對沖基金的數理專家——亞馬遜的貝佐斯；成立拍賣網站的也不是蘇富比，而是軟體工程師——eBay的歐米迪亞（Pierre Omidyar）。今天，那些具有巨量資料思維的創業者，在一開始往往沒有握有資料。但正因如此，他們能夠放膽思考，不需考慮既得利益或財務損失。

不墨守在資料價值鏈的某一環節

正如我們已經看到的，有些時候，單一公司就能結合許多巨量資料的特點。伊茲奧尼和克羅斯不只能洞燭機先，也具備執行的技術。那些在天睿和埃森哲的人，也絕不只是會打卡而已，時不時也會提出絕妙的想法。雖然如此，把這些人大致分為三類，還是有助於認清各個公司所扮演的角色。

現今領導巨量資料發展的人，常常是來自不同的背景，並將他們的資料技術交叉運用在各式各樣的領域。新一代的天使投資人（angel investor，具有一定財富及遠見、願意投資新興事業的投資人）和創業家紛紛出現，特別是一群前谷歌員工，以及所謂的 PayPal幫——指的是線上交易支付平台PayPal的前領導人，如泰爾 （Peter Thiel）、霍夫曼（Reid Hoffman）、樂夫勤（Max Levchin）。 這些人以及極少數在學術圈的電腦科學家，就是今日育成巨量資 料新公司的最大支持者。

在巨量資料食物鏈中，這些具有創意與願景的個人和企業， 都有助於重新評估各種公司的價值。例如，Salesforce.com 可能不只 是各種企業應用程式的主機平台，也可以用來開發流經其基礎架 構的各種資料的選項價值。前一章也看到過，行動電話業者常常 蒐集了極龐大的資料，卻因為公司文化而蒙蔽了資料的價值。但 只要授權給他人，就能從中提取新的價值，就像推特授權給外面 兩家公司一般。

有些比較幸運的企業，刻意採取跨越不同領域的策略。像是 谷歌既蒐集資料（例如搜尋時的錯別字），又有絕佳的點子，能把 資料用來打造出，可能是世界上最好的拼字檢查程式，而且公司 內部就擁有足夠的技術，能夠把這個計畫執行得很出色。谷歌在 巨量資料的價值鏈，已經享有垂直整合的優勢，同時站穩資料持 有人、資料專家、巨量資料思維者三個位置。

與此同時，谷歌也透過應用程式介面（API）將一些資料提供 給他人使用，所以谷歌的資料可以重複使用、添加更多價值。例 子之一就是谷歌地圖，從房地產仲介網站到政府網站，幾乎是人 人都能免費使用（但重度使用者則需付費）。

亞馬遜也和谷歌一樣，既有巨量資料思維、資料專業，也擁有資料。事實上，這也正是亞馬遜一步一步打造其商業模式的順序，與一般公司背道而馳。最早的時候，亞馬遜只有它著名的推薦系統的概念。在1997年的募股說明書中，亞馬遜就提過「協同篩選」的想法，不過當時還不知道究竟能否成功、是否有足夠的資料來推動。

不論谷歌或是亞馬遜，都跨越了類別，但策略則有不同。每次谷歌開始蒐集任何資料，都已經考慮到延伸用途。像是前面提過的街景車，蒐集的GPS資訊不只是為了地圖服務，也是為了要訓練自動駕駛的車輛。相較之下，亞馬遜則是著重資料的原始用途，只把延伸用途當作額外的紅利。舉例來說，它的推薦系統會依賴使用者點擊的資訊做為指標，但亞馬遜並沒有再進一步用這些資訊來做些不一樣的事，例如預測經濟或流感爆發。

雖然亞馬遜的Kindle電子書閱讀器能夠知道，使用者是否在某個頁面加了大量注釋或畫線，但亞馬遜並沒有把這些資訊賣給作者和出版社。然而，行銷人員絕對會很想知道，讀者究竟對哪些段落最感興趣，好讓行銷企劃更直指人心。作者也很可能想知道，在他們的大部頭著作裡，大多數讀者是讀到哪裡就放棄了；這樣一來就可以據以改善他們的作品，增加可讀性。出版社也可能可以歸納出某些主題，告訴作者出版什麼書會有暢銷的可能。只不過，亞馬遜似乎就這樣放著一塊豐饒的土地，並未耕耘。

只要好好加以控制，巨量資料就能夠改變公司的商業模式，改變與長期合作夥伴的互動方式。曾經有一個叫人瞠目結舌的案例：某家歐洲大型汽車製造商，因為好好利用了零件製造商所沒有的現場資料，進而建立起全新的業務關係。（這個消息來自其中一家處理相關資訊的廠商，但因為消息來源已經聲明不得公開引用，我們很遺憾不能透露該公司的名稱。但以下的匿名內容，完全屬實。）

現代的汽車裝滿了各式晶片、感應器和軟體，需要維修的時候，就能將各種效能資訊上傳到汽車製造商的電腦裡。如果是一般的中級車款，大約裝有四十個微處理器；而一台車上所有的電子設備，大概要占掉三分之一的總成本。因此，這些汽車其實就像是莫銳把船隻稱為「浮動的觀測站」的現代陸上版。對於汽車公司來說，如果能知道零件實際在路上使用的性能如何，就能加以改善。所以取得這些資料，就等於掌握了競爭優勢。

這家汽車製造商與外部的分析公司合作，發現油箱中有一個某家德國零件製造商的油箱感應器有問題，即使在正常狀況下，也會發出錯誤警告。本來，公司應該可以把這項資訊，交給那家零件製造商，要求調整。不過，現代的商人可沒那麼誠實。這家汽車製造商既然自己都花了一筆錢來投資分析軟體，當然就希望能藉此回收部分投資。

這家汽車製造商思考了手中的選項。該把這份資料賣給零件製造商嗎？那這份資訊究竟又價值多少？如果零件製造商推拖不定，汽車製造商自己豈不是還得忍受運作不良的零件？而且這家汽車製造商也知道，只要把資料交出去，其他用了類似零件的競爭對手車款，也會一併得利。所以似乎該想個辦法，確保只有自己的車輛得到改善。最後，汽車製造商想出了一個新點子：靠著修改該電子零件的軟體來改善零件效能，而且取得專利；接著再把這項專利賣給零件製造商，從中大撈一筆。

新型態的資料中介機構

巨量資料的價值鏈中，誰掌握了最大的價值？在今天看來，似乎是那些掌握創新巨量資料思維的人。

從網路時代以來我們就看到，掌握了先發優勢，才能真正大發利市。只不過，這種優勢可能無法維持很久。隨著巨量資料時代不斷向前推展，其他人也會接受巨量資料思維，於是先行者的優勢也將相對減弱。

這麼說的話，價值的核心會不會是在技術上？畢竟，就算已經擁有了金礦，如果沒有工具開挖，也只能說是白搭。只是就整個資料運算的歷史來說，也否定了這種看法。現在，各種資料庫管理、資料科學、資料分析、機器學習演算法之類的專業知識，都還處於求才若渴的狀態。但隨著時間過去，巨量資料會成為日常生活的一部分，會有更好、更容易使用的工具，也會有愈來愈多人掌握專業知識，於是相關技術的價值也會相對減低。就好比電腦程式設計，原本是很搶手的能力，但是歷經1960到1980年代的發展，已逐漸變得普及。到了現在，程式設計常常是由美國外包給海外廠商（例如印度的公司），價值也就進一步遭到壓縮；原本是先進科技的典範，現在卻是推動窮國開發的引擎。

這裡並不是要說，巨量資料的專業知識和技術不重要；而是

說，由於知識技術可以從外界引入，所以這也不是價值來源的關
鍵。

在今天這個巨量資料時代的初期階段，雖然思維和技術似乎
擁有最大的價值，但到最後，最關鍵的價值還是在資料本身。原
因就在於，我們最後能對資料有更多應用，而資料的擁有者也更
能理解手中這項資產的潛在價值，於是對資料的控管也會比以往
更嚴密，外人想要使用，就必須付出高昂的代價。如果繼續用開
採金礦打比喻，當然擁有黃金礦脈還是最重要的。

講到資料持有人的後勢長期看漲，還有一點值得一提。在某
些情況下，將會出現資料中介機構（data intermediary），能夠從多
方蒐集資料來匯整，並用作創新用途。資料持有人之所以願意讓
中介機構介入，則是因為有些價值必須透過中介機構，才得以產
生。

這裡我們以 Inrix 公司為例，這是一家位於西雅圖郊外的路況
分析公司，專門蒐集整理北美及歐洲約一億台車輛的即時地理位
置資料。這些車輛包括 BMW、福特、豐田等等廠牌，也包括計程
車及貨運車等等車隊。此外，Inrix 也會從個別司機的手機取得資
料——Inrix 推出的免費手機應用程式，在這裡非常關鍵：使用者
能得到交通資訊，而 Inrix 公司則得到他們的坐標。Inrix 公司將取
得的資訊與過去的路況模式、天氣、地方慶典之類的資料比對，
以預測路況。通過這條資料組裝生產線之後，最後的資訊產品就
會傳送到汽車導航系統，讓政府機關和商用車隊都能使用。

Inrix 公司就是典型的獨立資料中介機構，能從眾多彼此競爭

的汽車製造商手中蒐集資訊，於是推出的產品也就比任何一家汽車製造商的更具有價值。每家汽車製造商，都會有幾百萬個資料點在路上移動，雖然已經可以用來做路況預測，但還無法做到十分準確或完整。畢竟，資料量愈大，預測的品質才會愈好。而且汽車製造商可能也不具備相關技術：他們一定很懂得如何把金屬折彎，但講到機率模型的卜瓦松分布，大概就不太在行。因此，汽車製造商想找第三方來完成這項工作，也算有道理。此外，雖然路況預測對駕駛人來說很重要，但對於買車的時候要挑哪一個廠牌，可說是幾乎沒有影響。因此各家車商雖然彼此競爭，在這個領域也不介意聯手合作。

當然，許多產業也曾有企業共享資訊的先例，特別是保險承銷、實驗室，以及銀行、電力、通訊等等形成網路的產業，不但資訊交流非常重要，有時候主管機關甚至會規定必須共享資訊。市場研究公司蒐集產業資料已有數十年之久，另外也有一些身負特別任務的公司（例如調查報紙雜誌的發行量），也是長期蒐集相關資料。對於某些產業協會來說，蒐集資料更是核心業務。

今天所不同的是，資料是以原物料的姿態進入市場；資料本身就成為一項資產，而與它之前想測量的目標不再有關。例如，Inrix的資訊會比表面上所見更有價值。有了路況分析，也能得到關於失業問題、零售業活動、休閒活動等等的概念，因此可以用來評估地方經濟的熱絡程度。

美國經濟復甦在2011年開始碰上難關的時候，雖然政客極力否認，但路況分析不會騙人：上下班時間變得不那麼擁擠，意味

著失業人口增多。此外，Inrix 公司也將資料再出售給一家投資基
金，該基金根據大型零售商場附近的路況推測業績，希望能在零
售商公布季報之前，就搶先一步決定該買入或賣出。畢竟，車潮
愈多，業績也就愈好。

在整個巨量資料價值鏈當中，也還有其他類似的中介機構。
像是早期就有 Hitwise（後來由 Experian 收購），與各家網路服務
商達成協議，用一小筆固定金額，購買網路服務商手中的點擊流
（clickstream）資料。由於是一筆付清，而不是讓網路商像拿版稅一
樣抽成，Hitwise 雖然身為中介機構，卻能賺到大部分由資料所衍
生的價值。

另一個例子是 Quantcast，該公司協助測量網站的網路流量，
幫助網路公司更瞭解網站訪客的人口組成和使用模式。Quantcast
提供了一個線上工具，讓網路公司可以追蹤訪客；而 Quantcast 也
能看到這些資料，做為報酬，於是放廣告的時候就更精準了。

這些新型態的中介機構，找到了利潤豐厚的利基定位——雖
然他們從資料持有人手中取得資料，卻不會危及資料持有人的商
業模式。就目前而言，網路廣告正是利基之一。一方面絕大多數
資料都在網路上，二來大家現在也急切希望挖掘網路資料，確認
如何讓廣告更能直指核心。

但是，隨著世界變得資料化，愈來愈多企業發現其核心業務
可從資料中學習而來，這些獨立的資訊中介機構也可能會轉移陣
地，從其他地方冒出頭。

非營利組織也有一席之地

　　新型態的中介機構可能不是營利的企業，而是非營利組織。例如，美國幾家最大的健康保險業者，便在2012年創建「醫療保健成本研究機構」（Health Care Cost Institute），幾家業者的資料合併後，共有五十億件、關於三千三百萬人的理賠申請書（已匿名）。藉著彼此分享紀錄，這些保險公司就能看到，在自己公司的小量資料中可能看不到的趨勢。

　　從最初的研究結果中發現，2009至2010年間，美國的醫療費用成長率是通膨率的三倍，但細看之下卻有明顯差異之處：急診室的成本增加了11%，但護理成本其實卻下降了。顯然，除非是非營利的中介機構，否則這些健康保險公司絕不可能把這些珍貴的資料，交給其他任何人。非營利機構的動機比較不會啟人疑竇，而且這些機構在組織設計的時候，就能先考量到透明度和責任歸屬的要求。

　　從巨量資料公司的類型變化，可看出資訊的價值正在移轉。例如Decide.com，關於價格的資料是由合作的網站，以收入共享的條件提供。使用者透過Decide.com購買商品的時候，該網站能夠賺取佣金，但提供資料的公司也能分一杯羹。從這裡就可看出，產業處理資料的方式逐漸成熟了。

　　在過去，例如ITA機票購票網站，將資料提供給Farecast的時候，只收取基本授權費，無法取得佣金。現在，資料提供者已能夠得到更有利的條件。至於伊茲奧尼如果下次要開公司，可以想像，他會盡量讓自己成為資料提供者，因為現在的價值已經不在資料處理的專業上，已經移轉到了資料本身。

隨著價值轉向資料本身，商業模式也正在顛覆。像是前面提過，將專利賣給零件製造商的歐洲汽車製造商，雖然公司內部就有強大的資料分析團隊，但還是需要與外部的科技公司合作，才能洞察資料中的不同價值。雖然合作的科技公司也能分一杯羹，但獲利最多的仍然是該汽車製造商。

然而，這家外部的科技公司聞到了一絲機會，於是調整商業模式，不論風險及報酬都與客戶共同分擔。換言之，科技公司調低了合作最初收取的固定費用，但對於最後分析結果所取得的價值，科技公司也要和汽車製造商利益均霑。（而對於吃了一次小悶虧的汽車零件製造商而言，或許未來他們都會想在產品中，裝上能回報運作情況的感應器，或是在標準銷售合約中，規定能夠取得性能資料，以方便自己不斷改善零件。）

至於中介機構，由於必須說服別人分享資訊，所以他們的生活比較複雜。例如，Inrix 公司現在已經不只蒐集地理位置資訊。由於有某家汽車製造商設計了一款遙測系統，可以即時得知汽車自動煞車系統（ABS）啟動的地點及時機，所以 Inrix 也在 2012 年開始試著分析這些資訊。這裡的概念是，如果某個特殊路段常常需要啟動 ABS，可能就代表這個路段比較危險，駕駛人或許該考慮繞道而行。這樣一來，Inrix 公司不僅可以建議最短路線，甚至也可以建議最安全的路線。

然而，這家汽車製造商並不打算與他人共享這些資料，堅持

Inrix 公司只能把遙測系統裝在該汽車製造商的車款。在這裡，如果能夠與他人共享資訊，就更能提升資料系統的整體精確度；然而現在看來，「獨家擁有此功能」的吸引力似乎還是較高。雖然如此，Inrix 公司還是相信，只要假以時日，所有汽車製造商都會看到把眾人的資料全部匯整的效用。身為資料中介機構，Inrix 公司有強烈的動機，來堅持這種樂觀的想法。畢竟，它的業務命脈就是要能夠同時取得許多不同的資料來源。

在巨量資料產業領域，各家公司仍在嘗試不同的組織形式。許多新創公司都在這地方重重跌了一跤，不過 Inrix 公司從一開始組織設計的時候，就以中介機構自居，倒是一路平穩。至於微軟雖然手中握有相關科技的重要專利，但本身這個具有侵略性的大公司形象，揮之不去，於是微軟決定另成立一間獨立的小公司，一方面看來比較中性，一方面也比較能讓同業的競爭對手願意合作，微軟才能從這些專利中，擷取最大利益。同樣的，使用微軟 Amalga 軟體來分析病人再住院率的醫星華盛頓醫學中心，也非常清楚自己是如何在使用手中的資料：Amalga 系統其實原本是醫學中心自己設計的急診室軟體，名為 Azyxxi，但是在 2006 年出售給微軟，好讓軟體開發得更為完善。

2010 年，UPS 將公司的物流科技部門，出售給私募股權公司 Thoma Bravo。這個部門現在發展成「路網科技公司」（Roadnet Technologies），不只服務 UPS，更能放手為所有公司提供路徑分析服務。路網科技從許多客戶手中取得資料，提供在該領域最優質的服務，讓 UPS 和競爭對手都一樣能從中得利。路網科技的執行長甘迺迪（Len Kennedy）解釋道，如果路網科技還只是UPS公司中的一個部門，就永遠無法說服UPS的對手交出資料。但現在它是一間獨立公司，UPS的競爭對手便比較願意提供資料。系統有了更完整的資料，精確度就能夠提高，而眾人也都能得益。

在巨量資料產業的各種收購案中，也可以看出最終最重要的會是資料本身，而不是技術或思維。例如在2006年，微軟用一億一千萬美元收購Farecast，這筆錢可說買的是伊茲奧尼的巨量資料思維和技術。但兩年後，谷歌收購Farecast的資料供應商ITA機票購票網站，支付的價格高達七億美元，顯見資料本身的價值最為高昂。

傳統專家讓位

電影「魔球」講的是美國職棒大聯盟的奧克蘭運動家隊，如何運用新型態的數據分析，連得二十場勝利。電影中有一幕很有意思，是一群頭髮花白的老球探，圍在桌子旁討論球員。觀眾在這一幕看得心驚膽顫，不只看到他們下決定的方式完全不參考資料，而且驚覺自己也都碰過類似的情況，所謂的「肯定」都來自情緒，而不是出自科學。

「他長得就像打棒球的……臉長得很好看，」一個球探說。

「他揮棒的姿勢很漂亮。球棒碰觸到球的時候，能把全身的力量整個灌注到球上，讓球直直朝外野飛出去。」有個戴著助聽器、身體虛弱、頭髮灰白的傢伙這麼說。「很多時候，球都是這樣直直朝外野飛去。」另一個球探表示贊同。

這時有另一個人插了話：「他女朋友太醜。」

「那是什麼意思？」擔任會議主席的球探這麼問。

「女朋友太醜，代表他沒信心。」那個提出反對意見的人解釋得煞有介事。

「很好。」主席很滿意這個解釋，準備繼續往下討論。

經過一番激烈的討論，有位一直沉默的球探說：「這傢伙有態度。有態度很好。我要說的是，就他沒錯了。他還沒上場，氣勢就已經嚇死對手了。」另外還有人說：「他外表看起來沒問題了。他看起來很行，已經準備好要上大聯盟了，只是需要一點點上場適應的時間而已。」

而前面那個反對的人，又開口了：「我只想說，就算說得再好聽，他的女朋友長相也只是普通而已！」

這個場景完美點出人類下判斷的缺點。我們以為是理性的辯論，卻完全沒有具體的根據。這裡談的是價值數百萬美元的球員合約，卻一樣只靠直覺，沒有客觀的評量。確實，這只是電影罷了，但現實生活其實也相去不遠，無論是在曼哈頓的會議室、白宮的橢圓形辦公室，又或是各地的咖啡廳和廚房餐桌上，都會聽到這種空泛的論理。

電影「魔球」改編自路易士（Michael Lewis）的著作，該書記錄了奧克蘭運動家隊經理比恩（Billy Beane）的真實故事，他拋棄上百年來評價球員的老方法，改用充滿數據分析的新觀點。過去長期以來奉為圭臬的「打擊率」被丟到一旁，而改用看似奇怪的

「上壘率」之類的概念。這種資料導向的方法，可以讓我們看到棒球比賽的另一面，它一直在那裡，只是過去隱而不顯。球員不論是靠著四壞球保送、或是內野彈跳球變成安打，總之上壘才是最重要的。另外，就算盜壘能讓全場興奮，但因為資料顯示盜壘的效果很差，就該毅然放棄。

在一片爭議聲浪當中，比恩決心採用這一套稱為棒球統計學（sabermetrics）的方法來經營球隊。這個新名詞的英文是由體育記者詹姆斯（Bill James）所創造，字首的命名靈感來自Society for American Baseball Research（美國棒球研究學會）。在這之前，美國棒球研究學會一直只被視為棒球的次文化，登不了大聯盟的台面。但是比恩挑戰了棒球界的教條，就像是伽利略以太陽為宇宙中心的學說，冒犯了天主教廷權威一般。

最終，運動家隊這支戰績長期疲弱的隊伍，在比恩的領導之下，竟然取得2002年賽季的美國聯盟西區龍頭寶座，還創下破美聯紀錄的二十連勝！從那時開始，統計人員就取代了球探在棒球運動中的角色，其他球隊也爭相開始採用棒球統計學。

同理，巨量資料帶來最大的影響，就是採用「基於資料的決策」，來輔助或推翻人們的判斷。耶魯經濟學家兼法學教授艾耶斯（Ian Ayers）在他所著的《超級咀嚼者》一書中主張，統計分析會強迫人們重新考量自己的本能和直覺。沒錯，在巨量資料時代，這些現象都不是新聞了。過去在某個主題或領域裡的專家，也將會相形失色，因為統計學者及資料分析師能夠不受舊方法的拘束，單純讓資料來說話。這種新的專家靠的是相關性，不帶有任何偏見及先入為主的觀念，就像莫銳不相信某個在酒館裡喝得醉醺醺的老船長說的航道故事，而是倚賴整理資料，揭示實際的航線真相。

我們觀察到，在許多領域裡，專家的影響力都在逐漸減弱。像是在媒體領域，從《赫芬頓郵報》、富比士、八卦網站Gawker之類的網站所發布的內容，已是定期由資料來篩選，而不是依靠人類編輯來決定。想知道究竟讀者想看什麼，資料會比老記者的直覺更加可靠。至於線上教學公司Coursera，也是靠著調查學生最愛重播哪些教學片段，得知哪些教材可能講得不夠清楚；再將這些資料回報給教師，就能在下次改進。我們前面也提過，貝佐斯從資料發現演算法的建議，能比書評帶來更多銷售量的時候，就決定解散書評部門。

這些都告訴我們，想在職場成功，需要的技能已經改變了。公司對員工的期許也已然不同。像是在安大略省照顧早產兒的麥克蕾格博士，她自己不必是最聰明的醫生、不必是新生兒護理的權威，卻能讓病人得到最好的照顧。甚至，她根本就不是醫師，她拿的是資訊工程博士學位。但她妥善運用了相當於超過十個病患年（patient-year）的資料，經過電腦運算處理，便知道如何做出醫療建議。

正如我們所見，巨量資料的先驅常常來自其他領域，原本的專長是資料分析、人工智慧、數學或統計資訊，而他們就這樣把這些技術帶進某個特定行業。第4章提過的卡古公司，執行長古德布魯（Anthony Goldbloom）表示，該公司線上巨量資料競賽的贏家，常常都是該領域的新手，卻能得到成功。曾有一位英國物理學家，是用演算法來預測保險理賠以及二手車是否有故障，差點就贏得大獎。也有一位新加坡的精算師，研究的竟是預測生物對化學物質的反應。

而在谷歌的機器翻譯部門，機器成功翻譯了全辦公室沒人會講的語言，工程師因此也好好慶祝了一番。至於在微軟的機器翻譯部門，統計人員也很愛提一個很諷刺的老笑話：每次有語言學家離開這個部門的時候，翻譯的品質就會提高。

當然，各個學科領域的專家並不會全部消失，但他們已不再能保有過去的優勢。從現在開始，各個專業領域的舞台，也會有巨量資料科技怪咖的一席之地——就像是以往高高在上的因果關係，現在也得讓位給相關性出鋒頭。這會改變我們看待知識的方式。我們過去一向認為專才比通才更有價值，但專長就像是「精確」，只適合過去小量資料的時代。因為當時不會有足夠多的資訊或適當的資訊，所以需要靠直覺和經驗來引導。在那個時候，經驗之所以重要，是因為經驗就是知識的長期累積，不容易傳遞或從書本上學習，甚至難以察覺，但能讓人做出明智的決定。

然而，現在資料已經隨手可得，可以輕鬆點擊，而且效果更好。所以，只要是能夠分析巨量資料的人，就能夠看穿過去的迷信和傳統思維，這不是因為他們更聰明，而是因為有了資料的協助。（而且，每個領域內必然有些爭執或對立，領域裡的專家難免選邊站，觀點往往帶有成見。但如果是局外人，反而較能達到真正的公正。）

現代職場的基本能力要求

這裡也發現，關於什麼樣的員工對公司會有貢獻，標準已在改變。現在員工必備的知識已經不同，需要認識的人也不同，甚至是需要先學什麼、才能準備未來的專業生活，也有所不同了。

大約一個世紀以前，算術能力是對員工的基本要求，再早一點則是識字能力。對於現代的職場來說，最新的基本要求將會是數學和統計學，或許再加一點程式設計和網路科學。在過去，想當個很好的生物學家，就需要認識許多同行的專家，以便一起討論。這點到現在並未完全改變。但在巨量資料時代，除了學科專業知識的深度，寬度也很重要。想解決某個生物學難題，很有可能是需要和天文物理學家、或是資料視覺化設計師攜手合作。

例如在電玩遊戲領域，巨量資料的先驅已經努力占下一席之地，他們和原本的領域專家並肩同行，而且在過程中改變了整個產業。電玩遊戲產業規模龐大，全球年收益甚至超過好萊塢的票房。在過去，電玩公司的流程是設計遊戲、讓遊戲上市，接著只能希望它一炮而紅。然後依據銷售量，公司再決定是要出個第二代，或是另外設計新款遊戲。設計過程中，設計師全權掌握遊戲步調和元素，像是人物、情節、物品、事件，認真的程度不下於米開朗基羅在畫西斯廷教堂的天花板。這可是藝術，不是科學；這裡靠的是直覺和本能，就像「魔球」裡的老球探。

然而，那些日子已經一去不復返了。Zynga公司推出的開心農場（FarmVille）、拓荒者（FrontierVille）、養魚（FishVille）都是線上的互動遊戲。表面上看來，因為是線上遊戲，Zynga就能參考各種使用資料，根據玩家實際操作的情形來修改遊戲。因此，如果很多玩家都在過某個關卡的時候碰上困難，或者到了某個時候就感覺不對勁了、決定放棄，Zynga就能夠從資料中找到這些問題，並加以修正。但是可能很少人看得出來，Zynga還能依據個別玩家來調整遊戲。所以，開心農場其實不只一個版本，而是有數百個版本。

　　Zynga的巨量資料分析師，會研究虛擬商品的銷售，看看是否會受到顏色的影響，或是玩家看到朋友擁有之後，是否會改變心意。例如，資料顯示FishVille玩家喜歡購買某種半透明的魚，銷售速度足足是其他魚種的六倍，於是Zynga就設計了更多半透明的魚種，賺進大把鈔票。

　　另外，在電玩遊戲「黑幫戰爭」（Mafia Wars）當中，資料顯示玩家比較喜歡購買有框金邊的武器，也喜歡買白色老虎來當作寵物。電玩公司當然不會白白放棄這些賺更多錢的機會。

　　這些事情都不是在工作室埋頭苦幹的設計師會知道的，需要靠資料來向我們開示。魯丁（Ken Rudin）現在是臉書的首席分析師，他當時是Zynga的分析部門主管，他就說：「Zynga是一家偽裝成遊戲公司的分析公司，一切都是由數據來決定。」掌握且運用資料，並不一定能保證企業成功，但至少能告訴我們什麼屬於可能。

　　一旦改用資料導向來做決策，影響會非常深遠。大多數人做決策的時候，都是結合事實和自己的想法，加上大量的猜測。詩人奧登（W. H. Auden）曾有一句令人難忘的詩句：「各種主觀想像的恣意妄為，那是在太陽神經叢裡的種種感受。」

戴文波特（Thomas Davenport）是麻州巴布森學院的商學教授，也寫過好幾本關於分析學的書籍。他把過去的決策方式稱為金好膽（the golden gut），主管人員唯一確定知道的，只有自己的直覺，所以也只能靠直覺和膽量來做決定。然而，現在已經能用預測模型和巨量資料分析，來輔助定出管理決策了，或者至少是用來確認決策是否可行。

舉例來說，The-Numbers.com就用了大量資料和數學運算，告訴好萊塢的各個獨立製片，某部電影可能的收入大概會是多少（此時甚至電影都尚未開拍）。該公司的資料庫，存有過去幾十年美國所有的商業電影紀錄，大約有三千萬份資料，包括每部電影的預算、類型、演員陣容、工作人員、所得獎項、以及收入（美國和全球票房、海外版權、影片租售）等等；資料庫中還存有各種人際關係的紀錄，The-Numbers公司的創始人兼總裁納許（Bruce Nash）就舉例說道：「A編劇曾與B導演合作；而B導演曾與C演員合作。」

The-Numbers公司能夠找到某些複雜的相關性，預測某部電影拍片計畫能夠得到多少收入。製片拿著這份資料，就能去找工作室或投資者尋求財務支援。該公司甚至可以靠著調整變項，告訴客戶怎樣才能提高收入，或把損失的風險降至最低。譬如有個案例，該公司分析發現，如果男主角是A級演員，電影大賣的機率會高非常多。講得更具體些，就是最好有一位曾經獲得奧斯卡提名、片酬大約五百萬美元的男主角。在另一個案子裡，納許告訴 IMAX工作室的人，某部海上航行的紀錄片如果想賺錢，就一定得 把成本從一千兩百萬美元壓低到八百萬美元才行。納許說：「這 個消息讓製片很開心，不過導演就不那麼開心了。」

從要不要拍電影、到該簽哪一位游擊手，企業轉向資料導向 的決策方式，成效已開始顯現在企業營收表現上。MIT史隆管理學 院教授布林約爾松（Erik Brynjolfsson）等人，研究了擅長使用資料 導向決策的公司，並將其績效與其他公司做比較。他們發現，與 不強調用資料來做決策的公司相比，這種公司的生產力要高出6% 以上。這對於資料導向的企業可說打了一劑強心針。然而，隨著 愈來愈多企業開始採用巨量資料的方法，資料導向的優勢可能和 巨量資料的思維及技術一樣，很快就會被迎頭趕上。

資料規模愈大，企業愈強

隨著巨量資料成為許多公司的競爭優勢，所有產業的架構也 會重新調整。然而，各公司能得到的利益卻不會是平等的。得利 最多的會是大型企業和小型企業，但中型企業則遭到擠壓。

最大型的企業像是亞馬遜和谷歌，會持續飆升。然而和工業 時代不同之處，在於競爭優勢的重點不是擺在實質規模。亞馬遜 和谷歌都擁有設備完善的資料中心，做為堅實的立足基礎，這點 很重要，但硬體設施本身並不是最核心的重點。現在全球已有豐 沛的數位儲存和處理能量，可供企業廉價租用、快速取用，企業便能夠調整運算能力和儲存空間，以符合實際需求。如此一來，原本的固定成本就變得可變動，不再是難以跨越的門檻；長久以來大型企業在基礎設備上享有的優勢，也不再絕對。

規模仍然很重要，但已經有所移轉。現在最重要的是資料的規模，而不是硬體設備的規模；也就是說，要持有許多大型資料來源，並且要能夠輕鬆取用裡面的資料，才是王道。因此，大型資料持有人將能夠蓬勃發展，因為他們會蒐集和儲存更多的資料，而且可以重複使用，創造更多的價值。

過去在小量資料時代，有一些經營離線業務的勝利者，像是沃爾瑪、寶鹼、通用電氣、雀巢、波音等等，他們在巨量資料時代的挑戰，首先是要能夠承認巨量資料的威力，然後開始更有策略的蒐集資料和使用資料。例如飛機引擎製造商勞斯萊斯，在過去十年間不只是製造引擎，更開始分析產品的資料，讓業務有了改頭換面的發展。勞斯萊斯位於英國德比郡的營運中心，正持續監控全球三千七百多具、由勞斯萊斯製造的噴射引擎，希望在任何故障發生前，就能預先發現。靠著使用資料，勞斯萊斯從製造商變成「製造加服務」的營運模式：除了銷售引擎，也提供監控服務，再依實際使用時間，以及維修、更換零件等項目，向客戶收費。目前，這家民營飛機引擎公司的年收入，有70%左右是來自所提供的售後服務。

企業不論新舊，如果想進入新的業務領域，現在都會想站到有利的位置，取得大量資料流。蘋果進軍手機就是很好的例子。在iPhone上市之前，行動通訊業者雖然取得許多可能價值非凡的用戶資料，卻一直沒有好好利用。等到蘋果出手，便在與行動通訊業者的合約中明定，蘋果有權取得最有用的資訊。之後蘋果順利取得全球數十家業者的資料，也就更全面瞭解了手機使用的情形，遙遙領先任何一家行動通訊業者的步調。

小型企業要善用低成本及創意優勢

對於在光譜另一端的小型企業，巨量資料也能提供令人興奮的商機。布林約爾松教授有一句話十分知名，說那些聰明而靈活的小型企業可以享受沒有拖累的規模（scale without mass）。也就是說，小型企業不需要有可觀的實質資源，也能有很高的網路曝光率，而且只需要極少的成本，就能將創新傳播出去。更重要的是，許多最棒的巨量資料服務，起初都只是創新的點子，需要的是腦力、而非物力，所以初始成本也不需要太高。小型企業不一定要自己擁有資料，可以靠授權取得，再使用廉價的雲端運算平台來進行分析。授權費不必一次付清，可採取抽版稅的方式，用收益的一定比例來支付。

這種在光譜兩端能夠享有優勢的情形，不僅出現在資料使用者的光譜，很有可能資料持有者的光譜兩端也是如此。大型資料的持有人有很強的誘因，會不斷蒐集更多資料，讓手中的資料更龐大。原因在於，他們只需要再花少許的成本，就能蒐集更多資料，但帶來的好處更多。首先，他們原本就已經擁有基礎的儲存和處理設備。第二，結合各種資料集，會有特殊好處。第三，對

於資料使用者來說，如果能向同一位資料持有人取得各種資料，
日子就更簡單好過。

　　不過，更有趣的是，有可能出現光譜另一端的資料持有人：
個人。由於資料的價值愈來愈明顯，個人也可能開始繃緊神經，
保護自己的相關資訊，例如購物喜好、媒體收視習慣，以及健康
資料。

　　意識到個人資料的所有權，有可能讓消費者取得過去意想不
到的力量。民眾可能會希望：能夠自己決定要將資料授權給誰、
又要授權到哪個程度。當然，不是每個人都只看誰出價最高；對
很多人來說，如果能得到更佳的服務，免費提供資料也沒關係，
例如：讓亞馬遜能夠提出更準確的書籍建議，又或是能在使用網
路剪貼簿Pinterest的時候，得到更佳的用戶體驗。

　　然而，對那群嫻熟數位媒體的消費者來說，「行銷及販賣自己
的個人資料」很可能會成為一件很普通的事，就像現在發發部落
格文章、寫寫推特、或是編輯一下維基百科，一樣自然。

　　不過，資料持有者光譜的「個人」這一端，若要美夢成真，
需要的恐怕不只是消費者意識和偏好的轉變而已。現在如果要民
眾一一授權自己的個人資料，或是要公司與每位客戶一一聯絡，
都太過複雜、也太過昂貴了。比較有可能的狀況是，出現新型態
的企業，負責蒐集許多消費者的資料，讓消費者方便授權，也使
整個交易自動化。如果這種新企業的營運成本有辦法壓低，也有
夠多的消費者相信他們，可以想見，個人資料的市場就會出現。
目前已經有一些企業和團體，正在推動這個願景實現——企業有

英國的Mydex，團體則有ID³（MIT人類動力學實驗室主任潘特蘭也是創立人之一）。

　　但是，在這些中介機構真正運作順利、資料使用者也真正開始使用這個機制之前，你我若想要真正成為自己資料的持有人，選項其實非常有限。可以想見，在等待基礎建設和中介機構到位的這段期間，民眾可能會考慮盡量保留隱私、少公開資料，而不是多多公開資料。

中型企業受到擠壓

　　然而對於中等規模的公司來說，巨量資料的幫助就比較有限了。「波士頓顧問集團」在科技及商業上向來有遠見，該集團的伊凡斯（Philip Evans）便認為，巨量資料對於非常大的公司來說，有規模上的優勢；而對小公司來說，則有成本及創新上的優勢。在傳統產業，過去會出現中型企業，是因為他們結合了能夠取得規模經濟的最小規模、加上大型企業所沒有的靈活度。但是在巨量資料的世界裡，企業不會有某個必須達到的經濟規模，才得以攤平基礎設備的投資。至於想要靈活、也想要成功的巨量資料用戶，也會發現並沒有規模上的門檻，就算維持小規模，還是能夠蓬勃發展（或者乾脆讓巨量資料的超大公司收購）。

　　巨量資料會擠壓產業的中型業者，使他們必須往非常大或非常小移動，如果動作不夠快，就會遭到淘汰。許多傳統產業最終還是會轉變成巨量資料產業，無論金融服務、製藥、製造業，都是如此。巨量資料也不是一定會讓所有中型企業消失殆盡,但對於容易受到巨量資料影響的產業,肯定會造成巨大壓力和衝擊。

巨量資料也會影響國家的競爭優勢。在現在這個時候,製造業已經大多轉移到開發中國家,而且創意產業也逐漸跟上這種外移的腳步,已開發國家目前還保有的優勢就在於持有資料、而且知道使用資料的方法。

壞消息是,這種優勢並不會持續不變。就像是在運算和網路領域的情形,現在西方國家雖然在巨量資料上領先,但隨著世界各地逐漸採用相關技術,就會被迎頭趕上。但對於已開發國家現在的龍頭企業而言,好消息是巨量資料將會使企業強者愈強、弱者愈弱。因此,如果企業能嫻熟巨量資料,就有可能不僅贏過同業、更能擴大領先距離。

這場比賽已經開跑了。谷歌的搜尋演算法需要用戶的資料廢氣,德國的汽車零件製造商也發現,需要資料才能改善零件,其他任何企業也都能夠從資料中,或多或少學到一些。

然而,雖然一切看來如此美好,卻也有值得擔心的理由。現在巨量資料對於這個世界、對個人在世界上的定位,所做的預測都愈來愈準確,但我們卻可能還沒有準備好,去應付這件事對隱私和自由的影響。我們過去所有的想法和機制,應付的都是資料不足的世界、而不是資料過量的世界。在下一章中,我們要探討的是巨量資料的黑暗面。

RISKS

第  章

風險
巨量資料也有黑暗面

　　在1989年柏林圍牆倒下之前，東德國家安全局「史塔西」（Stasi）有將近四十年的時間，不斷監視著數百萬的民眾。史塔西大約有十萬名全職員工，監控著汽車和街道、拆開信件、偷看銀行戶頭、竊聽公寓和電話。史塔西也逼迫戀人、夫妻、父母和子女相互監視，背叛了人與人之間最基本的信任。它所留下的檔案足足有三千九百萬張索引卡、疊起來厚達一百多公里的文件，記錄了一般民眾生活最私密的一面。東德絕對是有史以來，將監控發揮到最極致的地方。

　　東西德合併已經超過二十年了，可是，每個人被蒐集和儲存的個人資料，竟然比過去任何時候都更多。我們其實一直受到監控：只要使用信用卡付帳、用手機聯絡、或用身分證號碼證明自己的身分，就會留下紀錄。2007年，英國媒體大大譏諷了一個現象：在歐威爾（George Orwell）寫作《1984》的倫敦公寓，附近不到兩百公尺的範圍內，就有三十台監視器！

　　早在網路出現之前，Equifax、Experian和Acxiom之類的專業公司，便已在全球各地蒐集上億人口的個資，整理後出售。網路出現之後，追蹤就變得更容易、更便宜、也更有用。會監視我們的，不只是神神祕祕的FBI、CIA之類的政府機構，像是亞馬遜也會監視我們的購物喜好，谷歌監視我們的瀏覽習慣，而推特則知道我們目前在想什麼。至於臉書，除了以上資訊，還會監視我們的社交關係。講到行動通訊業者，不只知道我們和誰說話，甚至還知道我們在誰附近。

　　由於巨量資料能夠為分析者提供寶貴的想法，種種跡象似乎

都顯示，未來蒐集、儲存和使用個人資料的情況將會大增。隨著
儲存成本持續下跌、分析工具日漸強大，資料蒐集的大小和規模
都將增加。如果說現在這個網路時代已經對隱私造成威脅，那麼
巨量資料會不會是更大的危害？這是不是巨量資料的黑暗面呢？

答案不僅是肯定的，而且這還不是唯一的黑暗面。這裡也可
再次看到，巨量資料的重點之一，就是規模的變化導致狀態的改
變（量變引發質變）。正如我們將要解釋的，這種轉變不僅使得
保護隱私難上加難，還帶來另一個全新的威脅：*根據習性的懲罰*
（penalty based on propensity），而不是根據犯罪事實的懲罰。意思
是，用巨量資料找出人的習性與犯罪的相關性，藉以預測某人是
否將會犯罪，並且在此人真正犯罪之前就加以懲罰。這種做法顯
然違背了公平、正義和自由意志的理念。

除了隱私受損、以及沒有犯行也會獲罪之外，還有第三種危
險：資料獨裁（dictatorship of data），也就是開始陷入對資訊和分
析的迷戀，凡是皆以資料為尊，最後形成濫用。如果以負責的態
度使用巨量資料，會是一個理性協助決策的工具。但如果用得不
夠明智，就會成為強權的工具，造成壓迫——輕則有可能是讓客
戶和員工感到委屈，重則可能使得公民受害。

這些負面影響其實比一般想像的還要高。使用巨量資料的時
候，如果不尊重隱私、誤用預測、曲解資料的意義，造成的後果
可不只是針對性的線上廣告這麼簡單而已。二十世紀的歷史，早
就已經浸泡在濫用資料造成的鮮血之中。1943年，美國人口普查
局交出了日裔美國人的街廓地址（但還沒到透露街名和幾號幾樓

的地步，以維持似乎還是保護個人隱私的假象），協助拘禁這些日裔美國人。荷蘭以公民紀錄完善而著名，入侵的納粹便利用這些資料來追捕猶太人。納粹在集中營囚犯的前臂，刺上五位數的刺青，用的就是IBM發明家何樂禮所發明的打孔卡片號碼系統；於是，資料處理讓這場謀殺變得更容易。

雖然史塔西手中的資訊鋪天蓋地，但他們還是有很多做不到的事，像是如果想知道人都去了什麼地方、和什麼人交談，在當時都得花上極大的人力物力。可是到了今天，很多這種資料都已經掌握在手機業者手中。雖然無論是東德或是我們，都無法知道哪些人會成為異議份子，但像美國警方，就已經開始採用演算法模型，來決定該在何時何地巡邏，而這也會是未來的方向。正是這些趨勢，讓巨量資料帶來的風險，就像巨量資料本身的規模一樣巨大。

麻痺的隱私保護

數位資料不斷增長，讓人不禁覺得隱私受到危害，也想到歐威爾筆下《1984》充滿監控的反面烏托邦（dystopia）。然而，真正的情況其實更為複雜。第一，並非所有巨量資料都包含個人資訊。例如煉油廠的感應器資料、工廠機器的資料，關於地下共同管道人孔爆炸或機場天氣的資料，都不包括個人資訊。英國石油和愛迪生聯合電力公司並不需要（也不想要）個人資訊，也能進行分析、取得價值。就這些類型的資料來說，巨量資料分析幾乎就不會對隱私造成任何風險。

　　然而，現在產生的大部分資料確實包括個人資訊，而且各家企業有著眾多的動機，希望能取得更多資料、或是延長保存資料的時間，而且需要常常重複使用各種資料。有些資料，表面上看起來可能不像是個人資訊，但在巨量資料處理過程中，很容易就能追溯到個人，或是推斷出某人生活中很私密的細節。

　　例如，美國和歐洲的電力公司都開始使用智慧型電錶，全天每六秒鐘蒐集資料一次，蒐集的資料量比起傳統電錶每兩個月抄一次，要多出甚多。更重要的是，各種電器用品會有獨特的用電模式，形成一種負載訊跡（load signature），不論是熱水瓶、電腦，又或是種大麻需要的日照燈，都各有不同。因此，某個家庭的用電情形其實就會透露出他們的私人資訊，像是日常起居行為、健康狀況，或是非法行為。

　　然而，問題並不在於巨量資料是否會危及隱私（因為確實如此），而在於巨量資料是否會改變這種風險的特性。如果巨量資料的時代只是讓過去的風險變得更大，那麼現行保護隱私的法規就可能仍然適用，只需要加強執法即可。但是，如果巨量資料是讓這種風險的特性改變，我們就可能需要新的解決方案了。

　　不幸的是，風險的特性確實改變了！有了巨量資料之後，資訊的價值已經不僅在於原始用途，也包括我們前面一再提到的延伸用途。

　　這種改變，讓現在以個人為核心的個資保護法難以為繼。現今的做法是在蒐集資料的時候，就告知蒐集資訊的種類和目的，因此你會有機會審視相關條款；取得你的同意，資訊蒐集的程序才會開始。根據印第安納大學隱私保護專家凱特（Fred Cate）的說法，雖然這種「通知用戶、取得同意」的模式，並不是唯一能夠蒐集處理個人資料的方式，卻已幾經變形，成為全球隱私保護原則的基石。（實際上，現在演變出的隱私權聲明龐大冗長，幾乎沒人肯讀，更別說是要理解內容。不過那是另一個故事了。）

但在巨量資料時代，蒐集資料的時候，常常無法預料到那些最具創新的延伸用途。既然還沒料想到這些用途，企業又要怎樣才能通知用戶？而個人又怎麼能同意某個未知的提議？然而，一旦未取得同意，任何包含個人資訊的巨量資料分析，都會需要再回頭找到該用戶，要求使用權限。你能想像，谷歌需要聯絡數百萬的用戶，批准他們使用舊的搜尋字眼來預測流感嗎？就算技術上可行，也不會有任何公司願意承擔這種成本。

另一種方法，則是在蒐集資料的時候，便要求用戶同意任何可能的用途；但這也沒有太大的幫助。像這樣整批許可的做法，其實違反了知情同意（informed consent）的概念。在巨量資料的情境中，過去已經成為標準做法的「通知用戶、取得同意」，現在變得不是太嚴格、無法挖掘資料的潛在價值，就是變得太空泛、無法保護個人隱私。

其他保護隱私的方法也各有問題。如果大家的資訊都存在同一個資料集中，就算是選擇「退出」，也會留下痕跡。我們以谷歌街景服務為例，谷歌街景車在許多國家蒐集道路和房屋影像。在德國，谷歌面臨公眾和媒體洶湧的抗議聲浪。民眾擔心，網路上出現自家房屋和花園的照片，會遭到竊賊覬覦，成為行竊的目標。在法規壓力下，谷歌同意讓屋主選擇是否要「退出」街景服務，也就是將房舍的圖片模糊化。不過，選擇「退出」之後，在街景上就會成為明顯的一塊模糊，竊賊反而可能認為這是特別肥的肥羊，此地無銀三百兩。

真的能百分之百匿名嗎？

現在常用「匿名化」的技術來保護隱私，但很多時候，這也成效不彰。匿名化是指：從資料集中刪去任何個人識別資料，例如姓名、地址、信用卡號碼、出生日期、身分證號碼。匿名化之後的資料，不會損害任何人的隱私，便能分析和共享。但那只有在小量資料的世界才是這樣。在巨量資料的世界，資訊的數量和種類都增加，於是要反匿名、重新識別身分，也不見得是難事。且讓我們以「看似無法找出個人身分的網路搜尋和電影評分」為例。

2006年8月，AOL公開一大批舊的搜尋資料，原本是一片好意，認為分析這些資料可以得到一些有趣的想法。這個資料集是從2006年的3月1日至5月31日，總共六十五萬七千名用戶的兩千萬筆搜尋資訊，已經做過仔細匿名。像是用戶名稱和IP位址之類的個資都刪除，換成不同的數字編號。當時認為這樣一來，研究人員還是可以知道哪些搜尋是來自同一人，但沒辦法知道這個人究竟是誰。

才不過短短幾天，《紐約時報》就用「六十歲單身男子」、「保健茶」、「喬治亞州里爾本鎮」、「庭園設計師」這幾個搜尋字眼，成功找出編號4417749的人是住在喬治亞州里爾本鎮的六十二歲寡婦黛瑪。《紐約時報》的記者上門採訪的時候，她說：「老天哪，這是我的私人生活啊，我根本不知道還會有人偷窺。」輿論隨之一片嘩然，導致AOL技術長和兩名員工黯然去職。

兩個月後，線上租片公司Netflix也做了類似的糗事。當時他們舉辦「Netflix大獎」，公布了將近五十萬用戶的一億筆租片紀錄，只要競賽團隊能運用這套資料，讓Netflix的電影推薦系統效能提升10%以上，就能得到一百萬美元的高額獎金。同樣的，個人識別資料已經被小心刪去了。但是，也一樣又再次遭到反匿名：這次被找出身分的，是一位住在保守的美國中西部、未出櫃的女同志母親。因為這起事件，她後來以假名「Jane Doe」對Netflix提出告訴。

美國德州大學奧斯汀分校的研究人員，將Netflix的資料和其他公共資訊做比對，很快就發現一位匿名用戶的評分，與某個在網路電影資料庫（IMDb）具名的使用者相同。大致來說，研究顯示只要評過六部冷門電影（不在前五百大電影之列），就有84%的機會能夠識別出Netflix客戶的身分。如果還知道某人是在哪天評的分，我們就有99%的機會，可以在Netflix將近五十萬名用戶之間，精準的把這個人給找出來。

在AOL的案例中，用戶身分是因為搜尋的內容而曝光。而在Netflix的案例中，則是因為與其他資料來源比對而現形。但不論哪個案例，都是因為企業沒想到巨量資料在反匿名上的力量。原因有二：我們能得到更多的資料，我們也結合了更多的資料。

科羅拉多大學博爾德分校的法學教授歐姆（Paul Ohm），對於反匿名造成的傷害，有深入研究，他認為這件事並沒有簡單的解決辦法。只要有足夠的資料，無論再怎麼小心，還是不可能達到完美的匿名。更糟的是，研究人員最近還證實了，不只傳統資料會被反匿名，就連社交圖譜（也就是人與人之間的連結）也很容易反匿名。

政府機關也在大肆蒐集資料

過去曾有三大核心策略，能保障隱私權：個別通知用戶取得同意、選擇退出、匿名化。然而到了巨量資料時代，都已經不再有效。今天已經有很多用戶覺得自己的隱私受到侵犯，而等到巨量資料的應用愈來愈普遍，就走著瞧了。

與二十多年前的東德相比，監控已經變得更容易、更便宜，而且更加細密。取得個人資料的能力，常常是源自於我們每天使用的工具，從網站到手機應用程式等等。像是現在多數汽車都裝有行車記錄器，一旦發生事故，就能做為法庭佐證。

當然，現在企業蒐集資料只是為了提高營收，我們不必擔心他們的監控會像史塔西的竊聽一樣，造成嚴重後果。就算亞馬遜發現我們喜歡讀毛澤東的紅寶書《毛語錄》，我們也不會因此銀鐺入獄。就算我們在谷歌網頁上搜尋微軟的Bing搜尋引擎，谷歌也不會就此把我們流放。雖然這些公司可能力量強大，但卻沒有國家的強制力。

然而，雖然他們不會半夜闖入家門，把我們逮走，各種企業現在卻是不遺餘力的，持續蒐集關於我們生活的各種資料，在我們不知情的狀況下與他人分享，並以我們難以想像的方式進行分析、使用。

正在展現巨量資料威力的，並不只有民間企業而已，各國政府也儼然在列。例如，根據《華盛頓郵報》2010年的調查，美國國家安全局（NSA）每天要攔截和儲存十七億則電子郵件、電話及其他通訊。前國家安全局官員賓尼（William Binney）估計，美國已經彙集了「二十兆則資料異動」，他講的是美國公民和其他人之間的電話聯絡、電子郵件、電匯等等。

為了要從中找出意義，美國蓋起了巨大的資料中心，例如在猶他州威廉斯堡，建造了價值十二億美元的國家安全局大樓。現在不只是神祕的各個反恐機構，所有政府部門都希望能得到比以前更多的資訊。資料蒐集的範圍也擴大到金融交易、醫療紀錄，甚至是臉書的狀態更新，資料量巨大到難以想像。政府根本無法處理這麼多的資料。那麼，為什麼還要蒐集呢？

答案在於：巨量資料時代的監控方式已經有所不同。過去，檢調人員想監控嫌犯的時候，得用鱷魚夾去夾電話線來竊聽，目的無非是要深入瞭解嫌犯的一言一行。現代的做法則有所不同，秉持著谷歌或臉書的精神，認為每個人都是其社交關係、網路互動和連結內容的總和，如果想要充分調查某個人，就需要尋找從他身邊延伸出去的所有資料，不只是他認識的人，還要包括這些人再認識的人等等。這在過去的技術上非常困難執行，但在今天已經變得相當簡單。因為政府從來不知道未來需要調查誰，所以乾脆盡量蒐集、儲存，以確保能夠取得所有資料。這樣一來，平常不用監視所有的人，但在懷疑特定對象的時候，就能夠立即進行調查，不必從頭開始蒐集資訊。

美國並不是唯一會蒐集大量人民資料的政府，它的做法也不是最令人震驚的。然而，除了「企業和政府能夠蒐集個人資料」這件事令人感到苦惱之外，巨量資料還會帶來另一個新的問題：使用預測來對我們下判斷。

依靠預測來預防犯罪？

安德頓是華盛頓特區一支特警隊的隊長。就在今天早上某個特定的時刻，他衝進馬克斯位於郊區的房子，剛剛好來得及制止狂怒的馬克斯拿剪刀刺殺他偷情的太太。對安德頓來說，這只是又一次阻止了殺人案發生。他對馬克斯唸著逮捕令：「根據哥倫比亞特區預防犯罪部授權，你因為即將在今天稍晚謀殺莎拉而被捕。」其他警察開始給馬克斯上鎖具，而他尖叫著：「我什麼都沒做啊！」

這是電影「關鍵報告」（*Minority Report*）的開場，電影描繪的這個社會中，預測已經如此精準，警方能夠在犯人實際犯下罪行之前，便行逮捕。於是民眾被捕的時候，根本什麼壞事都還沒有做，被逮捕不是因為他們做了什麼，而只是因為預測他們將要做什麼。在電影情節中，之所以警方能有先見之明而先發制人，是因為有三位先知，而不是因為資料分析。然而，「關鍵報告」所點出這個令人不安的未來景象，其實正是讓巨量資料為所欲為、可能造成的情形：對於某人是否有罪，根據的是對其個人未來行為的預測。

我們已經看到這種現象出現了：全美各州有超過半數的假釋委員會，將資料分析的結果做為參考因素，決定某個囚犯是否能夠假釋。而且，從洛杉磯到維吉尼亞州的里奇蒙市，美國有愈來愈多城市，開始採用預測治安（predictive policing）的措施：利用巨量資料分析，來選擇應該特別注意哪條街、哪些團體和個人，原因只是某個演算法指出他們更容易犯罪。

田納西州曼非斯市採用一套稱為「藍色CRUSH」的程式，名稱來自Crime Reduction Utilizing Statistical History（使用統計歷史減少犯罪）的縮寫，能夠針對特定時間（星期幾的幾點鐘）和地點（哪幾個街廓裡），告訴警方該特別注意哪些地方。表面上看來，這套系統讓警方更知道該如何集中有限的資源，結果是：自從2006年啟用這套程式以來，重大財產犯罪和暴力犯罪估計下降了四分之一。（請注意，這裡當然並不知道是否存在因果關係，並不知道是否確實是因為藍色CRUSH，而帶來犯罪率下降。）

在維吉尼亞州的里奇蒙，警方則是將犯罪資料與其他資料集比對，例如該城的大公司哪天發薪水，又或是音樂會或體育比賽的日期。這種做法能夠確認、甚至有時能夠改善警方過去對於犯罪趨勢的預期。例如里奇蒙警方長期都認為，每次槍展之後暴力犯罪發生率就飆高；巨量資料分析證明了這種說法，但還有個小問題：犯罪率高峰是在槍展結束兩星期後，不是一結束就發生。

這些系統都是希望能夠靠著預測來預防犯罪，最後最好能聚焦到可能犯罪的個人。這些都指向巨量資料的一項新用途：防止犯罪發生。

科幻小說般的情節，也將在平凡無奇的機場成真。美國國土安全部有一項稱為FAST（Future Attribute Screening Technology，未來屬性篩選技術）的計畫，試著要從個人的生命徵象、肢體語言及其他生理模式，找出可能是恐怖份子的人。FAST計畫認為，監視民眾的行為，就可能發現為害的意圖。根據國土安全部的說法，系統在測試中可達到70%的準確率。雖然這些系統看來才剛起步，但執法單位對此非常認真。（這件事的實質意義其實並不清楚；受試者得要假裝是恐怖份子，看看他的「惡意」會不會被發現嗎？）

畢竟，能夠在犯罪發生前就阻止，聽起來是個誘人的前景。能夠防患未然，豈不是好過事後再來處罰罪犯嗎？如果能預測犯罪，除了能保護可能的受害者，不是也能對整體社會有好處？

然而這是一條危險的道路。如果巨量資料能夠預測未來誰可能犯罪，光是預防犯罪可能有人會覺得還不夠；甚至會有人想要先懲罰那些可能的犯罪者。這說來也很合理，如果我們只是單純干預、制止非法行為發生，而讓原本要犯罪的人安然離開，未來他就可能再次嘗試犯罪。相反的，如果用巨量資料證明他必須為自己（未來）的行為負責，就可能達到嚇阻的效用。

像這種以預測為基礎的處罰，看起來像是改進了我們現在的做法。畢竟，現代社會的一大基礎，就是要防止不健康的、危險的或非法的行為。譬如：我們在很多地方禁菸，讓抽菸變成一件很麻煩的事，以預防肺癌；我們要求繫好安全帶，以減少車禍死亡；我們不讓人帶刀槍上飛機，以避免劫機事件。這些預防措施都會限制我們的自由，但許多人認為，為了避免更嚴重的傷害，這些小代價是值得的。

其實很多時候，已經用「預防」的名義來使用資料分析，將所有人依據類似的特性分組了，但常常也就會出現刻板印象。例如，經過資料精算指出，五十歲以上的男性容易罹患前列腺癌，因此五十歲以上的男性就算從未患有前列腺癌，保費也可能會提高。或者是，把高中學生依成績好壞分組，由於成績好的群組飆車出車禍的比例應該比較低，所以那些成績比較差的，保費就要比較高。至於具備某些特性的人，機場通關的時候，當然得接受一些額外的檢查。

這就是今天這個小量資料世界使用特徵剖析（profiling）的背後觀點：要在有限度的資料中，找出符合某種共同關係的一群人，嚴加控管。雖然特徵剖析的結果僅能供參考，但控管對象卻變成是針對這群人當中的每一個人。特徵剖析其實承擔了過多的期待，它帶有嚴重的缺點。如果濫用，不僅會對某些群體造成歧視，而且還有牽連入罪的疑慮。

相較之下，巨量資料對人的預測，就不是這樣粗率了。過去想要預測類似的行為，通常是根據手中的議題，套用某一種只計算了幾個因素的心智模型，像是過去的健康紀錄或是還款紀錄，就拿來計算保費或是信用分數。但現在有了巨量資料的非因果關係（相關性）分析，流程就轉變成：常常是不預設指標，而是從汪洋大海般的資訊當中，讓它自己浮現出最適合的預測指標。

最重要的是，使用巨量資料的時候，我們是想找出特定的個人，而非某個群體。過去使用特徵剖析，總會有使得每個被鎖定的犯罪嫌疑人，都牽連入罪的缺點。但巨量資料分析就不會有這個問題。在巨量資料世界，就算某人有個阿拉伯名字、用現金買了頭等艙的單程機票，只要其他相關性的資料分析都顯示他不太可能是恐怖份子，他就無須在機場接受特別嚴密的安檢。巨量資料能讓我們逃開某個群組身分意象的束縛，轉為對每個個人更精密的預測。

有了巨量資料之後，雖然我們做的，本質上仍是特徵剖析，但能夠做得更好、減少歧視、更加個人化。如果目的只是要避免危害旁人的行為，這一切聽起來也就無傷大雅。但如果我們想用巨量資料預測，來判斷某人有罪、應該為他尚未犯下的罪行而受罰，那就非常非常的危險。

光是「根據習性推斷，有犯罪的可能」就決定懲罰，這種想法無法令人認同。基於某人未來可能的行為便加以指控，這件事根本就違反了司法的原則：必須是某人先做了什麼事，我們才能追究他的責任。畢竟，光是想想不好的事並不犯法，要做了壞事才會有犯法的問題。就我們社會的基本信念來說，個人的責任應該是與個人的行為選擇互為表裡。銀行員工在槍口下，被逼著打開銀行保險箱，因為他沒有別的選擇，也就不用負責。

「去人性化」的武器

如果巨量資料的預測是完美的，如果演算法可以絕對清楚的預見我們的未來，我們在未來根本就沒有選擇行為的自由了，只能完全照著預測走。如果能夠完美預測一切，就等於否定了人的意志，不認為人類能夠自主自由自在的生活。但諷刺的是，如果我們的選擇遭到剝奪，我們其實就不用負任何責任了。

當然，世界上不可能有完美的預測。巨量資料分析能夠預測的，是特定的個人有多少可能性，會在未來做出某種特定行為。以美國賓州大學統計暨犯罪學教授柏克（Richard Berk）的研究為例，他聲稱自己的方法可以預測：某個犯人獲得假釋後，是否會涉及兇殺案（無論是殺人或被殺）。他用來輸入的資料，主要是人犯本身的特定資料，像是入獄原因、首次犯罪時間，也包括年齡和性別之類的人口資料。柏克認為，他預測假釋犯是否會成為殺人兇手的正確率，至少有75%。

確實75%還不差，但這也意味著，如果假釋委員會聽從柏克的分析建議，每四個人犯就可能有一人誤判。

不過，雖然這種預測會讓社會處於風險之中，但這還不是最根本的問題所在。最根本的問題在於：這樣的系統會在人做壞事之前，便施加懲處。如果在實際作為之前就介入干預（例如，由於判斷犯人假釋後很可能犯下殺人案，便駁回假釋申請），我們就永遠不知道他們是否會犯下所預測的罪行。如此一來，我們拒絕讓命運發揮作用，卻又要那些人對預測的內容負責。這樣的預測，永遠無法得知真偽。

這樣一來，就是從根本上推翻了無罪推定的原則，而那正是法律制度和公平正義的基礎。如果我們要民眾為那些預測會做、但實際並未做出的事負責，等於否定了人類有道德選擇的能力。

這不光只是治安問題。這裡危及的領域不只在於刑事司法，更涵蓋了社會所有層面、所有人類所做的判斷。等於是將一切都交給巨量資料的分析預測，去判斷民眾是否要為未來可能的作為受懲罰。於是，公司也可以根據巨量資料的預測，去解雇員工；醫師也可以根據巨量資料的預測，拒絕動手術；另一半也可以根據巨量資料的預測，決定離婚。諸如此類的事，必然層出不窮。

或許社會有了這樣的系統會比較安全、比較有效率，但我們身為人類的重要特質——自主做決定並且負責的能力，也就消失不再。這樣一來，巨量資料就成了將個人選擇集體化、叫人放棄自由意志的工具。

當然，巨量資料帶來許多好處。它之所以可能會變成「去人性化」的武器，不是因為它本身的問題，而是因為我們使用預測結果的方式有誤。關鍵在於，巨量資料預測的本質在於相關性，而要判斷個人責任的重點則在於因果關係；如果在犯罪之前就依巨量資料的預測而認定有罪，便是誤將這兩種關係混為一談。

巨量資料有助於讓我們瞭解目前和未來的風險，並隨之調整行動。而且，它的預測也能夠幫助病患、保險公司、貸款者和消費者做決定。但是我們無法從巨量資料得知因果關係。相對的，要判斷某人是否有罪，是基於他是否做出不法行為；罪行與罪責之間，必然存在著因果關係。正因為巨量資料的價值基礎在於相關性，因此完全不適合用來判斷因果關係，或是判斷某人是否有罪。

麻煩在於，人們已經習慣用因果關係來觀察這個世界，所以巨量資料也一直有被濫用來判斷因果關係的危險，以為只要有了巨量資料預測，就能做出更有效率的決策、甚至是判斷他人是否將會幹下不法勾當。

這麼一來，一切將會岌岌可危，就像「關鍵報告」所描繪的世界，抹煞了所有的個人良知抉擇和自由意志，我們的倫理道德都被預測未來的演算法給取代了。如果這一切成真，巨量資料就有可能將我們禁錮在機率的牢籠中，甚至真的讓我們鋃鐺入獄。

眼中只有數字的官僚

巨量資料會侵犯隱私、威脅自由。但巨量資料也加深了一個非常古老的問題：全然依賴著極可能出錯的數字。要講到光看資料報表，可以錯得多離譜，麥納瑪拉（Robert McNamara）就是最好的例子。

麥納瑪拉是一個眼中只有數字的人。他在1960年代初期、越南情勢日益緊張的時候，擔任美國國防部長，堅持一切都要有資料才行。他相信，唯有在一切都有嚴謹統計的前提下，決策者才能看清複雜的局勢，做出正確的決定。在他看來，世界就是一大團混亂的資訊，必須加以整理、標示、劃分、量化，接著就能臣服在人的意志之下。麥納瑪拉一心追求真理，而且相信真理可以在資料中尋得。在他酷愛蒐集的數字當中，有一個就是殲敵人數。

　　麥納瑪拉對數字的熱愛，始於就讀哈佛商學院時期。他在二十四歲，就成了哈佛商學院最年輕的助理教授。二次大戰期間，他憑藉對數字的嚴謹要求，成為美國國防部的精英小組「統計控制小組」的成員之一，而這支小組也將資料導向的決策過程，帶進這間全球最龐大的官僚機構。在這之前，美國軍方幾乎就像是瞎子一樣，譬如各種戰機零件的種類、數量、庫存位置，都一概不知。資料概念的引進，拯救他們脫離苦海。光是讓裝備採購更有效率，就讓美國軍方在1943年省下三十六億美元之多。由於現代戰爭的重點之一，就是有效調配資源，統計控制小組可說是一炮而紅。

　　戰爭接近尾聲，小組決定並不解散，而是開始將他們的技能提供給美國企業。當時福特汽車公司正身陷困境，束手無策的福特二世便全權交由他們處理。就像當初，小組成員對戰爭一竅不通、卻能協助贏得世界大戰，這次他們對於汽車製造業也是一無所知，卻一樣讓公司起死回生。

　　麥納瑪拉快速看過各個層級，為各種情境設計蒐集資料的資料點。忙碌的工廠經理不斷提供他要求的數據，連正確或錯誤都無暇判斷。後來高層下了一道指示，表示必須先將舊車款的零件全部用完，才能開始製造新車款。這讓生產線經理火冒三丈，決定把所有多餘零件全部倒到附近的河裡解決。接著領班把這個數據拿給公司高層，高層看到確實舊零件都沒庫存了，十分滿意。但當時在工廠裡就流傳一個笑話，說河裡堆滿1950年和1951年的汽車生鏽零件，叫人都能夠直接走在水面上了。

麥納瑪拉可以說是二十世紀中期的經理代表，過度理性的依賴數字、不管情感，而且可以把量化分析這一套做法運用在任何產業。1960年，他獲任命為福特的總裁，但只做了幾個星期，便得到甘迺迪總統賞識，任命為國防部長。

隨著越戰情勢不斷升高，美國派出更多部隊，顯然這成了一場意志的戰爭、而不是領土的戰爭。美國的戰略是要將越共轟上談判桌，而要評估進度的方法，就是取得敵軍死亡人數。當時，報紙上每天公布殲敵人數。對戰爭的支持者來說，這是進展的證明；對評論家來說，這是不道德的證據。於是，「殲敵人數」便成了定義這個時代的資料。

1977年，在最後一架直升機從西貢美國大使館屋頂起飛之後，退役將軍金奈德（Douglas Kinnard）調查參戰將軍的意見，出版一部重要著作《戰爭經理人》（The War Managers，國史館譯為《美軍將領對越戰的檢討》），揭露了量化造成的泥淖。金奈德指出：只有2%的美國將軍認為，殲敵人數是有效評量戰況的方式。大約三分之二的將領表示數字常常遭到灌水。某位將軍認為這是「假的，完全沒有價值。」另一位則認為這「常常是公然說謊。」第三位則說：「很多單位都會大幅誇大殲敵人數，主要原因便是像麥納瑪拉那樣的人，對此的興趣高到不可思議。」

　　就像福特工廠的工人把汽車零件倒進河裡，越南戰場上的下級軍官常向上級高報數字，以保住地位或是爭名奪利，總之就是讓上層聽到他們想聽的內容。麥納瑪拉和他身邊的人都對數字萬分依賴、甚至崇拜。麥納瑪拉的頭髮總是完美的向後梳，再搭配總是打得整整齊齊的領帶。對他來說，要靠著資料表，才能知道前線發生了什麼事。看著這些整齊有序的行行列列、計算數字和圖表，讓他覺得自己和神的境界更拉近了一個標準差。

資料獨裁——谷歌是惡例

　　美軍在越戰期間使用、濫用和誤用資料，是小量資料時代受制於資訊不良的慘痛教訓。隨著我們邁向巨量資料時代，也不能忘記這些教訓：基礎資料的品質可能不良，資料可能失之偏頗，資料分析可能有誤、甚至遭到誤導；而且更嚴重的是，資料可能根本抓不到原本打算量化的目標。

　　所謂資料獨裁，指的是任由資料來管控我們，造成的傷害絕不下於資料帶來的好處。對此，我們的疑慮其實比想像中更高，擔心自己就算合理懷疑有什麼不妥，還是盲目受到分析結果的約束。或者擔心自己太過沉迷於事實和數據，只為了蒐集而蒐集。又或是害怕自己就把資料視為真相，但事實卻不是如此。

　　隨著生活中愈來愈多方面都已經資料化，政策制定者和商務人士的第一步，就是取得更多資料。現代經理人的一句箴言是：

「我們相信神，其他一切則需要資料佐證。」無論是在矽谷辦公室、工廠、或是政府機構，都能聽到這句話在迴盪。雖然這種觀點很合理，但我們還是很容易被資料迷惑。

感覺到各級教育都在走下坡？那就推動標準化的評量吧，看看老師或學校的表現合不合格，不合格就懲處！然而，這些評量真的能測出學童程度、教學成效嗎？或是符合現代職場必須靈活有創意的需求？這都是量化的資料無法回答的問題。

想要防止恐怖主義嗎？那就列出一張又一張的觀察名單、禁飛名單，好監控整個領空。但這些資料究竟能否提供它們所承諾的保障，也十分令人懷疑。在一次著名的意外事件中，麻州參議員泰德・甘迺迪，只因為和禁飛名單資料庫中的某人同名同姓，便遭到留置盤查。

資料界的人有一句話，可以說明其中一些問題：「如果輸入的是垃圾，輸出的就也是垃圾。」有些時候，問題在於基礎資訊的品質不佳。但比較常見的還是對分析的誤用。有了巨量資料，這些問題可能會出現得更為頻繁，或是造成更嚴重的後果。

我們前面已經多次以谷歌為例。該公司幾乎一切都依資料運作，顯然也因此獲得許多成功。但就算是谷歌，也三不五時發生因為資料而失手的狀況。谷歌的兩位創始人布林（Sergey Brin）和佩吉（Larry Page）一向堅持，必須知道所有應徵者的大學入學成績及畢業成績。他們認為，入學成績代表潛力，畢業成績則代表成就。但有時候谷歌是主動挖角，希望能聘得一些四十多歲、成就非凡的經理人，卻還是要求這些成績，就讓這些人十分困擾。

甚至，經過谷歌內部研究，早就發現這些成績與工作表現無關，卻還是繼續要求應徵者提供這些資料。

谷歌應該想清楚，要抗拒資料虛假的誘惑力。現在的做法等於認為人的一生沒有什麼改變空間，學業表現就代表一切，而不理會「考試成績並不等於真正的學識」。此外，由於人文學科的知識重點不像理工學科一樣容易量化，相較之下也比較不利。想到兩位創始人都畢業於重學習而不重成績的蒙特梭利學校，谷歌卻還是如此迷戀成績在人資上的應用，實在叫人百思不解。

谷歌其實是重蹈過去科技大廠的錯誤：重視履歷高於其實際能力。像是佩吉和布林兩個人都是博士班輟學，都不可能進入傳奇性的貝爾實驗室。依據谷歌的標準，像是蓋茲、札克伯格、賈伯斯，連大學學位都沒有，谷歌根本聘不到這些人。

有些時候，谷歌真的過分依賴資料了。譬如前任的高層主管梅爾（Marissa Mayer），便曾要求工作人員測試足足四十一種不同色階的藍色，只為了想知道網站的工具列該挑哪一種顏色。谷歌可說是對資料太過言聽計從了，極端資料獨裁的結果，甚至曾經引發反抗。

2009 年，谷歌的頂尖設計師鮑曼（Douglas Bowman）就是因為受不了一切都要量化，一怒之下辭職。他在部落格上發表自己的辭職聲明：「我們最近在爭論某個邊界究竟該是 3、4，還是 5 個像素寬，而他們竟要求我必須證明我的觀點。在這種環境裡是不能工作的。如果一家公司充斥著工程師，就會全部從工程的觀點來解決問題，以為每個決定都可以簡化成簡單的邏輯問題。這些資料最後就會變成枴杖，是每個決定都要拄著的枴杖，讓公司整個癱瘓。」

麥納瑪拉謬誤

真正的才華，不需事事依靠資料。賈伯斯可能是靠著各種資料分析報告，才能不斷改進蘋果的筆記型電腦，但說到要推出iPod、iPhone和iPad，靠的就是他的直覺，依賴的就是他的第六感。曾經有位記者問他，為什麼蘋果推出iPad之前，沒有先做市場調查。他的回答十分經典：「除非你拿出東西給顧客看，不然他們不知道自己要什麼。」

美國耶魯大學人類學家斯科特（James C. Scott）在《國家的視角》一書中寫到：有些政府一味迷戀量化和資料，最後非但沒有使得人民生活更好、反而苦不堪言。這些政府是用地圖來決定如何重劃社區，但完全不知道人民在該地的生活是如何；只列出長長的表格、知道農作收成的季節，就定出採行集體化農業的措施，卻完全不懂真正的農作情形。過去，人民是用種種不完美、但很自然的方式在互動，可是這些政府把這一切都強加扭曲，以符合政府需求，甚至有時候只是為了讓一切能夠量化。

在斯科特看來，使用資料常常是讓強權得到更大的力量。

這正是徹底的資料獨裁。正是這種狂妄心態，導致美國光是依據殲敵人數，並未參考其他更有意義的指標，便決定提高越戰參戰程度。隨著國內抗爭情勢逐漸升高，麥納瑪拉在1967年的一次演講中提到:「確實,不是所有可想見的複雜人類處境,都能完全簡化成圖上的線條、表上的百分點、或是資產負債表上的數字。但是所有的現實都可用推理來釐清。如果面對可以量化的事物,卻不加以量化,就是還沒看到全面的道理,卻已經心滿意足了。」然而,正確的資料還是要以正確的方式使用。不能光看到是「資料」,就奉若神明。

麥納瑪拉接著在1970年代執掌世界銀行,又在1980年代把自己塑造成愛好和平的形象:大力批評核武、支持環保。後來,他的心態大幅轉變,寫了一本回憶錄《越戰回顧》,批評美國參與越戰背後的想法,以及自己擔任國防部長所做的決定。麥納瑪拉寫道:「我們錯了,大錯特錯。」不過,他講的是戰爭整體策略。至於講到資料的問題,特別是殲敵人數這一項的時候,他仍然執迷不悟。他承認這些數據「造成誤會、或者有誤。」「但如果是能夠計算的東西,就應該要計算。像是失去的生命,就是一項⋯⋯」麥納瑪拉在2009年去世,享壽九十三歲,他有的是知識,但不是智慧。

巨量資料可能會引誘我們犯下麥納瑪拉的錯:變得對資料瘋狂迷戀,沉迷於其威力和承諾,卻沒有意識到資料的局限。在巨量資料時代,又會怎樣犯下類似殲敵人數這種錯誤呢?讓我們以谷歌流感趨勢為例。

假設、也很有可能真的某一天,有一種致命性流感肆虐全美各地。如果能夠靠著一些搜尋字眼的追蹤分析,就即時找出最嚴重的疫區,對疾管局人員來說會有莫大的幫助,他們便能夠知道該在哪裡投入醫療協助。

但再讓我們假設,政治人物認為態勢緊急,光是知道疫區所在、投入醫療,這樣還不夠,於是他們要求隔離檢疫。不過如果對象是該地區所有民眾,或許也太不必要、太超過了,所以就讓巨量資料來幫我們縮小範圍吧。於是,我們找出那些「在網路上的搜尋字眼與患有流感最高度相關」的人,這些就是必須隔離檢疫的對象。現在我們已經有了名單,就讓聯邦探員拿著這份IP位置和行動GPS資訊,把這些網路用戶請到檢疫中心。

對於某些人來說,上面這段虛構的故事可能聽起來很合理,但其實大錯特錯。相關性並不代表有因果關係。這些人可能得了流感,但也可能並沒得到流感,這一切都要檢驗之後才會知道。但這裡光憑著預測,就把這些人給隔離起來;而且更重要的是,這種切入資料的角度,根本無法得知資料真正的意義。谷歌流感趨勢真正能看出的,是某些搜尋字眼與流感爆發「密切相關」。但這裡之所以有相關性,可能是因為聽到同事在打噴嚏,就想上網找找看有沒有預防措施。上網搜尋的人,自己的健康狀況可能完全沒有問題。

當心巨量資料的黑暗面

正如我們看到的,巨量資料可能對生活帶來更多監控,而且它也使得過去許多保護隱私的方式失效,像是匿名的核心技術便已不再適用。

　　一樣令人擔憂的，是巨量資料對於個人的預測，可能遭到誤用，使得個人因為「根據習性推斷，有犯罪的可能」，就遭到司法伺候，而不是因為他的不法作為。這樣一來，等於是否定自由意志、侵犯人性尊嚴。

　　同時，真正的風險在於為了得到巨量資料的好處，就強行使用在不適用的地方，或是對分析結果過度有信心。隨著巨量資料預測的準確度提高，使用巨量資料就會變得愈來愈有吸引力，大家看到它幾乎無所不能，就會對資料更為迷戀。這正是麥納瑪拉受到的詛咒，也是他的故事給我們的教訓。

　　我們必須警惕，不能過分依賴資料，不要重蹈希臘神話中的伊卡洛斯（Icarus）所犯的錯誤。他搭著鳥羽和蠟製成的飛行翼，飛上空中，但他太過自信於自己的飛翔技能，結果使用不當而折翼，墜入海中。下一章就將討論如何掌控巨量資料，而不是被巨量資料所掌控。

第 **9** 章

管控
打破巨量資料的黑盒子

　　我們製造資訊以及與資訊互動的方式改變之後，就會改變管理自己的方式，對於社會該保護什麼樣的價值觀也會有所不同。讓我們用上一次資料爆發的情形為例，也就是西方活字印刷術的發明。

　　古騰堡大約在1450年左右發明西方活字印刷。在這之前，西方思想傳播主要只能透過人與人的連結，書籍大多只存放在修道院的圖書館，受到天主教修士嚴密看管，以保障和維護教會的獨尊地位。除了教會之外，就很難看到書籍。只有少數大學能有幾十本、或是一兩百本書。就算是劍橋大學，在十五世紀初也只有一百二十二部書籍。

　　古騰堡印刷術發明幾十年之後，印刷機已經傳遍整個歐洲，市場上開始能夠大規模生產書籍和小冊。等到馬丁路德（Martin Luther）將拉丁文聖經譯成一般德語，大眾忽然有了識字的需求：這樣一來，他們就能夠自己讀《聖經》，不需要依賴神父也能學習神的話語。《聖經》一時洛陽紙貴。識字之後，民眾就不斷閱讀，有些人甚至開始寫作。就在不到一百年內，資訊的流通已從涓涓細流變成洶湧狂潮。

　　活字印刷引發資訊爆炸，這種劇烈的轉變也激發出對新管理規則的需求。世俗國家的權力逐漸鞏固之後，便開始建立審查和許可制度，管控文字印刷。版權的概念也出現，讓創作能有法律保障、也有經濟誘因。後來，有識之士則開始推動新法規，希望保障文字不受政府壓迫；到了十九世紀，愈來愈多國家的憲法加進了對言論自由的保障。

　　然而，有了權利，責任也隨之而來。隨著尖酸刻薄的報紙踐
踏個人隱私、造謠中傷他人信譽，就開始出現對應的法規，要保
護民眾的私領域，並且讓民眾也能夠控告他人誹謗。

　　這些治理控管上的變化，也反映著基本價值更深層的轉變。
在古騰堡的影響下，西方世界第一次認識到文字的力量，資訊的
重要性也終於得到全社會的認知。幾個世紀過去，我們選擇增加
資訊流，而不是減少資訊流；面對溢量的資訊，控制的方法不在
於審查，而在於用法規來盡量避免資訊誤用。

　　隨著世界往巨量資料靠攏，現在的社會也將經歷類似的結構
性轉變。巨量資料已經改變了許多生活和思維的層面，使我們不
得不重新考量基本的原則，以鼓勵巨量資料的發展，並減輕潛在
的危害。但是，不像印刷術革命期間和之後能有數百年時間來調
整，我們能有的也許只是幾年時光而已。

　　光是修改現有法規，並不足以應付巨量資料時代的要求，
淡化巨量資料黑暗面的影響。這裡要做的不只是改變模型中的參
數，而是要找出全新的模型。想要保護隱私，巨量資料的用戶就
必須對自己的行為，負起更多責任。與此同時，社會也必須重新
定義「正義」的概念，既讓人民有行為的自由，也要人民為自己
的行為負責。

　　最後，也會出現新的機構、新的專業，一方面有能力解釋巨
量資料研究背後複雜的演算法，另一方面，則是為那些可能遭到
巨量資料傷害的人發聲。

由資料使用者負起個資保護責任

幾十年來，世界各地的個人資料保護法的基本原則，一直是將控制權交給個人，由個人來決定是否要交出自己的個資，以及允許由誰、用什麼方式來處理。在網路時代，這個值得讚賞的理想，常常就轉形成為公式化的「通知用戶、取得同意」表格。然而，在巨量資料時代，資料的價值多半是在起初蒐集時沒想到的延伸用途，於是前述的機制對於確保隱私也就不再適任。

為了巨量資料時代，我們設想了一套非常不同的個資保護架構，不是在蒐集時取得個人同意，而是要讓使用資料的人對他們做的事負責。這樣一來，公司要重複使用任何資料之前，都必須先針對那些個人資訊會受到處理的人，想清楚使用資料後對他們的影響。但新的做法也並不是在每次使用時，都需要巨細靡遺的說清楚，原因在於未來的個資法將會定義很寬廣的用途類別，有些類別只要有簡單的標準化保護措施、甚至不用保護措施，便能使用。但對於風險較高的類別，立法者就會定下基本規則，資料使用者必須先評估預計使用方式的風險，並且找出怎樣才能避免或減輕可能造成的危害。這樣一來，既能激發重複使用資料的創意，同時也能確保採行足夠的措施，來避免個人受到傷害。

像這樣正確、正式的完成巨量資料使用評估之後，並且確實實施，對於資料使用者來說，將是有利無害。很多時候，資料使用者就能自由研發個人資料的延伸使用方式，而無須回頭一一尋找資料所有人取得同意。但在另一方面，如果評估隨隨便便、又或後續保護不力，資料使用者就必須背起責任，例如接受託管、罰款，甚至刑事指控。畢竟，有懲罰才能逼人真正負起責任。

想知道這種概念要如何付諸實踐，讓我們回想一下第5章，講到將人類臀部資料化的研究。假設今天有某家車廠裝上這種防盜設備，用駕駛人的坐姿當作獨一無二的車主辨識工具。後來車廠開始分析這些資料，來預測駕駛人的精神狀況，譬如是否打瞌睡、醉醺醺、又或在發脾氣，接著就能向附近車輛的駕駛人發出警告，以避免意外發生。如果是現在的個資保護法，由於過去並未取得這種新用途的使用同意，車廠可能就得再進行一次「通知車主、取得同意」的過程。然而，如果改採「使用者負責」的制度，就是先由車廠評估新用途的風險，如果發現確實沒什麼風險，就能夠直接執行計畫，改善道路安全。

這種做法等於是：將責任從一般大眾身上，轉移到資料使用者身上。這麼做不無道理。畢竟，比起消費者或主管機關，當然是使用資料的人，最清楚這些資料的用途與目的。另外，透過自行（或另請專家）評估風險，他們也能避免向外界洩露商業機密。或許最重要的一點，在於這些使用者是資料重複使用的最大獲利者，由他們來負擔相關評估成本及責任，也算理所當然。

目前，資料使用者在完成資料原始目的後，便需依法刪除，但有了這樣的新一代個資保護架構之後，資料就無需立刻刪除。這是一個重要的轉變，因為就像我們前面提過的例子，正是靠著挖掘出資料的潛在價值，才讓莫銳得以為自己和社會謀福利。新架構上路後，資料使用者就能延長持有個人資訊的時間，但也不是永遠。在重複使用的好處、以及揭露太多的壞處之間，需要整個社會仔細權衡輕重。

為了取得適當平衡，主管機關可能會依據資料本質帶來的風險、以及不同的社會價值觀，定出長短不一的期限。某些國家可能會比較謹慎，而某些資料也可能比較敏感。在過去，只要什麼事情數位化、放上了網路，就永遠有可能再被挖出來，形成一種「永久記憶」的問題，例如我們可能做過某些不可告人的事、買過某些不想承認的東西，卻因為資料永遠刪不掉，就這樣一輩子糾纏著我們。這時候，新架構就能夠派上用場。

設下時限還有一個好處：鼓勵資料使用者趕快使用，否則機會不再。這便是我們認為，在巨量資料時代更好的平衡：相關公司使用個資的時間可以拉長，但相對的，必須對其用途負責，而且在一定時間後刪除資料。

除了個人資料法規的內涵從「個人同意制」變成「使用責任制」，我們也認為會有技術上的革新，協助在某些情況下保護個資。其中一項就是差分隱私（differential privacy）的概念，或者稱為差分個資：將資料刻意模糊，因此在查詢大型資料集的時候，不會透露確切的結果，而只是近似結果。如此一來，如果有心人士想找出特定資料所指涉的特定人物，就得花上大把心力和金錢才可能辦到。

說到把資訊模糊化，聽起來似乎可能會破壞某些寶貴的資料價值。但其實影響不大，或者至少是取捨之後，結果仍然值得。舉例來說，科技政策專家表示，臉書向可能的廣告客戶報告用戶資訊時，用的就是某種差分個資的概念：報告的數字只是近似值，所以不會洩露個人身分。例如要查「住在亞特蘭大、對阿斯坦加瑜伽有興趣的亞洲女性」，查到的結果會是「大約四百人」而不是確切的數字，如此一來，就無法從這項資訊鎖定到某人。

　　想要在巨量資料時代有效加以管理，這種從個人同意制轉變成使用責任制的方式，是重要且必要的一項。但是也還有其他不錯的辦法。

要保障每個人的「能動性」

　　法院都認為，人應該為自己的行為負責。法官經過公正審理、做出公平的判決，於是正義得到伸張。然而到了巨量資料時代，司法的公平正義概念也需要重新定義，必須強調人的能動性（human agency，主觀能動性）的觀念，也就是人類出於自由意志而選擇其行動。人的能動性這個觀念，在這裡的意思很簡單，就是個人能夠、也應該為其行為負責，但不用為過去的習性、或資料預測的習性而負責。

　　在巨量資料時代之前，這種基本自由看來理所當然，連講都不用講。畢竟，這一向就是法律系統運作的方式：評估嫌犯做了什麼，並要求他應該為自己的行為負責。然而，有了巨量資料，我們對人類行為的預測愈來愈準確。這會形成誘惑，讓我們光憑資料的分析預測，就對他人下判斷，而不是真正由他們的所做所為來判斷。

在巨量資料時代，我們必須嚴正要求：司法必須維護每一個人的能動性，一如現在保障公平正義的程序。否則，司法的公平正義概念可能會遭到徹底破壞。

藉著保障人民的能動性，就能確保政府對人民的判斷是基於實際的行動，而不只是巨量資料分析的預測。所以，政府只能叫人民為過去的確實行為負責，而不用為統計所預測的未來負責。在政府判斷人民過去的行為時，也不能單純只倚賴巨量資料。例如，假設現在有九家公司涉嫌聯合壟斷、操縱價格。我們完全可以使用巨量資料分析，找出這九家公司可能勾結的情形，接著由檢方用傳統的方式進一步調查起訴。但絕不能只因為巨量資料顯示他們可能犯罪，就直接判定有罪。

類似的原則不只適用於政府機關，也包括企業對民眾的種種決定，例如是否聘用或解雇、提供貸款，或拒發信用卡。如果這些決定已經大多只依賴巨量資料預測的時候，就必須有一定的保障措施。首先是「開放」：關於會影響到個人的預測，必須公開資料和演算法。二是「認證」：針對某些敏感用途的演算法，必須先由專業的第三方，認證為完善有效。三是「反駁」：必須明定具體的方式，讓民眾可以反駁對自己的預測。（這很類似科學研究的傳統，必須披露所有可能影響研究結果的因素。）

最重要的是：保障每一個人的能動性，才能夠避免資料獨裁的威脅，不讓資料賦有超出合理範圍的意義和重要性。

另一大重點，是我們必須保持「個人責任」的概念。社會即將面臨一個巨大的誘惑，也就是不再要求個人負責，而改用風險控管的方式；換句話說，我們評斷某人的時候，不是看他做了什麼事，而是看各種可能性、以及預估的可能後果。

有人可能主張：你瞧，現在有這麼多看來很客觀的資料，似乎把決策過程去情緒化、去人性化，會是個好主意！

然而這樣一來，下判斷的就是演算法了，而不是法官的自由心證。判決書的內容，強調的也不會是犯罪事實與個人的責任，而是所謂「客觀」的風險預測和風險迴避。

例如，可能大多數人都會希望，用巨量資料來預測哪些人可能犯罪，然後施以特殊待遇，並以降低社會風險為名，對這些人再三詳查監管。很有可能，被這樣分類的人就會覺得自己正在受罰，而且受罰的原因是他們從來沒做過的事。

想像一下，如果某個演算法判斷有個青少年，在接下來三年之內極有可能犯下重罪，於是當局指定一位社工，每個月都來探望他，希望能密切觀察，讓他別惹麻煩。這樣一來，很有可能這個青少年和他的親戚、朋友、老師，都會覺得這是一種恥辱，於是這個介入措施其實和懲罰沒有不同，而且是為了某件還沒發生過的事來懲罰。就算當局說定期探視並不是懲罰，只是希望降低未來發生問題的風險，其實也好不了多少。

我們愈不讓個人為自己的行為負責，而是依賴資料導向的介入措施來減少社會風險，也就等於愈是把個人責任看得低了。用這種預測的方式來治國，幾乎就像是保母在看小孩。不讓人因為他們的行為而負責，等於是否定他們有選擇行為的基本自由。

如果國家把太多決定都交給資料分析預測，期望減少風險，我們個人的決定、也就是個人的自由，都會變得無足輕重。如果沒有罪惡，當然也就沒了清白的概念。一旦屈服於這種方式，我們的社會非但不會進步繁榮，反而會枯萎耗竭。

想用巨量資料來治理國家，重點之一就是堅守個人必須對自己確實做出的行為負責，而不是「客觀」從資料判定他們是否可能做錯事。唯有這樣，國家才是把人民視之為人：要身為人類，才有選擇行動的自由，也才有權利要依實際的行動來受判斷。

打破巨量資料的黑盒子

目前，電腦系統的各種決定都是靠明確的程式設計。電腦無可避免的偶爾出錯時，程式設計師就能回過頭去找出原因。舉例來說，我們能問「為什麼外部感應器發現濕度突然爆升的時候，自動駕駛系統就會讓飛機上仰五度？」現在的電腦程式碼都能夠打開檢查，只要知道如何解讀，不管是再複雜的程式碼，也能追蹤瞭解各種決定的原因。

然而，巨量資料分析就不是那麼容易追蹤了。演算法的預測往往過於複雜，大多數人都無法理解。

過去電腦程式設計就是一些明確的指令，像是早期IBM在1954年俄譯英的翻譯程式，你很容易就能理解為什麼要將某個俄語字譯成某個英語字。但像是谷歌翻譯系統，則是參考了數十億個網頁的翻譯，好判斷英語的light（光；輕的）譯成法語時，該譯成lumière（光）或是léger（輕的）。這項決定背後有著大量的資料和統計運算，光憑人力絕對無法追蹤到明確的原因。

巨量資料的運作規模，已經超過普通人的理解。例如，谷歌找出某些搜尋字眼和流感傳播的相關性，就是測試了四億五千萬個數學模型的結果。相對之下，辛希雅・魯丁要預測哪些地下共同管道人孔可能爆炸，最初設定的只有一百零六個指標，她還能夠向愛迪生聯合電力公司的經理解釋原因。這就是人工智慧圈所稱的可解釋性（explainability），這對一般人來說很重要，因為我們除了想知道現象，常常還想知道原因。然而，如果系統找出的不是一百零六個指標，而是高達六百零一個，每個指標各自的比重很低，但全部加起來就能形成準確的模型。這時候該怎麼辦？任何的預測，背後的道理都可能複雜到驚人的程度。如此一來，辛希雅要如何向經理解釋、說服他們重新分配有限的預算？

在這些情境中，我們看到了巨量資料預測、演算法和資料集都有可能像是個黑盒子，讓我們無法追究責任、回溯源頭，也難以維持信心。為了避免這種情況，巨量資料需要有人監控、維持透明度，而這就需要新的專長和機制。如果社會需要仔細審查巨量資料的預測，讓覺得委屈的人能夠申訴，這些新專家就能挺身而出。

從社會的角度來看，若某個領域突然變得非常複雜和專業，就會有急迫性，需要有人來處理這些新技術，這時新的專家角色便應運而生。像是法律、醫學、會計、工程等等專業，都是在一個多世紀之前經歷這種轉型。最近，則是出現電腦安全和個資方面的專家，能夠認證公司是否符合如國際標準組織（International

Organization for Standardization, ISO）所定出的最佳實務，而國際標準組織的成立，也正是為了因應此領域需要新的指導方針。

要使用巨量資料，就需要一群這種新領域的專家，或許可稱為演算學家（algorithmist）。這可以有兩種形式：獨立的企業，從外部監控公司；或是員工或部門，從內部監控公司。就像是公司有內部的會計部門，也有外部的會計師事務所來查帳稽核。

演算學家興起

巨量時代興起的新專業，會是電腦科學、數學、以及統計等領域；這些人能夠審查巨量資料的分析和預測。身為演算學家，必須要能夠公正、保密，就像是會計師和其他專業人士一樣。他們能夠評估資料來源的選擇是否合適、分析和預測工具是否恰當（包括演算法和模型），以及對結果的解釋是否合理。如果有爭議，由於演算學家瞭解演算法、統計方法和資料集，便能夠調查清楚，決定究竟是如何產生的。

例如2004年，如果美國國土安全部有演算學家的話，可能就不會犯下將甘迺迪參議員列入禁飛名單的錯誤。最近演算學家有用武之地的例子，是在日本、法國、德國和義大利，這些地方的民眾抱怨谷歌的「自動完成」功能（也就是在搜尋時列出常見的相關搜尋字眼）有毀謗他們的嫌疑。這個列表排名，主要是基於先前的搜尋頻率，用演算法來計算可能的排序。只不過，如果搜尋自己的名字，旁邊出現的提示詞是「罪犯」或「妓女」，而且還可能被生意夥伴看到，誰不會生氣呢？

我們預計，演算學家面對這種可能需要更嚴格法規的問題，應能夠提出市場導向的解決辦法。就像二十世紀初期，也是因應各種財務資料如狂潮湧現，因此會計師和審計師應運而生。當時數據排山倒海而來，一般人根本連理解都有困難，所以必須要有一群做法靈活又自律的專家來處理。當時市場的回應，也就是產生了一種全新、具有競爭力的企業，專門從事金融監管。於是，這群新的專業人士靠著提供這種服務，帶動社會對經濟的信心。至於現在，演算學家可以、也應該同樣帶動這種信心，推動巨量資料的發展。

外部的演算學家

如果是外部的演算學家，身分就是公正的審計官、稽核師，在政府要求的時候，例如訴訟案或法規要求，出面負責審查巨量資料的預測是否準確有效。他們的客戶，也可能是需要專家協助審查的巨量資料公司。此外，他們也可以查核巨量資料的應用方式，例如用來防止詐欺、或是用在股票交易系統，是否都適切完善。最後，外部演算學家也能夠和政府機構協商，看看公部門該如何妥善利用巨量資料。

我們認為，這種新專業也會像醫師、律師等職業一樣，發展出自己的職業規範。而且也要有嚴格的權責規範法規，務使演算學家公正、保密、有能力、有專業；如果無法達到這些標準，則由法律處置。演算學家也能擔任審判過程的專家證人，或是在某些技術上特別複雜的案件中，由法官指定擔任法庭聆案官（court master）。

此外，如果有人覺得自己因為巨量資料的預測而受害（譬如醫師不願為病人動手術，囚犯假釋遭拒，銀行不提供貸款給申請人），就可以像現在請教律師一樣，去請教巨量資料專家，由專家提供資訊及上訴。

內部的演算學家

所謂內部的演算學家，是指受雇於企業，在企業內部監控其巨量資料活動的演算學家。這些員工不僅要維護公司利益，同時也要維護那些受到巨量資料分析影響的人，而且如果任何人覺得因為該企業的巨量資料預測而受到影響，也是先和他們聯絡。同時，企業得出巨量資料分析之後，內部演算學家必須先檢查確認完善準確，才能發布使用。

為了要執行前述任何一項任務，演算學家就算身在所屬企業內部，也必須擁有一定程度的自由度和公正度。

這裡說演算學家又要在企業內工作、但又得維持業務公正，乍聽之下不可思議，但其實是滿常見的現象。例如各大金融機構的監督部門，就是很好的例子；另外像許多企業的董事會，也是對股東負責，而不是對管理階層負責。許多媒體公司，包括《紐約時報》和《華盛頓郵報》，也會聘請監察員，主要職責就是維護公眾的信任。這些監察員會處理讀者投訴，如果發現雇主行事確實有誤，常常便是公開批評。

其實現在已經有一種職位，與內部演算學家很相似，叫「資料保護代表」，職責就是確保個人資訊不受到企業濫用。例如，德國要求一定規模以上的企業（一般是指，有十位以上的員工在處理個人資訊），必須指定一位資料保護代表。自從1970年代以來，這些企業內部代表，已經發展出一套職業道德規範和團隊精神。他們會定期聚會，分享最佳實務、培訓專業職能，並且有自己的專業媒體和研討會。此外，他們也成功維持「雙重忠誠」，也就是既忠於雇主、也忠於自己做為公正評審的職責。一方面他們是資料保護的監察員，一方面也確保公司上上下下，都能遵守資訊保密的價值觀。

我們相信，內部演算學家也可以做到德國的這種規範。

管好「資料大亨」

資訊社會的資料，就像是工業時代的燃料：這是大眾賴以創新的關鍵資源。如果沒有豐富而充滿活力的資料，或者沒有健全的服務市場，就可能會扼殺創造力和生產力。

在本章中，我們已經列出了三種巨量資料管理的基本策略，分別是關於保障個資隱私、不依預測定罪，以及演算法的審查。只要具備這些策略機制，相信就能控制巨量資料的黑暗面。

然而隨著新興的巨量資料產業發展，另一項關鍵性挑戰就是維護一個彼此競爭的巨量資料市場。我們必須避免在二十一世紀出現「資料大亨」，就像十九世紀的美國，曾出現各種鐵路大亨、鋼鐵大亨、電報網路大亨，強取豪奪了種種產業。

為了控制這些早期的實業家，美國建立了非常靈活的反壟斷法（antitrust law，反托拉斯法），最早是在1800年代為鐵路產業而設計，後來應用到掌控整體商業資訊命脈的企業，像是：1910年代的國民收銀機公司、1960年代之後的IBM，1970年代的全錄（Xerox）、1980年代的AT&T、1990年代的微軟，以及二十一世紀的谷歌。這些公司首創的技術，後來都成為整體經濟核心的「資訊基礎設施」，因而需要用法律的強制力，避免形成不健康的霸權壟斷。

為了確保巨量資料能有健全蓬勃的市場，需要參考過去科技領域中類似的競爭及監督措施。另外也應該透過授權或是可交互運作性（interoperability），開放資料交易。這就出現了一個問題，是不是如果有一種精心設計的、可維持市場平衡的「資料限定使用範圍權」或「除外權」，就能夠有利於社會？雖然「限定使用範圍」或「除外」聽起來頗不妙，但其實是類似智慧財產權的概念。確實，要達到這種理想境界，對政府來說相當困難，對我們一般人來說則是風險重重。

很顯然，我們無法精確預見科技發展的未來；就算用了巨量資料的預測，也無法預測巨量資料會演變到多驚人的地步。監管機構必須要在謹慎和大膽之間取得平衡，而過去反壟斷法的例子就是一條可以實現的路。

　　反壟斷法能夠遏制過大的權力。令人驚奇的是，這項原則也能夠適用於各種組織，以及各種不同類型的網路產業。反壟斷的原則就是不偏好任何一種科技，如此一來便能在不做過多介入的情況下，維持各方的競爭性。因此，反壟斷法規過去推動了美國鐵路產業的發展，未來也可能有助於巨量資料產業的前進。

　　此外，各國政府正是全球最大的巨量資料持有者，也應該公開分享自己的資料。令人欣慰的是，部分政府已經至少在某些程度上，開始進行公開和反壟斷這兩件事了。

三大管控策略

　　反壟斷法告訴我們，一旦找出總體原則、並加以實施，監管機構就能確保實行適當的保障和支持。同樣的，我們也已經提出了三大策略：

　　⑴ 將個資保護由「個人同意制」，轉成資料使用者的「使用責任制」；

　　⑵ 運用巨量資料進行預測時，要尊重每一個人的能動性；

　　⑶ 培養「演算學家」這種巨量資料的審計師。

　　以這三大策略做為基礎，就能對巨量資料進行有效且公正的管理，推動巨量資料時代循正軌前進。

　　從核能技術到生物工程等種種新興領域，都是先發明了一些工具，但後來發現反而可能造成危害，這時才開始著手制定相關的安全機制。在這方面，巨量資料也像是社會上的其他問題，並沒有絕對的答案，只是不斷詢問著我們該如何管理這個世界。每一代的人都必須重新處理這些問題。我們的任務則是要避免這項強大科技的危害，支持其朝正面發展，並取得它帶來的好處。

印刷術讓社會管理自己的方式，起了重大變化，巨量資料也是如此。它逼迫我們要用新方法，解決長久以來的挑戰，也要參考歷久彌新的原則，面對新的議題。為了確保科技發展不會犧牲全民福祉，巨量資料的發展也必須維持在全體民眾所能管控的範圍內。

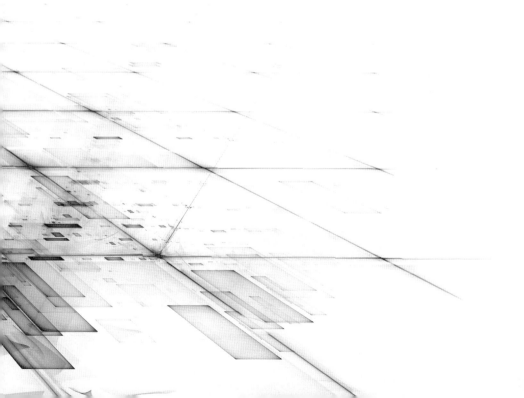

第 10 章

未來
巨量資料只是工具，勿忘謙卑與人性

2000年代初期，弗勞爾斯（Mike Flowers）在曼哈頓的州檢察署工作，起訴從殺人罪到金融犯罪等種種罪行；後來轉職到一間豪華的律師事務所。等到坐了辦公桌一年，無聊的生活讓他決定離開，尋找更有意義的事來做。弗勞爾斯想到的，就是協助重建伊拉克。律師事務所和他要好的一位合夥人，給政府高層打了幾個電話，弗勞爾斯就發現自己已經在前往綠區（Green Zone，美軍在巴格達市中心的安全區域）的路上，擔任審判海珊的司法團隊成員。

結果發現，他的工作主要都在後勤，反而不是司法。像是他得要找出可能埋有大批遺體的位置，好讓調查人員前往挖掘。他也得想辦法讓證人避開每天許多IED（簡易爆炸裝置）的攻擊，安全進入綠區作證。弗勞爾斯發現，軍方是把這些事務當作資訊問題來處理，而資料就成了救星。情報分析師會取得過去IED攻擊的地點、時間、人員傷亡，再結合實地考察報告，預測最安全的路線。

紐約市第一位分析長

幾年後，弗勞爾斯回到紐約市，發現用這種方式比起他過去擔任檢察官，更能打擊犯罪。而且當時的紐約市長彭博（Michael Bloomberg）也是靠著向銀行提供金融資訊而生財有道，於是可說和他一拍即合，便將弗勞爾斯任命至一個特別工作小組，試圖從資料中逮出2009年次級房貸風暴的惡徒。這個小組大獲成功，彭博於是擴大資料分析小組的編制，弗勞爾斯也成為紐約首位「分析長」，負責打造一支最好的資料科學家團隊，利用全市未開發的資訊，發現一切、利用一切。

弗勞爾斯尋才的範圍，非常廣泛。他說：「我並不想找非常有經驗的統計人員。我擔心他們不願意用這種新方法，來解決問題。」先前他偵辦金融詐騙案的時候，也曾經訪問過傳統的統計人士，但他們常常從一開始就提出一些晦澀的問題，質疑所用的數學方法。弗勞爾斯說：「我甚至根本還沒想到要用什麼模型，只是想知道有什麼可以用的觀點，如此而已。」最後，他成立一個五人團隊，稱為「孩子們」，因為裡面有四個人，都是剛畢業一兩年、主修經濟學的年輕人，沒什麼住在大城市的經驗，但是都有些創造力。

這個團隊要解決的第一個問題，就是紐約的住宅非法改建，也就是把房子隔成許多小隔間，住了比原本設計要多上可能十倍的人數。這種改建住宅可能引發重大火警，同時也是犯罪、毒品、疾病和蟲害的溫床。在這裡，牆上可能爬滿了糾結的延長線；床上放著電爐，顯得危機四伏。塞在這種住宅裡的住戶，常常就是死於火災。2005 年，甚至有兩位消防隊員，也在救火過程中喪生。

紐約市每年有大約兩萬五千件非法改建的投訴，但處理的檢查員只有兩百位。究竟哪些是亂投訴、哪些是真有火災危險，似乎並沒有好方法能夠分辨。對於弗勞爾斯的團隊來說，這似乎就是一個只要有巨量資料就能解決的問題。

　　首先,他們取得全市住宅共約九十萬筆資料。接著,再由十九個不同機構,取得其他資料集,像是屋主是否欠繳房屋稅、是否為法拍屋、水電費是否有異常,或是因為未付款而喪失其他服務。團隊也加入關於住宅屋型和年份的資料,再加上救護車出勤紀錄、犯罪率、鼠患投訴等等。接著,他們將這些資訊與五年以來、依程度排序的火災紀錄相比對,希望由相關性可以找出一套系統,預測哪種投訴最該立刻處理。

　　剛蒐集到資料的時候,大多數資料的形式還無法用來比對。舉例來說,各個政府部門記錄地點的方式並不統一,大家似乎都各有方法。建物管理局是每棟建築各有編號;住宅維護發展局另有不同的編號系統;稅務局是依房屋所屬的區、街、號來區別每棟建築;警方使用直角坐標系統;至於消防局,則是以各消防隊附近的緊急公用電話位置形成的系統,只不過緊急公用電話現在其實已棄置不用了。弗爾勞斯的團隊面對這種雜亂,設計出一套系統,先用直角坐標系統定位每棟住宅前面的一小塊地方,做為代表,再帶入其他局處的資料集。這種方法當然不夠精準,但這樣一來就能運用到大量的資料,優點大過於缺點。

　　然而,團隊成員不只是咀嚼消化這些書面資料而已,還與檢查員實際前往現場,觀察他們工作的情形、做了許多筆記,還向這些專家問了各式各樣的實務問題。

　　某次,一位滿頭灰髮的老檢查員哼了一聲,抱怨說要檢查的住宅根本不會有問題,團隊成員就問他為什麼敢這麼肯定。老檢查員說不上來,但團隊成員慢慢發現,他的這種直覺,應該是因為建物的外牆磚是新砌的，代表業主很關心這棟住宅。

於是，這群成員又回到了他們的小隔間，試著把「新砌的磚牆」也放進模型，當作一個指標。確實，磚牆這件事似乎不會有資料建檔，但這也不是不能解決，因為如果要重砌外牆，就一定要有市政府的許可。所以，把「市政府許可老舊建物拉皮」這一項資料加進系統之後，由於可以知道某些住宅應該「不是」重大風險，也就能提升系統的預測準度。

這套分析也發現，有些長久以來的做法並不是最好的，就像「魔球」電影裡的老球探，最後也得承認自己的直覺有缺點。例如，紐約市的市民熱線是311，一般認為，某棟建築的投訴電話愈多，應該就是問題愈嚴重，也就愈需要注意。但事實證明並非如此。像是在高級的上東城區，只要看到一隻老鼠，一小時之內就會有三十通電話湧入；但如果是在相對落後的布朗克斯區，大概得等到老鼠大軍出動，居民才會覺得需要打311。同樣的，對於非法改建的投訴也可能多半是因為噪音，引發鄰居挾怨報復，而不是基於造成環境危險。

2011年6月，弗勞爾斯團隊將這一點加入系統，所有關於非法改建的投訴，都會每星期一次餵入系統處理。巨量資料預測可能發生火災的前五名的名單，就會立刻交給檢查員處理。處理結果回報過來時，所有人都大吃一驚。

在採用這項巨量資料分析之前，檢查員前往處理他們認為最危急的投訴，往往只有13%真的需要立即發出撤離令。但有了巨量資料預測之後，檢查的建物竟有70%以上確實需要撤離。巨量資料精準告訴檢查員，該特別注意哪裡，於是讓處理效率提高了五倍。而且工作效果也令人滿意：檢查員能夠專注處理最嚴重的問題。效率增加還帶來了別的好處。過去，非法改建的住宅失火的時候，消防員受傷或死亡的機率是其他火災的十五倍，所以現在消防局可真是感激不盡。

弗勞爾斯的團隊就像是拿著水晶球的巫師，能讓他們看到未來、預測危險何在。現今，他們正在把許多已經靜置多年的大量資料翻出來，其中不少在蒐集之後就從未使用過，但現在都能派上新用場，展現出真正的價值。使用大型的資料庫，就能找出小量資料庫無法發現的連結，而這也正是巨量資料的精髓。

這一群紐約資料分析師的經驗，點出了不少本書的主題。首先，他們用的不是部分資料，而是接近完整的龐大資料量；他們手中的建物名單，幾乎就是「樣本＝母體」。第二，雖然像位置資訊或救護車出勤紀錄之類的資料一片雜亂，但這並未讓他們打退堂鼓。事實上，資料多比資料好更重要。第三，他們之所以能夠成就非凡，也是因為紐約有許多方面都已經資料化（不論格式是否一致），讓他們能夠處理這些資訊。

有了基於巨量資料的處理方法之後，那些感覺得到、卻說不上來的專家，就只能退居二線。同時，弗勞爾斯團隊繼續用系統去測試老經驗檢查員的種種指標，借重他們的經驗，使系統有更好的表現。然而，這套程式能成功，最重要的原因是它不再依靠因果關係，而只是參考相關性。

弗勞爾斯解釋說：「除非講到要有實際行動，否則我對因果關係不感興趣。那是別人喜歡的東西,而且老實說,講因果關係非常冒險。像是某間住宅變成銀拍屋或法拍屋,這跟這房子會不會失火,我認為根本沒有什麼因果關係。會這樣想的人,應該是頭殼有問題。沒有人會真的站出來這麼說。當然,有人可能會認為,這應該是潛在因素。但我連這種想法也不贊成。我必須先能得到一個我能使用的資料點,並且這個資料點得告訴我,它有多重要。如果夠重要,我們就採取行動,否則就按兵不動。你明白我在說什麼,我們還有真正需要解決的問題。老實說,我沒空胡思亂想因果關係這種事。」

當資料開始說話,一切大不同

巨量資料在實用層面的影響非常大,能夠為日常生活棘手的問題找到解答。而且,這還不過是開端而已。巨量資料可能會徹底重塑我們的生活、工作和思考方式。在過去,有些劃時代的發明,大幅擴展了資訊在社會中的應用範圍和規模,但就某些層面而言,我們現在面對的改變甚至還要更大,可說正要有翻天覆地的改變。以前確定的,現在將會受到質疑。有了巨量資料之後,無論是決策、命運、或是正義,其本質都需要重新討論。我們過去由因果關係建構的世界觀,現在也因為相關性占了上風,而受到挑戰。過去對知識的概念是對過去的理解,但現在的知識將會是能夠預測未來。

比起從前從前,開始有了算盤、……之後進入電腦時代、生活出現網路、開拓電子商務⋯⋯，現在的議題更加重要了。如今我們知道不用把因果關係看得太重，很多時候不用太計較「為何如此」，而只要知道「正是如此」即可；從這點正可以看出，巨量資料對社會及你我，都會是極其重要的議題。巨量資料所帶來的挑戰，也不會有固定的答案。這是一場永恆的爭論，爭論著人在宇宙間的定位，也爭論著如何在喧囂混亂又不可理喻的世界裡，尋找意義。

巨量資料代表著「資訊社會」終於名副其實。「資料」站上了舞台的中心。所有我們過去蒐集的數位點滴，都能夠用創新的方式操控，達成新的目標，並開展新的價值形式。然而，這也需要新的思考方式，巨量資料會挑戰我們的制度、甚至是挑戰身分認同。但可以肯定的是，資料量會持續增長，掌控資料的權力也會不斷擴大。大多數人都認為巨量資料是技術問題，他們將重點放在相關硬體或軟體，但我們卻相信：重點是在資料說話時，會發生什麼事。

比起從前，現在能夠取得及分析的資訊都更多。過去想瞭解世界的時候，總是苦於資料不足，但這點已不復存在。現在我們能夠掌控大量的資料，有時候甚至是接近完整的資料。然而這樣一來，就不能再用傳統的方式運作了，特別是「哪些是有用的資訊」的想法已經改變時。

過去要求資料必須正確、精確、乾淨、嚴密，但現在標準可以放鬆一些。當然我們仍然不會接受完全錯誤或虛假的資料，但如果只要接受一點雜亂，就能有更完整的資料，這種犧牲也是值得的。其實在某些情況下，「大而亂」的資料甚至是好事。因為如果只用小而精確的資料，就會漏失許多藏有廣博知識的細節。

比起要尋找因果關係，尋找相關性不但更快、也更便宜，所以尋找相關性常常是比較好的選擇。當然，有些時候仍然需要研究因果關係，用仔細選擇的資料進行對照實驗，例如測試藥物的副作用，又或是設計關鍵的飛機零件。但對許多日常需求來說，不用知道「為何如此」，知道「正是如此」也就夠了。而且，在巨量資料指出相關性之後，也更容易找出因果關係。

藉著快速找出相關性，我們就能省下機票錢、預測流感爆發模式，也知道在資源有限的情況下，該先檢查哪一個人孔、或是哪一棟塞滿住戶的建築物。人壽保險公司的承保不用再健檢，醫院也能減少提醒病人服藥的成本。靠著巨量資料的相關性預測，機器能夠翻譯語言，汽車也能自動駕駛。沃爾瑪也會知道，在颶風來襲前，該在收銀台前堆滿哪種口味的小甜點。

當然，如果能找出因果關係，也是好事一件。但問題就在於因果關係其實難以捉摸，常常我們以為發現了，卻只是欺騙自己而已。

現在有了新的工具、更快的處理器、更多的儲存容量、更聰明的軟體和演算法，這些因素都促成了巨量資料的成就。但講到最根本的原因，則是因為整個世界的各方面都正在資料化，所以我們擁有了更多的資料。當然，人類早在電腦革命之前，就已經有了量化世界的雄心壯志。但要等到有了數位工具，才讓資料化的過程如虎添翼。現在，手機不僅可以用來追蹤我們的通話及所在位置，蒐集到的資料還能檢測我們是否生病。大概不久之後，巨量資料就能判斷我們是否正墜入愛河。

我們現在能夠做得更新、更多、更快、更好，釋放出巨大的價值，也就會產生新的贏家和輸家。資料的價值，大部分會來自延伸用途、選項價值，而不是我們平常想到的原始用途。因此對於大多數類型的資料，合理的做法似乎就是盡力蒐集最多資料、並且放得愈久愈好，因為資料大多會逐漸增值。如果其他人更能夠取得資料中的價值，也可以交由他人來分析；但對於分析所得的利益，自然也要分一杯羹。

如果公司能在資訊流中占到關鍵位置，就能蒐集資料、蓬勃發展。要能有效利用巨量資料，需要相關科技、技術，還需要想像力，也就是要擁有巨量資料思維。然而，真正核心的價值是在擁有資料的人手上。而且有時候，真正重要的不見得是清晰可見的資訊，而是人和資料互動所生出的資料廢氣；聰明的公司可以利用資料廢氣改善現有的服務，甚至推出全新服務。

要熟悉巨量資料的特性和缺點

與此同時，巨量資料也帶來巨大的風險。原本用來保護隱私個資的種種核心技術和法律機制，在巨量資料前面都失了效力。過去，所謂的個人身分資訊就是一些熟悉的項目，像是名字、身分證字號、納稅紀錄等等，相對容易保護。但到了今天，就算是最無害的資料，只要累積了足夠的量，就能顯示一個人的身分。

不論是想匿名或是想閃躲，都已不再可能。此外，現在想要監控某個人，對隱私的侵犯可說是鋪天蓋地，因為政府不只想看到那個人本身的資訊，還想取得相關的種種關係、連結和互動資訊。

除了侵犯個人隱私，使用巨量資料還帶來另一種獨特而令人不安的問題：從此之後，我們對個人的判斷，可能不是依據他們的實際行為，而是資料所顯示的預測。隨著巨量資料的預測愈來愈準確，社會就可能開始濫用這些預測來懲罰人民、懲罰他們還沒有做的事。因為只是預測，也就無法反駁；這樣一來，遭指控的對象就永遠無法為自己開脫。

依此便對人民施懲，違反了自由意志的概念，也否定了一個人可能選擇不同道路的可能性，不論可能性多小。既然社會要每個人擔起責任（也給予處罰），個人的意志就應該不受侵犯。我們必須讓未來一直是個可以依照自己意志而塑造的東西，否則巨量資料就侵犯了人性最重要的本質：理性思考，以及自由選擇。

現在並沒有簡單的辦法，能夠完全準備好要迎接巨量資料世界；這迫切需要我們建立起能夠自我管理的新原則。如果在實務上能推動一系列重要改變，就可以讓社會更加熟悉巨量資料的特性和缺點。

首先，我們必須將保護個資的責任，從個人轉向資料使用者，也就是使用者負責制。

第二，如果未來將成為一個預測的世界，就更有必要尊重「人的意志」，要相信人類依道德做抉擇的能力，而且每個人都要為自己的行為負責。

第三，社會必須設計安全措施，允許一群新的專業人士──
演算學家，來評估巨量資料的分析和預測。有了巨量資料之後，
世界不再那麼不可預測，但我們也不能容許它變成一個無人瞭解
的黑盒子，否則只是從一種未知變成另一種未知罷了。

巨量資料正在改變我們的世界觀

目前有許多急迫的全球性問題。想要理解和解決這些問題，
巨量資料不可或缺。想妥善應對全球氣候變遷，就必須分析汙染
資料、找出可努力的重點，並尋找方法來抑止問題的源頭、減輕
問題的後果。我們可以將感測器放置在世界各地，包括內建在智
慧型手機裡，好取得豐富的資料和細節，讓我們更能模擬出全球
暖化的實況。

同時，我們也能改善醫療保健品質（並降低成本），特別是用
來照顧世界上的窮人。這很大部分得仰賴自動化。目前許多由人
工處理的項目，都可以交給電腦。例如檢查活組織切片，以尋找
癌細胞；或是早在症狀出現之前，便檢測到感染狀況。

巨量資料也已經用於經濟發展和預防衝突。使用巨量資料分
析手機使用者的移動情形，就發現了非洲貧民窟其實是充滿經濟
活力的地區。我們也發現有些地區可能發生種族衝突，也知道難
民危機可能如何產生。隨著這項科技應用到生活的更多層面，用
途只會變得更廣。

巨量資料能把現在的事做得更好，也能協助處理新的事務。

但它仍然不是什麼魔法杖，無法帶來世界和平、消除貧困，或是帶出下一個畢卡索。巨量資料沒辦法生出一個嬰兒，不過倒是可以拯救早產兒的生命。隨著時間，我們會希望看到，巨量資料用在生活的方方面面，甚至如果沒有用到還會不習慣。就像是我們看某些病的時候，會希望醫生能為我們進行 X 光檢查，以找出一般理學檢查看不出的徵象。

巨量資料普及之後，很可能會影響我們對未來的看法。大約五百年以前，歐洲成為一個更加世俗化、以科學為基礎、啟蒙的歐洲，西方的時間觀念也有了重大轉變。在更早的時候，時間是週期性的，生命也是週期性的。不論哪天或哪年，都和前一天、前一年非常類似；甚至生命走到盡頭時，成人又再度變得像個孩子，就好像生命的終結與開始又再度連結。但是這五百年以來，時間開始成為線性的概念，每天都像是要重塑世界，人生的軌跡也時時刻刻受到影響。

在更早的時候，無論過去、現在和未來都融合在一起；但在啟蒙時代之後，則是能夠回首過去、展望未來、形塑現在。

既然能夠形塑現在，未來也就不再是一成不變。未來變得像是一張龐大空白的畫布，個人可以根據自己的價值觀和努力，來揮灑自如。古人對生命總是抱持命定主義，而現代社會與之不同的一大特色，就是覺得自己是命運的主宰。

然而巨量資料的預測，又使得未來變得不那麼開放空白了。未來變得不像是空白畫布，而是已經勾勒出淡淡的筆跡——隨著技術的發展，筆跡還會更加明顯。這似乎貶低了我們塑造命運的能力。在崇奉預測的祭壇上，人的潛力就成了犧牲的祭品。

與此同時，巨量資料也可能意味著：我們永遠成為過去行為的囚徒，因為系統將以過去的行為預測我們的未來舉止，於是我們永遠無法擺脫過去。

莎士比亞就寫過：「以往的一切都只是個開場的引子。」無論是好是壞，巨量資料已經以演算法，說明了這一點。充滿預測的世界，是否就會讓我們不再對日出懷抱熱情、也不再想讓自己在世界上留下印記？

其實可能正好相反。知道未來可能如何，正能讓我們先行補救，以防止問題、或改善結果。譬如，早在期末考試之前，就能發現學生學業有困難，採取補救教學。在癌症初發時，就能發現並治療，避免癌症發展到末期。我們也能提前看到，少女意外懷孕或某人誤入歧途的可能性，並盡可能加以介入，改變這個不幸的未來。我們也能預測應該先檢查哪些建物，避免致命的大火吞噬擠滿人的老舊建築。

我們現在可以針對手中的資訊做出反應，因此不再有什麼是命中注定。巨量資料的預測並不是堅不可變的，這些只是可能的結果，如果想改變，就能改變！

我們能夠找出，該如何以最好的方式迎接未來、成為它的主人，就像莫銳也能在由風與浪組成的巨大開闊空間中，尋得安全的航徑。想做到這一點，並不需要去理解宇宙的本質或證明神的存在，只要有巨量資料就可以了。

巨量資料只是工具，勿忘謙卑與人性

巨量資料改變了我們的生活。這些改變，可能是最佳化、改善、更有效、或更有利。但在這種時候，直覺、信仰、不確定性和原創性，又該扮演什麼角色呢？

如果說巨量資料教了我們什麼，應該就是有時候不用追根究柢、找出真正的原因，只要能做出更好的選擇、得到改善，就已經足夠了。持續做下去，就會形成良性循環。就算不知道為何所做的一切有好的結果，但擁有好結果仍然是一件好事。弗勞爾斯和他手下的年輕團隊並不是什麼聖徒，但確實拯救了許多生命。

巨量資料並不是一套冰冷的演算法和自動機器。一切還是和人密切相關。雖然我們有弱點、誤解、會犯錯，但這都還是與人類的創意、直覺與天分緊密相連。我們雜亂的心理過程，有時讓我們丟臉、或冥頑不靈，但也是這些心理過程，為我們帶來失敗後的成功，或意外成就偉大。從巨量資料這門課可發現，我們接受資料的雜亂，是因為看到了整體的好處；這麼一來，我們也應該接受人的不精準，因為這正是人性的一部分。畢竟，無論是這個世界、或是我們的腦海，雜亂都是必然的特性；而無論是哪一種，我們都只能接受它、應用它。

如果這個世界都是由資料來告訴我們，該如何做決定，那麼人活著、或者你我的直覺，又還有什麼意義？我們又該如何反抗資料預測的事實？如果每個人都開始使用巨量資料、嫻熟資料分析預測的工具，那麼，能讓我們彼此存有差異的，就又回到了那些不可預知的部分，也就是人的本能、冒險、意外和錯誤。

　　這樣一來，就需要特別為人保留一個空間，讓直覺、常識、偶然，都還有容身之處，不被資料和機器製造的答案排擠在外。人類最偉大的地方，正是那些無法資料化的特質，正是演算法和矽晶片無法精確揭示的本性。這裡的重點不再是「有」，而是「無」──是空的空間、人行道上的裂縫、未說出口的話、還沒想到的概念。

　　這對於所謂的社會進步，具有重要意義。巨量資料讓我們能夠試得更快、探索更多，應該也就能帶來更多創新。然而，發明的火光能變成什麼，就不是資料所能預期。只要是尚未存在的事物，無論有再大量的資料，也無法確認或證實。假設亨利・福特想靠著巨量資料演算法，知道客戶想要什麼，得到的答案只會是「一匹更快的馬，而不是汽車」（改寫自他的名言）。在巨量資料的世界裡，需要培養的仍然是最人性的特質：創造力、直覺、有知識的雄心壯志。因為正是人類的聰明才智，才是社會進步的泉源。

　　巨量資料是一項資源、一項工具。它的目的是通知，而不是解釋；它指出我們可以追尋理解的方向，但它也可能造成誤解，端看應用得巧妙與否。無論巨量資料的威力如何令人眼花撩亂，還是不能因為這些眩目的花樣，就忘了它背後的不完美。

　　依照我們的科技，仍然無法完完全全蒐集、儲存、處理所有的資料，也就是無法真正達到「樣本＝母體」。例如，在瑞士的歐洲粒子物理研究中心（CERN），實驗過程生成的資訊，能蒐集到的不到0.1%，其他資訊乍看之下不重要，也因而就消散在空氣

中。但我們早已知道不該是如此。我們用工具來測量和認識真實
事物，但也一直被工具的局限所困，無論是過去的指南針、六分
儀，或是現在的望遠鏡、雷達、GPS。在未來，工具的威力可能是
現在的兩倍、十倍、甚至千倍，讓我們今天所知顯得微不足道。
不用多久，現在的巨量資料看來可能就簡陋不堪。例如我們回頭
看阿波羅十一號的導航電腦，裡面的可讀寫記憶體容量，就只有
4KB。

我們能夠蒐集和處理的，永遠只是世界上一小部分的資訊。
我們只能盡量模擬真實，就像柏拉圖洞穴牆壁上的陰影。因為不
可能得到真正完美的資訊，預測也就必然可能出錯。但這並不意
味著預測總是有誤，它只是永遠無法完善。巨量資料所提供的見
解仍然有參考價值，只是要記得，巨量資料永遠都僅是工具，而
不是要提供最終的解答。這只是目前夠好的最佳選擇，未來還有
待出現更好的工具，讓我們取得更好的答案。

這也代表，使用這項工具的時候，我們必須懷有更多的謙
卑……以及許多的人性。

資料來源

第1章 現在——該讓巨量資料說話了

流感趨勢相關論文:Jeremy Ginsburg et al., "Detecting Influenza Epidemics Using Search
　　Engine Query Data," *Nature* 457(2009), pp. 1012-14(http://www.nature.com/nature/
　　journal/v457/n7232/full/nature07634 .html).

約翰霍普金斯大學學者,對谷歌流感趨勢所做的後續研究:A. F. Dugas et al., "Google
　　Flu Trends: Correlation with Emergency Department Influenza Rates and Crowding
　　Metrics," CID Advanced Access(January 8, 2012); DOI 10.1093/cid/cir883.

買機票,Farecast:The information comes from Kenneth Cukier, "Data, Data Everywhere,"
　　The Economist special report, February 27, 2010, pp. 1-14。以及在2010年和2012年訪問
　　伊茲奧尼。

伊茲奧尼的哈姆雷特計畫:Oren Etzioni, C. A. Knoblock, R. Tuchinda, and A. Yates, "To
　　Buy or Not to Buy: Mining Airfare Data to Minimize Ticket Purchase Price," SIGKDD
　　'03, August 24- 27, 2003(http://knight.cis.temple.edu/~yates//papers/hamletkdd03.
　　pdf).

微軟找上門,用大約一億一千萬美元買下Farecast:引用自各媒體的報導,特別是
　　"Secret Farecast Buyer Is Microsoft," Seattlepi.com, April 17, 2008(http://blog.seattlepi.
　　com/venture/2008/04/17/secret-farecastbuyer-is-microsoft/?source=mypi).

思考巨量資料的方式:對於「巨量資料」一詞的來源及定義,曾有激烈的爭辯,但
　　並未達成結論。這兩個字的搭配,至少已經有數十年之久。2001年,市場研究公
　　司Gartner的研究副總裁蘭尼(Doug Laney)提出巨量資料的「三個V」(volume,
　　velocity, variety),亦即資料量、速度、種類,在當時是很有用的概念,但還未臻
　　完善。

天文學及DNA定序:Cukier, "Data, Data Everywhere."

美國股市每天大約會成交七十億股：Rita Nazareth and Julia Leite, "Stock Trading in U.S. Falls to Lowest Level Since 2008," *Bloomberg*, August 13, 2012（http://www.bloomberg.com/news/201208-13/stock-trading-in-u-s-hits-lowest-level-since-2008-as-vixfalls.html）

谷歌每天得處理超過24 PB的資料：Thomas H. Davenport, Paul Barth, and Randy Bean, "How 'Big Data' Is Different," *Sloan Review*, July 30, 2012, pp. 43-46（http://sloanreview.mit.edu/the-magazine/2012fall/54104/how-big-data-is-different/）.

臉書的統計數據：Facebook IPO prospectus, Facebook, Form S-1 Registration Statement, U.S. Securities And Exchange Commission, February 1, 2012（http://sec.gov/Archives/edgar/data/1326801/000119312512034517/d2 87954ds1.htm）.

YouTube的上傳影片統計數據：Larry Page, "Update from the CEO," Google, April 2012（http://investor.google.com/corporate/2012/ceoletter.html）.

推特的推文成長數字：Tomio Geron, "Twitter's Dick Costolo: Twitter Mobile Ad Revenue Beats Desktop on Some Days," *Forbes*, June 6, 2012（http://www.forbes.com/sites/tomiogeron/2012/06/06/twitters-dickcostolo-mobile-ad-revenue-beats-desktop-on-some-days/）.

全世界的數位資料量占比：Martin Hilbert and Priscilla López, "The World's Technological Capacity to Store, Communicate, and Compute Information" *Science*, April 1, 2011, pp. 60-65; Martin Hilbert and Priscilla López, "How to Measure the World's Technological Capacity to Communicate, Store and Compute Information?" *International Journal of Communication* 2012, pp. 1042-55（http://www.ijoc.org/ojs/index.php/ijoc/article/viewFile/1562/742）.

預估2013年儲存之資料量：Cukier interview with Hilbert, 2012.

從1453到1503這五十年間，大約印製了八百萬冊書籍：Elizabeth L. Eisenstein, *The Printing Revolution in Early Modern Europe*（Cambridge: Canto/Cambridge University Press, 1993）, pp. 13-14.

諾威格的比喻，來自諾威格談到他和人合寫的一篇文章：A. Halevy, P. Norvig, and F. Pereira, "The Unreasonable Effectiveness of Data," *IEEE Intelligent Systems*, March/April

2009, pp. 8-12.〔請注意文章標題的文字遊戲，模仿Eugene Wigner著名的文章 "The Unreasonable Effectiveness of Mathematics in the Natural Sciences"（數學在自然科學中的非理性效力），該文討論為何物理學能夠用簡單的公式表示，但人文科學卻不願意使用這種優雅簡單的公式。〕參見 E. Wigner, "The Unreasonable Effectiveness of Mathematics in the Natural Sciences," *Communications on Pure and Applied Mathematics* 13, no. 1（1960）, pp. 1-14。諾威格曾多次討論到這篇文章，其中包括："Peter Norvig—The Unreasonable Effectiveness of Data," lecture at University of British Columbia, YouTube video, September 23, 2010（http://www.youtube.com/watch?v=yvDCzhbjYWs）.

畢卡索談到拉斯科的圖像：David Whitehouse, "UK Science Shows Cave Art Developed Early," *BBC News Online*, October 3, 2001（http://news.bbc.co.uk/1/hi/sci/tech/1577421.stm）.

對水電來說，最重要的物理定律反而是表面張力：J.B.S. Haldane, "On Being the Right Size," *Harper's Magazine*, March 1926（http://harpers.org/archive/1926/03/on-beingtheright-size/）.

第2章 更多資料──「樣本＝母體」的時代來臨

喬納斯所言，重點在於讓資料「跟你說話」：Conversation with Jeff Jonas, December 2010, Paris.

美國人口普查歷史：U.S. Census Bureau, "The Hollerith Machine" Online history.（http://www.census.gov/history/www/innovations/technology/the_hol lerith_tabulator.html.

波蘭統計學家奈曼的巨大貢獻：William Kruskal and Frederick Mosteller, "Representative Sampling, IV: The History of the Concept in Statistics, 1895-1939," *International Statistical Review* 48（1980）, pp. 169-195, pp. 187-188. 奈曼著名的論文是Jerzy Neyman, "On the Two Different Aspects of the Representative Method: The Method of Stratified Sampling and the Method of Purposive Selection," *Journal of the Royal Statistical Society* 97, no. 4（1934）, pp. 558-625.

抽樣1,100人便已足夠：Earl Babbie, *Practice of Social Research*（12th ed. 2010）, pp. 204-207.

這種民調方式等於是歧視只用手機的人："Estimating the Cellphone Effect," September 20, 2008（http://www.fivethirtyeight.com/2008/09/estimating-cellphoneeffect-22-points. html）；其他調查偏誤及統計上的概念，參見Nate Silver, *The Signal and the Noise: Why So Many Predictions Fail—But Some Don't*（Penguin, 2012）.

賈伯斯的基因定序：出自《賈伯斯傳》（*Steve Jobs*），艾薩克森（Walter Isaacson）著，（2011）, pp. 550-551.（繁體中文版於2011年，由天下文化出版。）

谷歌流感趨勢預測，可以用城市來做單位：Dugas et al., "Google Flu Trends."

伊茲奧尼討論與時間有關的資料：Interview by Cukier, October 2011.

Xoom執行長昆澤的解說：Jonathan Rosenthal, "Special Report: International Banking," *The Economist*, May 19, 2012, pp. 7-8.

相撲比賽作假：Mark Duggan and Steven D. Levitt, "Winning Isn't Everything: Corruption in Sumo Wrestling," *American Economic Review* 92（2002）, pp. 1594-1605（http:// pricetheory.uchicago.edu/levitt/Papers/DugganLevitt2002.p df）.

Lytro光場相機，能捕捉整個完整光場大約一千一百萬束的光線：Lytro官方網站（http://www.lytro.com）。

取代社會科學中的抽樣：Mike Savage and Roger Burrows, "The Coming Crisis of Empirical Sociology," *Sociology* 41（2007）, pp. 885-899.

分析某家行動通訊商的完整資料：J.-P. Onnela et al., "Structure and Tie Strengths in Mobile Communication Networks," *Proceedings of the National Academy of Sciences of the United States of America*（*PNAS*）104（May 2007）, pp. 7332-36（http://nd.edu/~dddas/Papers/ PNAS0610245104v1.pdf）.

第3章 雜亂──擁抱不精確，宏觀新世界

歷史學家克羅斯比：Alfred W. Crosby, *The Measure of Reality: Quantification and Western Society, 1250-1600*（Cambridge University Press, 1997）.

克耳文勛爵和培根的引述：這幾句格言一般認定出自兩人之手，但在書面資料上的
文字都略有出入。克耳文勛爵的部分，出自一段較長的演講引文，正在討論測量
的議題："Electrical Units of Measurement"（1883）。至於培根的部分，則認為是來
自一段出自拉丁文的自由翻譯，出自 *Meditationes Sacrae*（1597）。

IBM公司名稱的各種講法：DJ Patil, "Data Jujitsu: The Art of Turning Data into Product,"
O'Reilly Media, July 2012（http://oreillynet.com/oreilly/data/radarreports/datajujitsu.
csp?cmp=tw-strata-books-data-products）.

紐約證券交易所，每秒有三萬筆交易：Colin Clark, "Improving Speed and Transparency
of Market Data," NYSE EURONEXT blog post, January 9, 2011（http://exchanges.nyx.
com/cclark/improving-speedand-transparency-market-data）.

「2加2等於3.9」的概念：Brian Hopkins and Boris Evelson, "Expand Your Digital Horizon
with Big Data," Forrester, September 30, 2011.

在各種運算系統背後的演算法，也同樣有其進展：President's Council of Advisors
on Science and Technology, "Report to the President and Congress, Designing a Digital
Future: Federally Funded Research and Development in Networking and Information
Technology,"December 2010, p. 71（http://www.whitehouse.gov/sites/default/files/
microsites/ostp/pc ast-nitrd-report-2010.pdf）.

西洋棋殘局處理：目前公開最完整的殘局處理資料是Nalimov棋譜（以作者之一命
名），包含六子以下的所有棋步。資料大小超過7 TB，光是要壓縮資料就是一大
挑戰。參見E. V. Nalimov, G. McC. Haworth, and E. A. Heinz, "Space-efficient Indexing
of Chess Endgame Tables," *ICGA Journal* 23, no. 3（2000）, pp. 148-162.

微軟的研究人員班科和布里爾，試圖改善微軟Word軟體的文法檢查效能：Michele
Banko and Eric Brill, "Scaling to Very Very Large Corpora for Natural Language
Disambiguation," Microsoft Research, 2001, p. 3（http://acl.ldc.upenn.edu/P/P01/
P01-1005.pdf）.

IBM開發機器翻譯系統：IBM, "701 Translator," press release, IBM archives, January 8, 1954
（http://www-03.ibm.com/ibm/history/exhibits/701/701_translator.html). 也可參閱John

Hutchins, "The First Public Demonstration of Machine Translation: The Georgetown-IBM System, 7th January 1954," November 2005（http://www.hutchinsweb.me.uk/GU-IBM-2005.pdf）

IBM開發Candide系統：Adam L. Berger et al., "The Candide System for Machine Translation," *Proceedings of the 1994 ARPA Workshop on Human Language Technology*, 1994（http://aclweb.org/anthology-new/H/H94/H94-1100.pdf）

機器翻譯的歷史：Yorick Wilks, *Machine Translation: Its Scope and Limits*（Springer, 2008）, p.107

據谷歌翻譯的負責人歐赫所言：Och interview with Cukier, december2009.

谷歌高達數兆字的語料庫，共有九百五十億個英語句子：Alex Franz and Thorsten Brants, "All Our N-gram are Belong to You," Google blog post, August 3, 2006（http://googleresearch.blogspot.co.uk/2006/08/all-our-n-gram-arebelong-to-you.html）.

谷歌的資料集已經涵蓋超過六十種語言："Inside Google Translate," Google（http://translate.google.com/about）,.

布朗語料庫和谷歌的上兆字語料庫：Halevy, Norvig, and Pereira, "The Unreasonable Effectiveness of Data"（http://www.computer.org/portal/cms_docs_intelligent/intelligent/ homepage/2009/x2exp.pdf）.

英國石油公司使用感應器監控廠房油管：Jaclyn Clarabut, "Operations Making Sense of Corrosion," *BP Magazine*, issue 2（2011）（http://www.bp.com/liveassets/bp_internet/globalbp/globalbp_uk_english/reports_and_publications/bp_magazine/STAGING/local_assets/pdf/BP_Magazine_2011_issue2_text.pdf）.

煉油廠有各種用電設備，會干擾部分資料：引自Cukier, "Data, Data, Everywhere." 這套系統顯然還是會出錯：在2012年2月，就因為油管腐蝕而造成櫻桃岬煉油廠一場大火。

十億價格計畫：James Surowiecki, "A Billion Prices Now," *The New Yorker*, May 30, 2011; 各項資料及細節，請參閱計畫官網（http://bpp.mit.edu/）；Annie Lowrey, "Economists' Programs Are Beating U.S. at Tracking Inflation," *Washington Post*, December 25, 2010（http://

www.washingtonpost.com/wpdyn/content/article/2010/12/25/AR2010122502600.html）.

消費者物價指數（CPI）的編訂和使用：Annie Lowrey, "Economists' Programs Are Beating U.S. at Tracking Inflation," *Washington Post*, December 25, 2010（http://www. washingtonpost.com/wpdyn/content/article/2010/12/25/AR2010122502600.html）.

《經濟學人》雜誌不相信阿根廷計算通膨的方式："Official Statistics: Don't Lie to Me, Argentina," *The Economist*, February 25, 2012（http://www.economist.com/node/21548242）.

相片分享網站Flickr照片數目：來自Flickr網站（http://www.flick.com）。

很難一開始就明確清楚的定出用來分類的類別：參見David Weinberger, *Everything Is Miscellaneous: The Power of the New Digital Disorder*（Times, 2007）.

赫蘭德是資料庫設計的世界權威：Pat Helland, "If You Have Too Much Data Then 'Good Enough' Is Good Enough," *Communications of the ACM*, June 2011, pp. 40, 41。資料庫這個領域中，曾經激烈爭辯哪些模型和概念最能符合巨量資料的要求。赫蘭德代表的陣營認為，應該徹底放棄過去使用的工具。至於微軟的Michael Rys，則在 "Scalable SQL," *Communications of the ACM*, June 2011, p. 48這篇文章中認為，只要將現有工具大幅修正即可。

Visa公司採用Hadoop：Cukier, "Data, data everywhere."

所有數位資料只有5%是適合傳統資料庫的「結構化」形式：Abhishek Mehta, "Big Data: Powering the Next Industrial Revolution," Tableau Software White Paper, 2011.（http://www.tableausoftware.com/learn/whitepapers/big-data-revolution）.

第4章 相關性——不再拘泥於因果關係

林登的故事和「亞馬遜的聲音」：Linden interview with Cukier, March 2012.

《華爾街日報》讚譽亞馬遜的書評：As cited in James Marcus, *Amazonia: Five Years at the Epicenter of the Dot.Com Juggernaut*（New Press, June 2004）, p. 128.

引用馬可斯（James Marcus）的話：Marcus, *Amazonia*, p. 199.

亞馬遜的總銷量有三分之一是來自其推薦和客製化系統：亞馬遜並未正式確認過這個數字，但有許多媒體分析報告和文章均曾提及，包括"Building with Big Data: The Data Revolution Is Changing the Landscape of Business," *The Economist*, May 26, 2011（http://www.economist.com/node/18741392/）。兩位亞馬遜前主管，在與本書作者庫基耶的訪談中，也曾提及。

Netflix有四分之三的新訂單，都是出自建議片單：Xavier Amatriain and Justin Basilico, "Netflix Recommendations: Beyond the 5 stars（Part 1）," Netflix blog, April 6, 2012.

套句經驗主義者塔雷伯的話，我們就是「被隨機性所愚弄」—Nassim Nicholas Taleb, *Fooled by Randomness*（Random House, 2008）；更多資訊請見Nassim Nicholas Taleb, *The Black Swan: The Impact of the Highly Improbable*（2nd ed., Random House, 2010），繁體中文版書名為《黑天鵝效應》，大塊文化2011年出版。

沃爾瑪和小甜點：Constance L. Hays, "What Wal-Mart Knows About Customers' Habits," *New York Times*, November 14, 2004（http://www.nytimes.com/2004/11/14/business/yourmoney/14wal.html）。

費埃哲（FICO）、益百利（Experian）、艾貴發（Equifax）等公司的預測模型：Scott Thurm, "Next Frontier in Credit Scores: Predicting Personal Behavior," *Wall Street Journal*, October 27, 2011（http://online.wsj.com/article/SB10001424052970203687504576655518 2 086300912.html）。

保險公司英傑華（Aviva）的預測模型：Leslie Scism and Mark Maremont, "Insurers Test Data Profiles to Identify Risky Clients," *Wall Street Journal*, November 19, 2010（http://online.wsj.com/article/SB10001424052748704648604575620750 998072986.html）。請同時參見Leslie Scism and Mark Maremont, "Inside Deloitte's Life-Insurance Assessment Technology," Wall Street Journal, November 19, 2010（http://online.wsj.com/article/SB10001424052748704104104575 622531 084755588.html）。也可以參見Howard Mills, "Analytics: Turning Data into Dollars," *Forward Focus*, December 2011（http://www.deloitte.com/assets/DcomUnitedStates/Local%20 Assets/Documents/FSI/US_FSI_Forward%20Focus_Analytics_Turning%20data%20into%20 dollars_120711.pdf）。

美國折扣零售商塔吉特（Target）和青少年未婚懷孕的例子：Charles Duhigg, "How Companies Learn Your Secrets," *New York Times*, February 16, 2012（http://www.nytimes.com/2012/02/19/magazine/shoppinghabits.html）。此文章改編自杜希格（Charles Duhigg）的著作 *The Power of Habit: Why We Do What We Do in Life and Business*（Random House, 2012，繁體中文版書名為《為什麼我們這樣生活，那樣工作？》，大塊文化2012年出版）。塔吉特公司表示，媒體報導並不正確，但拒絕透露不正確之處。我們為了此書而前往訪問時，塔吉特發言人回答道：「我們的目標是使用客戶的資料、提升客戶與塔吉特的關係。客戶會希望得到絕佳的價值、相關優惠，以及卓越的體驗。我們就像許多公司一樣，使用研究工具瞭解客戶購物的趨勢和喜好，才能提供客戶最恰當的優惠和促銷。我們非常重視要保護客戶對我們的信任，而做法就是有完整的個資隱私政策，都公開在Target.com網站。我們也經常教育團隊成員，該如何保護客戶的資訊。」

快遞公司UPS（優比速）的分析：Cukier interviews with Jack Levis, March, April, and July 2012.

幫助醫生改善對早產兒的診斷：根據2010年1月、4月、7月訪問麥克蕾格博士。同時參見Carolyn McGregor, Christina Catley, Andrew James, and James Padbury, "Next Generation Neonatal Health Informatics with Artemis," in European Federation for Medical Informatics, *User Centred Networked Health Care*, ed. A. Moen et al.（IOS Press, 2011）, p. 117。部分資料來自Cukier, "Data, Data, Everywhere."

幸福快樂和收入的相關性：R. Inglehart and H.-D. Klingemann, *Genes, Culture and Happiness*（MIT Press, 2000）.

麻疹疫苗接種與健康支出、以及非線性相關分析的新穎工具：David Reshef et al., "Detecting Novel Associations in Large Data Sets," *Science* 334（2011）, pp. 1518-24.

康納曼（Daniel Kahneman）：引述自《快思慢想》（*Thinking, Fast and Slow*）, pp. 74-75.（繁體中文版於2012年，由天下文化出版。）

法國化學家巴斯德：讀者若有興趣瞭解巴斯德如何改變我們看事情的方法，可參見 Bruno Latour et al., *The Pasteurization of France*（Harvard University Press, 1993）.

染上狂犬病的風險比率：Melanie Di Quinzio and Anne McCarthy, "Rabies Risk Among Travellers," *CMAJ* 178, no. 5（2008）, p. 567.

要找出確實的因果關係仍然十分困難：曾贏得杜林獎（Turing Award）的電腦科學家珀爾（Judea Pearl）已經發展出一套方法，能夠展現因果關係的動態；雖然還沒有正式證據，卻已經是分析因果連結的實用方法；參見 Judea Pearl, *Causality: Models, Reasoning and Inference*（Cambridge University Press, 2009）.

橘色烤漆的車，故障率明顯較低：Quentin Hardy. "Bizarre Insights from Big Data," nytimes.com, March 28, 2012（http://bits.blogs.nytimes.com/2012/03/28/bizarre-insights-frombig-data/）; and Kaggle, "Momchil Georgiev Shares His Chromatic Insight from Don't Get Kicked," blog posting, February 2, 2012（http://blog.kaggle.com/2012/02/02/momchil-georgiev-shares-hischromatic-insight-from-dont-get-kicked/）.

地下共同管道人孔蓋的重量、爆炸次數以及炸飛高度：Rachel Ehrenberg, "Predicting the Next Deadly Manhole Explosion," *Wired*, July 7, 2010（http://www.wired.com/wiredscience/2010/07/manhole-explosions）.

愛迪生聯合電力公司與哥倫比亞大學統計學者合作：適合一般大眾閱讀的版本可參見 Cynthia Rudin et al., "21st-Century Data Miners Meet 19th-Century Electrical Cables," *Computer*, June 2011, pp. 103-105。至於比較技術性的描述，則可參見辛希雅・魯丁及合作夥伴的網頁學術文章，特別是 Cynthia Rudin et al., "Machine Learning for the New York City Power Grid," *IEEE Transactions on Pattern Analysis and Machine Intelligence* 34, no. 2（2012）, pp. 328-345（http://hdl.handle.net/1721.1/68634）.

「維修孔」一詞至少有三十八種寫法：英文列表來自 Rudin et al., "21st-Century Data Miners Meet 19th-Century Electrical Cables."

辛希雅・魯丁的談話：From interview with Cukier, March 2012.

《連線》雜誌總編輯安德森的大聲疾呼：Chris Anderson, "The End of Theory: The Data Deluge Makes the Scientific Method Obsolete," *Wired*, June 2008（http://www.wired.com/science/discoveries/magazine/1607/pb_theory/）.

安德森很快就縮手了，不再堅持他的大膽主張：National Public Radio, "Search and

Destroy," July 18, 2008（http://www.onthemedia.org/2008/jul/18/search-anddestroy/ transcript/）.

包埃德和克勞福德認為，我們選擇了什麼，就會影響我們的發現：danah boyd and Kate Crawford. "Six Provocations for Big Data," paper presented at Oxford Internet Institute's "A Decade in Internet Time: Symposium on the Dynamics of the Internet and Society," September 21, 2011（http://ssrn.com/abstract=1926431）.

第5章 資料化──當一切成為資料，用途無窮無盡

莫銳的生平來自許多書籍，包括：Chester G. Hearn, *Tracks in the Sea: Matthew Fontaine Maury and the Mapping of the Oceans*（International Marine/McGraw-Hill, June 2002）, http://books.google.co.uk/books?id＝XasPAQAAIAAJ; Janice Beaty, *Seeker of Seaways: A Life of Matthew Fontaine Maury, Pioneer Oceanographer*（Pantheon Books, 1966）; Charles Lee Lewis, *Matthew Fontaine Maury: The Pathfinder of the Seas*（U.S. Naval Institute, 1927）（http://archive.org/details/matthewfontainem00lewi）; Matthew Fontaine Maury, *The Physical Geography of the Sea*（Harper, 1855）.

莫銳的宣告：出自Maury, *Physical Geography of the Sea*, "Introduction," pp. xii, vi.

汽車座椅研究資料：Nikkei, "Car Seat of Near Future IDs Driver's Backside," December 14, 2011.

量化這個世界：本書作者對資料化歷史的許多想法，都是啟發自 Alfred W. Crosby的著作 *The Measure of Reality: Quantification and Western Society, 1250-1600*（Cambridge University Press, 1997）。歐洲人從未接觸到東方的算盤：出處同上。

有了阿拉伯數字，計算速度比用計數板快上六倍：Alexander Murray, *Reason and Society in the Middle Ages*（Oxford University Press, 1978）, p. 166.

自從十五世紀中葉發明印刷機以來，估計已經出版了一億三千萬本不同的著作，以及哈佛對谷歌書籍掃描的研究：Jean-Baptiste Michel et al., "Quantitative Analysis of Culture Using Millions of Digitized Books," *Science* 331（January 14, 2011）, pp. 176-182 （http://www.sciencemag.org/content/331/6014/176.abstract）。關於這篇論文的演講紀錄片，請見 Erez Lieberman Aiden and Jean-Baptiste Michel, "What We Learned from 5 Million Books," TEDx, Cambridge, MA, 2011（http://www.ted.com/talks/what_we_learned_from_5_million_books.html）。

只要在車內安裝無線設備、將位置資料化，就能夠讓保險的概念改頭換面：參見 Cukier, "Data, Data Everywhere," *The Economist*, February 27, 2010.

UPS的流程管理長李維斯表示：Interview with Cukier, April 2012.

UPS省下的成本：Institute for Operations Research and the Management Sciences（INFORMS）, "UPS Wins Gartner BI Excellence Award," 2011（http://www.informs.org/Announcements/UPS-wins-Gartner-BIExcellence-Award）。

麻省理工學院人類動力學實驗室主任潘特蘭的研究：Robert Lee Hotz, "The Really Smart Phone," *Wall Street Journal*, April 22, 2011（http://online.wsj.com/article/SB10001424052748704547604576263261 679848814.html）。

伊格對貧民窟的調查研究：Nathan Eagle, "Big Data, Global Development, and Complex Systems," Santa Fe Institute, May 5, 2010（http://www.youtube.com/watch?v＝yaivtqlu7iM）。其他資訊來自2012年10月與庫基耶的訪談。

臉書的社交圖譜資料庫：出自 Facebook IPO Prospectus, 2012.

描述推特的資料：Alexia Tsotsis, "Twitter Is at 250 Million Tweets per Day, iOS 5 Integration Made Signups Increase 3x," *TechCrunch*, October 17, 2011, http://techcrunch.com/2011/10/17/twitter-is-at-250-milliontweets-per-day/.

兩家對沖基金公司靠著分析資料化之後的推文，做為在股市投資的依據：Kenneth Cukier, "Tracking Social Media: The Mood of the Market," *Economist.com*, June 28,（http://www.economist.com/blogs/graphicdetail/2012/06/trackingsocial-media）。

推文頻率可推測好萊塢的票房：Sitaram Asur and Bernardo A. Huberman, "Predicting the Future with Social Media," *Proceedings of the 2010 IEEE/WIC/ACM International Conference on Web Intelligence and Intelligent Agent Technology*, pp. 492-499；線上版本請見 http://www.hpl.hp.com/research/scl/papers/socialmedia/socialmedia .pdf.

《科學》雜誌研究推文與人的情緒起伏週期：Scott A. Golder and Michael W. Macy, "Diurnal and Seasonal Mood Vary with Work, Sleep, and Daylength Across Diverse Cultures," *Science* 333（September 30, 2011）, pp. 1878-81.

賓州大學的生物學家塞拉瑟和軟體工程師康德沃分析推特的推文，發現民眾對於接種疫苗的態度：Marcel Salathé and Shashank Khandelwal, "Assessing Vaccination Sentiments with Online Social Media: Implications for Infectious Disease Dynamics and Control," PL*o*S *Computational Biology*, October 2011.

IBM以「以表面運算科技維護處所安全」獲得美國專利：Lydia Mai Do, Travis M. Grigsby, Pamela Ann Nesbitt, and Lisa Anne Seacat. "Securing premise using surfaced-based computing technology," U.S. patent number: 8138882. Issue date: March 20, 2012.

「量化生活」活動："Counting Every Moment," *The Economist*, March 3, 2012.

蘋果公司透過耳塞式耳機，蒐集血氧、心跳速率和體溫等資料：Jesse Lee Dorogusker, Anthony Fadell, Donald J. Novotney, and Nicholas R Kalayjian, "Integrated Sensors for Tracking Performance Metrics," U.S. Patent Application 20090287067. Assignee: Apple. Application Date: 2009-07-23. Publication Date: 2009-11-19.

德拉威生物識別公司分析走路的步態，做為手機解鎖的安全系統："Your Walk Is Your PIN-Code," press release, February 21, 2011（http://biometrics.derawi.com/?p＝175）.

iTrem智慧型手機應用程式：參見iTrem計畫首頁，位於Landmarc Research Center at Georgia Tech網站（http://eosl.gtri.gatech.edu/Capabilities/LandmarcResearchCenter/LandmarcProjects/iTrem/tabid/798/Default.aspx），以及電子郵件往來。

京都的研究人員討論三維加速度感應器：iMedicalApps Team, "Gait Analysis Accuracy: Android App Comparable to Standard Accelerometer Methodology," *mHealth*, March 23, 2012.

報紙促成了民族國家：Benedict Anderson, *Imagined Communities: Reflections on the Origin and Spread of Nationalism*（Verso, 2006）.

物理學家認為資訊是萬物的基礎：Hans Christian von Baeyer, *Information: The New Language of Science*（Harvard University Press, 2005）.

第6章 價值——不在乎擁有，只在乎充分運用

馮安的故事：根據庫基耶在2010年訪問馮安。同時參見Clive Thompson, "For Certain Tasks, the Cortex Still Beats the CPU," *Wired*, June 25, 2007（http://www.wired.com/techbiz/it/magazine/1507/ff_humancomp?currentPage＝all）; Jessie Scanlon, "Luis von Ahn: The Pioneer of 'Human Computation,'" *Businessweek*, November 3, 2008（http://www.businessweek.com/stories/2008-11-03/luis-von-ahn-the-pioneer-of-human-computation-businessweek-business-news-stock-market-and-financial-advice）；馮安對於ReCaptcha的技術描述，則可參閱Luis von Ahn et al., "reCAPTCHA: Human-Based Character Recognition via Web Security Measures," *Science* 321（September 12, 2008）, pp. 1465-68（http://www.sciencemag.org/content/321/5895/1465.abstract）.

十八世紀的亞當・斯密以製造大頭針為例，討論勞力分工的問題：Adam Smith, *The Wealth of Nations*（reprint, Bantam Classics, 2003）, book I, chapter one.（線上免費電子版可至http://www2.hn.psu.edu/faculty/jmanis/adam-smith/WealthNations.pdf）。

儲存的成本大降，現在大可將資料全部收藏，不須因容納量有限而丟棄：Viktor Mayer-Schönberger, *Delete: The Virtue of Forgetting in the Digital Age*（Princeton University Press, 2011）, 2nd ed., p. 63.

電動車的充電：IBM, "IBM, Honda, and PG&E Enable Smarter Charging for Electric Vehicles," press release, April 12, 2012（http://www03.ibm.com/press/us/en/pressrelease/37398.wss）。同時參見Clay Luthy, "Guest Perspective: IBM Working with PG&E to Maximize the EV Potential" *PGE Currents Magazine*, April 13, 2012（http://www.pgecurrents.com/2012/04/13/ibm-working-with-pge-tomaximize-the-ev-potential）.

亞馬遜早期曾經與AOL（美國線上）簽署一項協議：Cukier interview with Andreas Weigend, 2010 and 2012.

谷歌與Nuance達成合作協議：Cukier, "Data, Data Everywhere."

舉出一家物流公司為例，該公司發現在送貨的過程中，會累積大量關於全球產品運送的資訊：Brad Brown, Michael Chui, and James Manyika, "Are You Ready for the Era of 'Big Data'?" *McKinsey Quarterly*, October 2011, p. 10.

西班牙的國際大型行動通訊業者「Telefonica」："Telefonica Hopes 'Big Data' Arm Will Revive Fortunes," *BBC Online*, October 9, 2012.（http://www.bbc.co.uk/news/technology-19882647）.

丹麥的癌症研究：Patrizia Frei et al., "Use of Mobile Phones and Risk of Brain Tumours: Update of Danish Cohort Study," *BMJ* 343（2011）（http://www.bmj.com/content/343/bmj.d6387）, and interview with Cukier, October 2012.

谷歌街景車蒐集GPS資料：Peter Kirwan, "This Car Drives Itself," *Wired* UK, January 2012（http://www.wired.co.uk/magazine/archive/2012/01/features/thiscar-drives-itself?page = all）.

谷歌擁有最完整的拼字檢查程式：Interview with Cukier at the Googleplex in Mountain View, California, December 2009；部分資料亦出自 Cukier, "Data, Data Everywhere."

臉書的第一位資料科學家漢默巴克，研究資料廢氣：Interview with Cukier, October 2012.

邦諾書店分析了Nook電子書閱讀器的資料：Alexandra Alter, "Your E-Book Is Reading You," *Wall Street Journal*, June 29, 2012（http://online.wsj.com/article/SB10001424052702304870304577490950 051438304.html）.

吳恩達的Coursera課程及資料：Interview with Cukier, June 2012.

歐巴馬公開政府資料的政策：Barack Obama, "Presidential memorandum," White House, January 21, 2009.

臉書資料的價值：關於臉書首次公開發行的帳面價值與市價總值的差距，請參見 Doug Laney, "To Facebook You're Worth $80.95," *Wall Street Journal*, May 3, 2012（http://blogs.wsj.com/cio/2012/05/03/tofacebook-youre-worth-80-95/）。計算臉書各項目的價值時，市場研究公司Gartner公司的研究副總裁蘭尼，由臉書的成長推斷應有二兆一千億則資訊。在他刊登於《華爾街日報》的文章中，他用的是臉書較早的估價（750億美元），所以估計每則資訊約值0.3美元。如果依據最後的臉書市值超過1,000億美元，我們也可以自行依例推算每則約為0.5美元。

有形資產和無形資產的價值差距：Steve M. Samek, "Prepared Testimony: Hearing on Adapting a 1930's Financial Reporting Model to the 21st Century," U.S. Senate Committee on Banking, Housing and Urban Affairs, Subcommittee on Securities, July 19, 2000.

無形資產的價值：Robert S. Kaplan and David P. Norton, *Strategy Maps: Converting Intangible Assets into Tangible Outcomes*（Harvard Business Review Press, 2004）, pp. 4-5.

矽谷專家奧萊利說「資料就是平台」：Interview with Cukier, February 2011.

第7章　蘊涵——資料價值鏈的三個環節

線上公司Decide.com的資訊來源：Cukier email exchange with Etzioni, May 2012.

麥肯錫全球研究所提出一項預警：James Manyika et al., "Big Data: The Next Frontier for Innovation, Competition, and Productivity," McKinsey Global Institute, May 2011（http://www.mckinsey.com/insights/mgi/research/technology_and_innovation/big_data_the_next_frontier_for_innovation）, p. 10.

谷歌首席經濟學家瓦里安的話：Interview with Cukier, December 2009.

ITA軟體的創辦人德馬肯的談話：Email exchange with Cukier, May 2012.

萬事達卡顧問公司發現的消費行為：Cukier interview with Gary Kearns, a MasterCard Advisors executive, at *The Economist's* "The Ideas Economy: Information" conference, Santa Clara, California, June 8, 2011.

埃森哲顧問公司，在美國密蘇里州聖路易斯市的先導計畫：Cukier interview with municipal employees, February 2007.

醫星華盛頓醫學中心，使用微軟的Amalga軟體，來分析匿名醫療紀錄："Microsoft Expands Presence in Healthcare IT Industry with Acquisition of Health Intelligence Software Azyxxi," Microsoft press release, July 26, 2006（http://www.microsoft.com/enus/news/press/2006/jul06/07-26azyxxiacquisitionpr.aspx）。Amalga現在是微軟與通用電氣合作的創投公司Caradigm的部門。

克羅斯的故事：Interviews with Cukier, March-October 2012.

亞馬遜就提過「協同篩選」的想法：IPO Prospectus, May 1997（http://www.sec.gov/Archives/edgar/data/1018724/000089102097-000868.txt）.

中級車款大約有四十個微處理器：Nick Valery, "Tech.View: Cars and Software Bugs," *The Economist*, May 16, 2010（http://www.economist.com/blogs/babbage/2010/05/techview_cars_and_software_bugs）.

莫銳將船隻稱為「浮動的觀測站」：Maury, *The Physical Geography of the Sea.*

Inrix 路況分析公司：Cukier interview with executives, May and September, 2012.

醫療保健成本研究機構：Sarah Kliff, "A Database That Could Revolutionize Health Care," *Washington Post*, May 21, 2012.

Decide.com關於價格的資料是由合作的網站，以收入共享的條件提供：Cukier email exchange with Etzioni, May 2012.

谷歌與ITA的合約：Claire Cain Miller, "U.S. Clears Google Acquisition of Travel Software," *New York Times*, April 8, 2011（http://www.nytimes.com/2011/04/09/technology/09google.html?_r＝0）.

Inrix 公司與自動煞車系統（ABS）：Cukier interview with Inrix executives, May 2012.

路網科技執行長甘迺迪的說明：Interview with Cukier, May 2012.

一群老球探的對話，來自電影「魔球」（*Moneyball*），由Bennett Miller導演, Columbia Pictures 電影公司 2011年發行。

麥克蕾格博士運用了相當於超過十個病患年的資料：Interview with Cukier, May 2012.

卡古公司執行長古德布魯的談話：Interview with Cukier, March 2012.

電玩遊戲產業規模龐大，全球年收益甚至超過好萊塢的票房：電影部分請參見 Brooks Barnes, "A Year of Disappointment at the Movie Box Office," *New York Times*, December 25, 2011（http://www.nytimes.com/2011/12/26/business/media/a-year-ofdisappointment-for-hollywood.html）。電玩部分，則請參見 "Factbox: A Look at the $65 billion Video Games Industry," Reuters, June 6, 2011（http://uk.reuters.com/article/2011/06/06/us-videogames-factboxidUKTRE75552I20110606）.

Zynga公司線上互動遊戲的資料分析：Nick Wingfield, "Virtual Products, Real Profits: Players Spend on Zynga's Games, but Quality Turns Some Off," *Wall Street Journal*, September 9, 2011（http://online.wsj.com/article/SB1000142405311190482380457650242 835413446.html）.

臉書首席分析師魯丁的談話：From interview of Rudin by Niko Waesche, cited in Erik Schlie, Jörg Rheinboldt, and Niko Waesche, *Simply Seven: Seven Ways to Create a Sustainable Internet Business*（Palgrave Macmillan, 2011）. p.7.

奧登的詩句：W. H. Auden, "For the Time Being," 1944.

戴文波特的意見：Cukier interview with Davenport, December 2009.

The-Numbers.com創始人兼總裁納許的談話：Cukier interviews with Bruce Nash, October 2011 and July 2012.

布林約爾松等人的決策研究：Erik Brynjolfsson, Lorin Hitt, and Heekyung Kim, "Strength in Numbers: How Does Data-Driven Decisionmaking Affect Firm Performance?" working paper, April（http://papers.ssrn.com/sol3/papers.cfm?abstract_id=1819486）.

飛機引擎製造商勞斯萊斯：參見 "Rolls-Royce: Britain's Lonely High-Flier," *The Economist*, January 8, 2009（http://www.economist.com/node/12887368）. Figures updated from press office, November 2012.

布林約爾松教授說，那些聰明而靈活的小型企業，可以享受沒有拖累的規模：Erik Brynjolfsson, Andrew McAfee, Michael Sorell, and Feng Zhu, "Scale Without Mass: Business Process Replication and Industry Dynamics," Harvard Business School working paper, September 2006（http://www.hbs.edu/research/pdf/07-016.pdf also http://hbswk.hbs.edu/item/5532.html）.

大型資料的持有人有很強的誘因，會不斷蒐集更多資料，讓手中的資料更龐大：Yannis Bakos and Erik Brynjolfsson, "Bundling Information Goods: Pricing, Profits, and Efficiency," *Management Science* 45（December 1999）, pp. 1613-30.

波士頓顧問集團的伊凡斯之觀點：Interviews with the authors, 2011 and 2012.

第8章 風險──巨量資料也有黑暗面

東德國家安全局「史塔西」：很遺憾文獻多半為德文，但有一本研究詳實的著作為英文書籍：Kristie Macrakis, *Seduced by Secrets: Inside the Stasi's Spy-Tech World*（Cambridge University Press, 2008）；另有一本非常個人的故事則是Timothy Garton Ash, *The File*（Atlantic Books, 2008）。同時推薦奧斯卡得獎電影「竊聽風暴」（*The Lives of Others*），由Florian Henckel von Donnersmark執導，Buena Vista/Sony Pictures於2006年發行。

歐威爾寫作《1984》的倫敦公寓附近，有三十台監視器："George Orwell, Big Brother Is Watching Your House," *The Evening Standard*, March 31, 2007（http://www.thisislondon.co.uk/news/george-orwell-bigbrother-is-watching-your-house-7086271.html）。

Equifax、Experian和Acxiom等公司，早已在全球各地蒐集個資，整理出售：Daniel J. Solove, *The Digital Person: Technology and Privacy in the Information Age*（NYU Press, 2004），pp. 20-21.

美國人口普查局交出了日裔美國人的街廓地址，協助拘禁這些人：J. R. Minkel, "The U.S. Census Bureau Gave Up Names of Japanese-Americans in WW II," *Scientific American*, March 30, 2007（http://www.scientificamerican.com/article.cfm?id=confirmed-theus-census-b）。

荷蘭以公民紀錄完善而著名，入侵的納粹便利用這些資料來追捕猶太人：William Seltzer and Margo Anderson, "The Dark Side of Numbers: The Role of Population Data Systems in Human Rights Abuses," *Social Research* 68（2001），pp. 481-513.

納粹在集中營運用IBM何樂禮發明的打孔卡片號碼系統：Edwin Black, *IBM and the Holocaust*（Crown, 2003）.

美國和歐洲的電力公司開始使用智慧型電錶，全天每六秒鐘蒐集資料一次：Elias Leake Quinn, "Smart Metering and Privacy: Existing Law and Competing Policies; A Report for the Colorado Public Utility Commission," Spring 2009（http://www.w4ar.com/Danger_of_Smart_Meters_Colorado_Report.pdf）。同時參見Joel M. Margolis,

"When Smart Grids Grow Smart Enough to Solve Crimes," Neustar, March 18, 2010（http://energy.gov/sites/prod/files/gcprod/documents/Neustar_Comm ents_DataExhibitA.pdf）

隱私保護專家凱特討論「通知用戶、取得同意」：Fred H. Cate, "The Failure of Fair Information Practice Principles," in Jane K. Winn, ed., *Consumer Protection in the Age of the "Information Economy"*（Ashgate, 2006）, p. 341 et seq.

2006年8月，AOL公開一大批舊的搜尋資料：Michael Barbaro and Tom Zeller Jr., "A Face Is Exposed for AOL Searcher No. 4417749," *New York Times*, August 9, 2006。同時參見Matthew Karnitschnig and Mylene Mangalindan, "AOL Fires Technology Chief After Web-Search Data Scandal," *Wall Street Journal*, August 21, 2006.

線上租片公司Netflix遭到反匿名、重新識別身分的用戶：Ryan Singel, "Netflix Spilled Your Brokeback Mountain Secret, Lawsuit Claims", *Wired*, December 17, 2009（http://www.wired.com/threatlevel/2009/12/netflixprivacy-lawsuit/）.

為了舉辦Netflix大獎，公布了將近五十萬用戶的一億筆租片紀錄：Arvind Narayanan and Vitaly Shmatikov, "Robust De-Anonymization of Large Sparse Datasets," *Proceedings of the 2008 IEEE Symposium on Security and Privacy*, p. 111 et seq.（http://www.cs.utexas.edu/~shmat/shmat_oak08netflix.pdf）; Arvind Narayanan and Vitaly Shmatikov, "How to Break the Anonymity of the Netflix Prize Dataset," October 18, 2006, arXiv:cs/0610105 [cs.CR]（http://arxiv.org/abs/cs/0610105）.

反匿名的案例：Philippe Golle, "Revisiting the Uniqueness of Simple Demographics in the US Population," *Association for Computing Machinery Workshop on Privacy in Electronic Society* 5（2006）, p. 77.

只要有足夠的資料，無論再怎麼小心，還是不可能達到完美的匿名：Paul Ohm, "Broken Promises of Privacy: Responding to the Surprising Failure of Anonymization," 57 *UCLA Law Review* 1701（2010）.

社交圖譜也很容易反匿名：Lars Backstrom, Cynthia Dwork, and Jon Kleinberg, "Wherefore Art Thou R3579X? Anonymized Social Networks, Hidden Patterns, and Structural

Steganography," *Communications of the Association of Computing Machinery*, December 2011, p. 133.

現在多數汽車都裝有行車記錄器，一旦發生事故，就能做為法庭佐證："Vehicle Data Recorders: Watching Your Driving," *The Economist*, June 23, 2012（http://www.economist. com/node/21557309）。

美國國家安全局（NSA）每天要攔截和儲存十七億則電子郵件、電話及其他通訊：Dana Priest and William Arkin, "A Hidden World, Growing Beyond Control," *Washington Post*, July 19, 2010（http://projects.washingtonpost.com/top-secretamerica/articles/ a-hidden-world-growing-beyond-control/print/）；Juan Gonzalez, "Whistleblower: The NSA Is Lying—U.S. Government Has Copies of Most of Your Emails," *Democracy Now*, April 20, 2012（http://www.democracynow.org/2012/4/20/whistleblower_the_nsa_is_ lying_us）；William Binney, "Sworn Declaration in the Case of Jewel v. NSA," filed July 2, 2012（http://publicintelligence.net/binney-nsa-declaration/）。

巨量資料時代的監控方式，已經有所不同：Patrick Radden Keefe, "Can Network Theory Thwart Terrorists?" *New York Times*, March 12, 2006（http://www.nytimes. com/2006/03/12/magazine/312wwln_essay.html）。

安德頓對馬克斯唸著逮捕令：對話來自電影「關鍵報告」（*Minority Report*），由史蒂芬史匹柏（Steven Spielberg）執導，DreamWorks/20th Century Fox 於 2002 年發行。對話稍經刪減。本片的依據為 1958 年的短篇小說，作者為 Philip K. Dick。然而小說和電影仍有極大出入。特別是，書中並沒有開場那位戴綠帽子的丈夫，而關於「犯罪前」的哲學難題，在史匹柏的電影中也更為凸顯，因此我們選擇以電影為例。

預測治安的案例：James Vlahos, "The Department Of Pre-Crime," *Scientific American* 306（January 2012）, pp. 62-67.

美國國土安全部的未來屬性篩選技術（FAST）計畫：參見 Sharon Weinberger, "Terrorist 'Pre-crime' Detector Field Tested in United States," *Nature*, May 27, 2011（http://www. nature.com/news/2011/110527/full/news.2011.323.html）；Sharon Weinberger, "Intent to Deceive," *Nature* 465（May 2010），pp. 412-415。關於系統在測試中可達到70%的準確率，也就是錯誤率接近30%，請參閱Alexander Furnas, "Homeland Security's 'Pre-Crime' Screening Will Never Work," *The Atlantic Online*, April 17, 2012（http://www.theatlantic.com/technology/archive/2012/04/homelandsecuritys-pre-crime-screening-will-never-work/255971/）.

把高中學生依成績好壞分組……那些成績比較差的，保費就要比較高：Tim Query, "Grade Inflation and the Good-Student Discount," *Contingencies Magazine*, American Academy of Actuaries, May-June 2007（http://www.contingencies.org/mayjun07/tradecraft.pdf）.

特徵剖析其實承擔了過多的期待，它其實有嚴重的缺點：Bernard E. Harcourt, *Against Prediction: Profiling, Policing, and Punishing in an Actuarial Age*（University of Chicago Press, 2006）.

賓州大學統計暨犯罪學教授柏克的研究：Richard Berk, "The Role of Race in Forecasts of Violent Crime," *Race and Social Problems* 1（2009），pp. 231-242, and email interview with Cukier, November 2012.

麥納瑪拉是一個眼中只有數字的人：Phil Rosenzweig, "Robert S. McNamara and the Evolution of Modern Management," *Harvard Business Review*, December 2010（http://hbr.org/2010/12/robert-smcnamara-and-the-evolution-of-modern-management/ar/pr）.

第二次世界大戰期間，美國國防部「統計控制小組」的故事：John Byrne, *The Whiz Kids*（Doubleday, 1993）.

麥納瑪拉管理福特汽車公司的故事：David Halberstam, *The Reckoning*（William Morrow, September 1986），pp. 222-245.

退役將軍金奈德的著作：Douglas Kinnard, *The War Managers*（University Press of New England, 1977），pp. 71-25。本節內容曾透過助理，以電子郵件訪問金奈德博士，特別在此再致謝意。

現代經理人的一句箴言「我們相信神，其他一切則需要資料佐證」：一般認為是品管大師戴明（W. Edwards Deming）的名言。

麻州參議員泰德・甘迺迪和禁飛名單事件：Sara Kehaulani Goo, "Sen. Kennedy Flagged by No-Fly List," *Washington Post*, August 20, 2004, p. A01（http://www.washingtonpost.com/wpdyn/articles/A17073-2004Aug19.html）。

谷歌要求應徵者提出大學入學及畢業成績：參見Douglas Edwards, *I'm Feeling Lucky: The Confessions of Google Employee Number 59*（Houghton Mifflin Harcourt, 2011）, p. 9。同時參見Steven Levy, *In the Plex*（Simon and Schuster, 2011）, pp. 140-141。諷刺的是，谷歌的共同創辦人曾想過要聘請賈伯斯擔任執行長（但賈伯斯並沒有大學學位）；Levy, p. 80.

谷歌要求工作人員測試四十一種不同色階的藍色：Laura M. Holson, "Putting a Bolder Face on Google," *New York Times*, March 1, 2009（http://www.nytimes.com/2009/03/01/business/01marissa.html）。

谷歌頂尖設計師鮑曼辭職。辭職聲明取自：Doug Bowman, "Goodbye, Google," blog post, March 20, 2009（http://stopdesign.com/archive/2009/03/20/goodbye-google.html）。

賈伯斯的回答十分經典：「除非你拿出東西給顧客看，不然他們不知道自己要什麼。」：Steve Lohr, "Can Apple Find More Hits Without Its Tastemaker?" *New York Times*, January 18, 2011, p. B1（http://www.nytimes.com/2011/01/19/technology/companies/19innovat e.html）。

耶魯大學人類學家斯科特的著作《國家的視角》：James Scott, *Seeing Like a State: How Certain Schemes to Improve the Human Condition Have Failed*（Yale University Press, 1998）。簡體中文版由中國社會科學文獻出版社，於2004年出版。

麥納瑪拉在1967年的演講內容：From address at Millsaps College in Jackson, Mississippi, quoted in *Harvard Business Review*, December 2010.

麥納瑪拉的回憶錄《越戰回顧》：Robert S. McNamara with Brian VanDeMark, *In Retrospect: The Tragedy and Lessons of Vietnam*（Random House, 1995）, pp. 48, 270。

第9章 管控——打破巨量資料的黑盒子

劍橋大學在十五世紀初也只有一百二十二部書籍：Marc Drogin, *Anathema! Medieval Scribes and the History of Book Curses*（Allanheld and Schram, 1983）, p. 37.

最後，也會出現新的機構：訊息政策領導中心（The Center for Information Policy Leadership）對於責任與個資隱私的介面，有一項多年期計畫正在進行，參見 http://www.informationpolicycentre.com/accountabilitybased_privacy_governance/.

主管機關可能會依據資料本質帶來的風險、以及不同的社會價值觀，定出長短不一的期限：Mayer-Schönberger, *Delete*.

差分隱私（差分個資）：Cynthia Dwork, "A Firm Foundation for Private Data Analysis," *Communications of the ACM*, January 2011, pp. 86-95.

臉書向可能的廣告客戶報告用戶資訊時，用的就是某種差分個資的概念：A. Chin and A. Klinefelter, "Differential Privacy as a Response to the Reidentification Threat: The Facebook Advertiser Case Study," 90 *North Carolina Law Review* 1417（2012）; A. Haeberlen et al., "Differential Privacy Under Fire," http://www.cis.upenn.edu/~ahae/papers/fuzz-sec2011.pdf.

我們完全可以使用巨量資料分析，找出這九家公司可能勾結的情形：Pim Heijnen, Marco A. Haan, and Adriaan R. Soetevent, "Screening for Collusion: A Spatial Statistics Approach," Discussion Paper TI 2012-058/1, Tinbergen Institute, The Netherlands, 2012（http://tinbergen.nl/discussionpaper/12058.pdf）

德國要求一定規模以上的企業，必須指定一位「資料保護代表」：Viktor Mayer-Schönberger, "Beyond Privacy, Beyond Rights: Towards a 'Systems' Theory of Information Governance," 98 *California Law Review* 1853（2010）.

可交互運作性：John Palfrey and Urs Gasser, *Interop: The Promise and Perils of Highly Interconnected Systems*（Basic Books, 2012）.

第10章 未來——巨量資料只是工具，勿忘謙卑與人性

弗勞爾斯與紐約市的巨量資料分析：Based on interview with Cukier, July 2012。詳細
　　內容請參見 Alex Howard, "Predictive data analytics is saving lives and taxpayer dollars
　　in New York City," *O'Reilly Media*, June 26, 2012（http://strata.oreilly.com/2012/06/
　　predictive-data-analytics-big-datanyc.html）.

沃爾瑪和小甜點：Constance L. Hays, "What Wal-Mart Knows About Customers' Habits,"
　　New York Times, November 14, 2004（http://www.nytimes.com/2004/11/14/business/
　　yourmoney/14wal.html）.

使用巨量資料分析手機使用者的移動情形，就發現了非洲貧民窟其實是充滿經濟
　　活力的地區……也知道難民危機可能如何產生：Nathan Eagle, "Big Data, Global
　　Development, and Complex Systems," http://www.youtube.com/watch?v=yaivtqlu7iM.

這五百年來，時間開始成為線性的概念：Benedict Anderson, *Imagined Communities*（New
　　edition, Verso, 2006）.

莎士比亞就寫過：「以往的一切都只是個開場的引子。」這句話出自《暴風雨》（*The
　　Tempest*）第二幕第一場。

歐洲粒子物理研究中心（CERN）的實驗及資料儲存：Cukier email exchange with
　　CERN researchers, November 2012.

阿波羅十一號的導航電腦：David A. Mindell, *Digital Apollo: Human and Machine in Spaceflight*
　　（MIT Press, 2008）.

延伸閱讀

Alter, Alexandra. "Your E-Book Is Reading You." *Wall Street Journal*, June 29, 2012（http:// online.wsj.com/article/SB10001424052702304870304577490950051438304.html）.

Anderson, Benedict. *Imagined Communities*, New Edition. Verso, 2006.

Anderson, Chris. "The End of Theory." *Wired* 16, issue 7（July 2008（http://www.wired.com/ science/discoveries/magazine/1607/pb_theory）.

Asur, Sitaram, and Bernardo A. Huberman. "Predicting the Future with Social Media." *Proceedings of the 2010 IEEE/WIC/ACM International Conference on Web Intelligence and Intelligent Agent Technology*, pp.492-499。線上版本請見 http://www.hpl.hp.com/research/ scl/papers/socialmedia/socialmedia .pdf.

Ayres, Ian. *Super Crunchers: Why Thinking-By-Numbers is the New Way To Be Smart*. Bantam Dell, 2007.

Babbie, Earl. *Practice of Social Research*, 12th ed. 2010.

Backstrom, Lars, Cynthia Dwork, and Jon Kleinberg. "Wherefore Art Thou R3579X? Anonymized Social Networks, Hidden Patterns, and Structural Steganography." *Communications of the ACM*, December 2011, pp.133-141.

Bakos, Yannis, and Erik Brynjolfsson. "Bundling Information Goods: Pricing, Profits, and Efficiency." *Management Science* 45（December 1999）, pp.1613-30.

Banko, Michele, and Eric Brill. "Scaling to Very Very Large Corpora for Natural Language Disambiguation." Microsoft Research, 2001, p.3（http://acl.ldc.upenn.edu/P/P01/ P011005.pdf）.

Barbaro, Michael, and Tom Zeller Jr. "A Face Is Exposed for AOL Searcher No. 4417749." *New York Times*, August 9, 2006（http://www.nytimes.com/2006/08/09/technology/09aol. html）.

Barnes, Brooks. "A Year of Disappointment at the Movie Box Office," *New York Times*, December 25, 2011（http://www.nytimes.com/2011/12/26/business/media/a-year-ofdisappointment-for-hollywood.html）.

Beaty, Janice. *Seeker of Seaways: A Life of Matthew Fontaine Maury, Pioneer Oceanographer*. Pantheon Books, 1966.

Berger, Adam L., et al. "The Candide System for Machine Translation." *Proceedings of the 1994 ARPA Workshop on Human Language Technology* (1994)（http://aclweb.org/anthologynew/H/H94/H94-1100.pdf）.

Berk, Richard. "The Role of Race in Forecasts of Violent Crime." *Race and Social Problems* 1（2009）, pp.231-242.

Black, Edwin. *IBM and the Holocaust*. Crown, 2003.

boyd, danah, and Kate Crawford. "Six Provocations for Big Data." Research paper presented at Oxford Internet Institute's "A Decade in Internet Time: Symposium on the Dynamics of the Internet and Society," September 21, 2011（http://ssrn.com/abstract=1926431）.

Brown, Brad, Michael Chui, and James Manyika. "Are You Ready for the Era of 'Big Data'?" *McKinsey Quarterly*, October 2011, p. 10.

Brynjolfsson, Erik, Andrew McAfee, Michael Sorell, and Feng Zhu. "Scale Without Mass: Business Process Replication and Industry Dynamics." HBS working paper, September 2006（http://www.hbs.edu/research/pdf/07-016.pdf; also http://hbswk.hbs.edu/item/5532.html）.

Brynjolfsson, Erik, Lorin Hitt, and Heekyung Kim. "Strength in Numbers: How Does Data-Driven Decisionmaking Affect Firm Performance?" *ICIS 2011 Proceedings*, Paper 13（http://aisel.aisnet.org/icis2011/proceedings/economicvalueIS /13; also available at http://papers.ssrn.com/sol3/papers.cfm?abstract_id=1819486）.

Byrne, John. *The Whiz Kids*（Doubleday, 1993）.

Cate, Fred H. "The Failure of Fair Information Practice Principles." In Jane K. Winn, ed., *Consumer Protection in the Age of the "Information Economy"*（Ashgate, 2006）, p. 341 et seq.

Chin, A., and A. Klinefelter. Klinefelter, "Differential Privacy as a Response to the Reidentification Threat: The Facebook Advertiser Case Study." 90 *North Carolina Law Review* 1417（2012）.

Crosby, Alfred. *The Measure of Reality: Quantification and Western Society*（1997）. Cambridge University Press, 1997.

Cukier, Kenneth. "Data, Data Everywhere." *The Economist* Special Report, February 27, 2010, pp.1-14.

——"Tracking Social Media: The Mood of the Market." *The Economist* online, June 28, 2012（http://www.economist.com/blogs/graphicdetail/2012/06/trackin g-social-media）.

Davenport, Thomas H., Paul Barth, and Randy Bean. "How 'Big Data' Is Different." *Sloan Review*, July 30, 2012（http://sloanreview.mit.edu/the-magazine/2012-fall/54104/howbig-data-is-different/）.

Di Quinzio, Melanie, and Anne McCarthy. "Rabies Risk Among Travellers." *CMAJ* 178, no. 5（2008）, p.567.

Drogin, Marc. *Anathema! Medieval Scribes and the History of Book Curses*（Allanheld and Schram, 1983）, p. 37.

Dugas, A. F., et al. "Google Flu Trends: Correlation with Emergency Department Influenza Rates and Crowding Metrics." CID Advanced Access, January 8, 2012. DOI 10.1093/cid/cir883.

Duggan, Mark, and Steven D. Levitt. "Winning Isn't Everything: Corruption in Sumo Wrestling." *American Economic Review* 92（2002）, pp.1594-1605（http://pricetheory.uchicago.edu/levitt/Papers/DugganLevitt20 02.pdf）.

Duhigg, Charles. *The Power of Habit: Why We Do What We Do in Life and Business*（Random House, 2012）；Random House, 2012.

Duhigg, Charles. "How Companies Learn Your Secrets." *New York Times*, February 16, 2012（http://www.nytimes.com/2012/02/19/magazine/shoppinghabits.html）.

Dwork, Cynthia. "A Firm Foundation for Private Data Analysis." *Communications of the ACM*,

January 2011, pp.86-95 (http://dl.acm.org/citation.cfm?id=1866739.1866758).

Economist, The. "Rolls-Royce: Britain's Lonely High-Flier." *The Economist*, January 8, 2009 (http://www.economist.com/node/12887368).

——"Building with Big Data: The Data Revolution Is Changing the Landscape of Business." *The Economist*, May 26, 2011 (http://www.economist.com/node/18741392/).

——"Official Statistics: Don't Lie to Me, Argentina." *The Economist*, February 25, 2012 (http://www.economist.com/node/21548242).

——"Counting Every Moment." *The Economist*, March 3, 2012 (http://www.economist.com/node/21548493).

——"Vehicle Data Recorders: Watching Your Driving." Watching Your Driving," *The Economist*, June 23, 2012 (http://www.economist.com/node/21557309).

Edwards, Douglas. *I'm Feeling Lucky: The Confessions of Google Employee Number 59*. Houghton Mifflin Harcourt, 2011.

Ehrenberg, Rachel. "Predicting the Next Deadly Manhole Explosion." *Wired*, July 7, 2010 (http://www.wired.com/wiredscience/2010/07/manholeexplosions).

Eisenstein, Elizabeth L. Eisenstein, *The Printing Revolution in Early Modern Europe* (Cambridge: Cambridge: Canto/Cambridge University Press, 1993.

Etzioni, Oren, C. A. Knoblock, R. Tuchinda, and A. Yates. Yates, "To Buy or Not to Buy: Mining Airfare Data to Minimize Ticket Purchase Price." SIGKDD '03, August 24-27, 2003 (http://knight.cis.temple.edu/~yates//papers/hamlet-kdd03.pdf).

Frei, Patrizia, et al. "Use of Mobile Phones and Risk of Brain Tumours: Update of Danish Cohort Study." *BMJ* 2011, 343 (http://www.bmj.com/content/343/bmj.d6387).

Furnas, Alexander. "Homeland Security's 'Pre-Crime' Screening Will Never Work." *The Atlantic Online*, April 17, 2012 (http://www.theatlantic.com/technology/archive/2012/04/homeland-securitys-pre-crime-screening-will-never-work/255971/).

Garton Ash, Timothy. *The File*. Atlantic Books, 2008.

Geron, Tomio. "Twitter's Dick Costolo: Twitter Mobile Ad Revenue Beats Desktop on Some

Days." *Forbes*, June 6, 2012（http://www.forbes.com/sites/tomiogeron/2012/06/06/twittersdick-costolo-mobile-ad-revenue-beats-desktop-on-some-days/）.

Ginsburg, Jeremy, et al. "Detecting Influenza Epidemics Using Search Engine Query Data." *Nature* 457（2009）, pp.1012-14（http://www.nature.com/nature/journal/v457/n7232/full/nature0 7634.html）.

Golder, Scott A., and Michael W. Macy. "Diurnal and Seasonal Mood Vary with Work, Sleep, and Daylength Across Diverse Cultures." *Science* 333（September 30, 2011）, pp.1878-81.

Golle, Philippe. "Revisiting the Uniqueness of Simple Demographics in the US Population." *Association for Computing Machinery Workshop on Privacy in Electronic Society* 5（2006）, pp.77-80.

Goo, Sara Kehaulani. "Sen. Kennedy Flagged by No-Fly List." *Washington Post*, August 20, 2004, p. A01（http://www.washingtonpost.com/wp-dyn/articles/A170732004Aug19.html）.

Haeberlen, A., et al. "Differential Privacy Under Fire." In *SEC'11: Proceedings of the 20th USENIX conference on Security*, p.33（http://www.cis.upenn.edu/~ahae/papers/fuzzsec2011.pdf）.

Halberstam, David. *The Reckoning*. William Morrow, 1986.

Haldane, J. B. S. "On Being the Right Size." *Harper's Magazine*, March 1926（http://harpers.org/archive/1926/03/on-being-the-right-size/）.

Halevy, Alon, Peter Norvig, and Fernando Pereira. "The Unreasonable Effectiveness of Data." *IEEE Intelligent Systems*, March/April 2009, pp.8-12.

Harcourt, Bernard E. *Against Prediction: Profiling, Policing, and Punishing in an Actuarial Age*. University of Chicago Press, 2006.

Hardy, Quentin. "Bizarre Insights from Big Data." *NYTimes.com*, March 28, 2012（http://bits.blogs.nytimes.com/2012/03/28/bizarre-insightsfrom-big-data/）.

Hays, Constance L. "What Wal-Mart Knows About Customers' Habits." *New York Times*, November 14, 2004（http://www.nytimes.com/2004/11/14/business/yourmoney/14wal.h tml）.

Hearn, Chester G. Hearn, *Tracks in the Sea: Matthew Fontaine Maury and the Mapping of the Oceans.* International Marine/McGraw-Hill, June 2002.

Helland, Pat. "If You Have Too Much Data then "Good Enough' Is Good Enough." *Communications of the ACM*, June 2011, p.40 et seq.

Hilbert, Martin, and Priscilla López. "The World's Technological Capacity to Store, Communicate, and Compute Information." *Science* 1（April 2011）, pp.60-65.

——"How to Measure the World's Technological Capacity to Communicate, Store and Compute Information?" *International Journal of Communication*（2012）, pp.1042-55（ijoc. org/ojs/index.php/ijoc/article/viewFile/1562/742）.

Holson, Laura M. "Putting a Bolder Face on Google." *New York Times*, March 1, 2009, p. BU 1（http://www.nytimes.com/2009/03/01/business/01marissa.html）.

Hopkins, Brian, and Boris Evelson. "Expand Your Digital Horizon with Big Data." Forrester, September 30, 2011.

Hotz, Robert Lee. "The Really Smart Phone." *Wall Street Journal*, April 22, 2011（http://online. wsj.com/article/SB10001424052748704545476045762 63261679848814.html）.

Hutchins, John. "The First Public Demonstration of Machine Translation: The Georgetown-IBM System, 7th January 1954." November 2005（http://www.hutchinsweb.me.uk/GU-IBM-2005.pdf）.

Inglehart, R., and H. D. Klingemann. *Genes, Culture and Happiness.* MIT Press, 2000.

Isaacson, Walter. *Steve Jobs.* 2011. 繁體中文版為《賈伯斯傳》，天下文化2011年出版。

Kahneman, Daniel. *Thinking, Fast and Slow.* Farrar, Straus and Giroux, 2011. 繁體中文版為《快思慢想》，天下文化2012年出版。

Kaplan, Robert S., and David P. Norton. *Strategy Maps: Converting Intangible Assets into Tangible Outcomes.* Harvard Business Review Press, 2004.

Karnitschnig, Matthew, and Mylene Mangalindan. "AOL Fires Technology Chief After Web-Search Data Scandal." *Wall Street Journal*, August 21, 2006.

Keefe, Patrick Radden. "Can Network Theory Thwart Terrorists?" *New York Times*, March 12,

2006（http://www.nytimes.com/2006/03/12/magazine/312wwln_essay.html）.

Kinnard, Douglas. *The War Managers*. University Press of New England, 1977.

Kirwan, Peter. "This Car Drives Itself." *Wired* UK, January 2012（http://www.wired.co.uk/magazine/archive/2012/01/features/thi s-car-drives-itself）.

Kliff, Sarah. "A Database That Could Revolutionize Health Care." *Washington Post*, May 21, 2012.

Kruskal, William, and Frederick Mosteller. "Representative Sampling, IV: The History of the Concept in Statistics, 1895-1939." *International Statistical Review* 48（1980）, pp.169-195.

Laney, Doug. "To Facebook You're Worth $80.95." *Wall Street Journal*, May 3, 2012（http://blogs.wsj.com/cio/2012/05/03/tofacebook-youre-worth-80-95/）.

Latour, Bruno, et al. *The Pasteurization of France*. Harvard University Press, 1993.

Levitt, Steven D., and Stephen J. Dubner. *Freakonomics: A Rogue Economist Explores the Hidden Side of Everything*. William Morrow, 2009.

Levy, Steven. *In the Plex*. Simon and Schuster, 2011.

Lewis, Charles Lee. *Matthew Fontaine Maury: The Pathfinder of the Seas*. U.S. Naval Institute, 1927.

Lohr, Steve. "Can Apple Find More Hits Without Its Tastemaker?" *New York Times*, January 18, 2011, p. B1（http://www.nytimes.com/2011/01/19/technology/companies/19innovate.html）.

Lowrey, Annie. "Economists' Programs Are Beating U.S. at Tracking Inflation." *Washington Post*, December 25, 2010（http://www.washingtonpost.com/wpdyn/content/article/2010/12/25/AR2010122502600.html）.

Macrakis, Kristie. *Seduced by Secrets: Inside the Stasi's Spy-Tech World*. Cambridge University Press, 2008.

Manyika, James, et al. "Big Data: The Next Frontier for Innovation, Competition, and Productivity." *McKinsey Global Institute*, May 2011（http://www.mckinsey.com/insights/mgi/research/technology_and _innovation/big_data_the_next_frontier_for_innovation）.

Marcus, James. *Amazonia: Five Years at the Epicenter of the Dot.Com Juggernaut*. The New Press, 2004.

Margolis, Joel M. "When Smart Grids Grow Smart Enough to Solve Crimes." Neustar, March 18, 2010（http://energy.gov/sites/prod/files/gcprod/documents/Neustar_ Comments_ DataExhibitA.pdf）.

Maury, Matthew Fontaine. *The Physical Geography of the Sea*. Harper, 1855.

Mayer-Schönberger, Viktor. "Beyond Privacy, Beyond Rights: Towards a "Systems" Theory of Information Governance." 98 *California Law Review* 1853（2010）.

——Viktor. *Delete: The Virtue of Forgetting in the Digital Age*. Princeton University Press, 2nd ed., 2011.

McGregor, Carolyn, Christina Catley, Andrew James, and James Padbury. "Next Generation Neonatal Health Informatics with Artemis." In European Federation for Medical Informatics, *User Centred Networked Health Care*, ed. A. Moen et al.（IOS Press, 2011）, p.117 et seq.

McNamara, Robert S., with Brian VanDeMark. *In Retrospect: The Tragedy and Lessons of Vietnam*. Random House, 1995.

Mehta, Abhishek. "Big Data: Powering the Next Industrial Revolution." Tableau Software White Paper, 2011.

Michel, Jean-Baptiste, et al. "Quantitative Analysis of Culture Using Millions of Digitized Books." *Science* 331（January 14, 2011）, pp.176-182（http://www.sciencemag.org/content/331/6014/176.abstract）.

Miller, Claire Cain. "U.S. Clears Google Acquisition of Travel Software." *New York Times*, April 8, 2011（http://www.nytimes.com/2011/04/09/technology/09google.html?_r=0）.

Mills, Howard. "Analytics: Turning Data into Dollars." Forward Focus, December 2011（http://www.deloitte.com/assets/Dcom-UnitedStates/Local%20Assets/Documents/FSI/US_FSI_Forward%20Focus_Analytics_Turning%20data%20into%20dollars_120711.pdf）.

Mindell, David A. *Digital Apollo: Human and Machine in Spaceflight*. MIT Press, 2008.

Minkel, J. R. "The U.S. Census Bureau Gave Up Names of Japanese-Americans in WW

II." *Scientific American*, March 30, 2007（http://www.scientificamerican.com/article. cfm?id=confirmedthe-us-census-b）.

Murray, Alexander. *Reason and Society in the Middle Ages*. Oxford University Press, 1978.

Nalimov, E. V., G. McC. Haworth, and E.oA. Heinz. "Space-Efficient Indexing of Chess Endgame Tables." *ICGA Journal* 23, no. 3（2000）, pp.148-162.

Narayanan, Arvind, and Vitaly Shmatikov. "How to Break the Anonymity of the Netflix Prize Dataset." October 18, 2006, arXiv:cs/0610105 [cs.CR]（http://arxiv.org/abs/cs/0610105）.

——"Robust De-Anonymization of Large Sparse Datasets." *Proceedings of the 2008 IEEE Symposium on Security and Privacy*, p.111（http://www.cs.utexas.edu/~shmat/shmat_ oak08netflix.pdf）.

Nazareth, Rita, and Julia Leite. "Stock Trading in U.S. Falls to Lowest Level Since 2008." *Bloomberg*, August 13, 2012（http://www.bloomberg.com/news/2012-08-13/stock-trading-in-us-hits-lowest-level-since-2008-as-vix-falls.html）.

Negroponte, Nicholas. *Being Digital*. Alfred Knopf, 1995. 繁體中文版為《數位革命》，天下文化1995年出版。

Neyman, Jerzy. "On the Two Different Aspects of the Representative Method: The Method of Stratified Sampling and the Method of Purposive Selection." *Journal of the Royal Statistical Society* 97, no. 4（1934）, pp.558-625.

Ohm, Paul. "Broken Promises of Privacy: Responding to the Surprising Failure of Anonymization." 57 *UCLA Law Review* 1701（2010）.

Onnela, J. P., et al. "Structure and Tie Strengths in Mobile Communication Networks." *Proceedings of the National Academy of Sciences of the United States of America*（*PNAS*）104（May 2007）, pp.7332-36（http://nd.edu/~dddas/Papers/PNAS0610245104v1.pdf）.

Palfrey, John, and Urs Gasser. Interop: The Promise and Perils of Highly Interconnected Systems. Basic Books, 2012.

Pearl, Judea. *Causality: Models, Reasoning and Inference*, 2nd ed. Cambridge University Press, 2009.

President's Council of Advisors on Science and Technology. "Report to the President and Congress Designing a Digital Future: Federally Funded Research and Development in Networking and Information Technology." December 2010 (http://www.whitehouse. gov/sites/default/files/microsites/ost p/pcast-nitrd-report-2010.pdf).

Priest, Dana and William Arkin. "A Hidden World, Growing Beyond Control." *Washington Post*, July 19, 2010 (http://projects.washingtonpost.com/top-secret-america/articles/a-hidden-world-growing-beyondcontrol/print/).

Query, Tim. "Grade Inflation and the Good-Student Discount." *Contingencies Magazine*, American Academy of Actuaries, May-June 2007 (http://www.contingencies.org/mayjun07/ tradecraft.pdf).

Quinn, Elias Leake. "Smart Metering and Privacy: Existing Law and Competing Policies; A Report for the Colorado Public Utility Commission." Spring 2009 (http://www.w4ar. com/Danger_of_Smart_Meters_Colorado_Report.p df).

Reshef, David, et al. "Detecting Novel Associations in Large Data Sets." *Science* (2011), pp.1518-24.

Rosenthal, Jonathan. "Banking Special Report." *The Economist*, May 19, 2012, pp.7-8.

Rosenzweig, Phil. "Robert S. McNamara and the Evolution of Modern Management." *Harvard Business Review*, December 2010, pp.87- 93 (http://hbr.org/2010/12/robert-s-mcnamara-and-theevolution-of-modern-management/ar/pr).

Rudin, Cynthia, et al. "21st-Century Data Miners Meet 19thCentury Electrical Cables." *Computer*, June 2011, pp.103-105.

——"Machine Learning for the New York City Power Grid." *IEEE Transactions on Pattern Analysis and Machine Intelligence* 34.2 (2012), pp.328-345 (http://hdl.handle. net/1721.1/68634).

Rys, Michael. "Scalable SQL." *Communications of the ACM*, June 2011, 48, pp.48-53.

Salathé, Marcel, and Shashank Khandelwal. "Assessing Vaccination Sentiments with Online Social Media: Implications for Infectious Disease Dynamics and Control." *PloS*

Computational Biology 7, no. 10（October 2011）.

Savage, Mike, and Roger Burrows. "The Coming Crisis of Empirical Sociology." *Sociology* 41 （2007）, pp.885-899.

Scanlon, Jessie,"Luis von Ahn: The Pioneer of 'Human Computation'." *Businessweek*, November 3, 2008（http://www.businessweek.com/stories/2008-11-03/luis-von-ahnthe-pioneer-of-human-computation-businessweek-business-newsstock-market-and-financial-advice）.

Schlie, Erik, Jörg Rheinboldt, and Niko Waesche. *Simply Seven: Seven Ways to Create a Sustainable Internet Business*. Palgrave Macmillan, 2011.

Scism, Leslie, and Mark Maremont. "Inside Deloitte's Life-Insurance Assessment Technology." *Wall Street Journal*, November 19, 2010（http://online.wsj.com/article/SB10001424052748704104104457562 2531084755588.html）.

——"Insurers Test Data Profiles to Identify Risky Clients." *Wall Street Journal*, November 19, 2010（http://online.wsj.com/article/SB10001424052748704648604575620750998072986.html）.

Scott, James. *Seeing like a State: How Certain Schemes to Improve the Human Condition Have Failed*. Yale University Press, 1998.

Seltzer, William, and Margo Anderson. "The Dark Side of Numbers: The Role of Population Data Systems in Human Rights Abuses." *Social Research* 68（2001）pp.481-513.

Silver, Nate. *The Signal and the Noise: Why So Many Predictions Fail—But Some Don't*（Penguin, 2012）. Penguin, 2012.

Singel, Ryan. "Netflix Spilled Your *Brokeback Mountain* Secret, Lawsuit Claims." *Wired*, December 17, 2009（http://www.wired.com/threatlevel/2009/12/netflix-privacylawsuit/）.

Smith, Adam. *The Wealth of Nations*（1776）. Reprinted Bantam Classics, 2003.（線上免費電子版可至http://www2.hn.psu.edu/faculty/jmanis/adam-smith/WealthNations.pdf）。

Solove, Daniel J. *The Digital Person: Technology and Privacy in the Information Age*. NYU Press, 2004.

Surowiecki, James. "A Billion Prices Now." *New Yorker*, May 30, 2011（http://www.newyorker.com/talk/financial/2011/05/30/110530ta_ talk_surowiecki）.

Taleb, Nassim Nicholas. *Fooled by Randomness: The Hidden Role of Chance in Life and in the Markets.* Random House, 2008.

——*The Black Swan: The Impact of the Highly Improbable.* 2nd ed., Random House, 2010.

Thompson, Clive. "For Certain Tasks, the Cortex Still Beats the CPU." *Wired*, June 25, 2007 （http://www.wired.com/techbiz/it/magazine/15-07/ff_humancomp?currentPage=all）.

Thurm, Scott. "Next Frontier in Credit Scores: Predicting Personal Behavior." Predicting Personal Behavior," *Wall Street Journal*, October 27, 2011（http://online.wsj.com/article/S B10001424052970203687504576655182 086300912.html）.

Tsotsis, Alexia. "Twitter Is at 250 Million Tweets per Day, iOS 5 Integration Made Signups Increase 3x." *TechCrunch*, October 17, 2011（http://techcrunch.com/2011/10/17/twitter-is-at-250million-tweets-per-day/）.

Valery, Nick. "Tech.View: Cars and Software Bugs." *The Economist*, May 16, 2010（http://www.economist.com/blogs/babbage/2010/05/techview_cars _and_software_bugs）.

Vlahos, James. "The Department Of Pre-Crime." *Scientific American* 306（January 2012）, pp.62-67.

Von Baeyer, Hans Christian. *Information: The New Language of Science.* Harvard University Press, 2004.

von Ahn, Luis, et al. "reCAPTCHA: Human-Based Character Recognition via Web Security Measures." *Science* 321（September 12, 2008）, pp.1465-68（http://www.sciencemag.org/content/321/5895/1465.abstract）.

Watts, Duncan. *Everything Is Obvious Once You Know the Answer: How Common Sense Fails Us.* Atlantic, 2011.

Weinberger, David. *Everything Is Miscellaneous: The Power of the New Digital Disorder*（Times, 2007）. Times, 2007.

Weinberger, Sharon. "Intent to Deceive." *Nature* 465（May 2010）, pp.412-415（http://www.nature.com/news/2010/100526/full/465412a.html）.

——"Terrorist 'Pre-crime' Detector Field Tested in United States." *Nature*, May 27, 2011 （http://www.nature.com/news/2011/110527/full/news.2011.323.ht ml）.

Whitehouse, David. "UK Science Shows Cave Art Developed Early." *BBC News Online*, October 3, 2001（http://news.bbc.co.uk/1/hi/sci/tech/1577421.stm）.

Wigner, Eugene. "The Unreasonable Effectiveness of Mathematics in the Natural Sciences." *Communications on Pure and Applied Mathematics* 13, no. 1（1960）, pp.1-14.

Wilks, Yorick. *Machine Translation: Its Scope and Limits*. Springer, 2009.

Wingfield, Nick. "Virtual Products, Real Profits: Players Spend on Zynga's Games, but Quality Turns Some Off." *Wall Street Journal*, September 9, 2011（http://online.wsj.com/article/SB10001424053111904823804576504 2442835413446.html）.

謝辭

　　兩位作者都曾經有幸，與資訊網路及創新領域的早期大師 Lewis M. Branscomb共事，獲益良多。他機智過人、口才便給、精力充沛，又具備專業風範及永無止境的好奇心，一直令人深受啟發。另外，也要感謝與他堪稱天作之合的太座：聰慧的Connie Mullin，很抱歉，最後我們並未採用她建議的書名Superdata（超級資料）。

　　Momin Malik思維機敏、做事勤勉，一直是絕佳的研究助理。我們也很榮幸能邀請Garamond Agency的Lisa Adams和David Miller擔任經紀人，他們在各方面都完美到無可挑剔。至於我們的編輯 Eamon Dolan也是一時之選，像他這種編輯千金難覓，能夠對文本掌握精準，深知如何刺激讀者的思維，讓全書成果遠遠超出我們原本的期望。也要感謝Camille Smith專業的文字編輯工作，還有《經濟學人》的James Fransham，協助驗證各項資訊，也對初稿提出精確敏銳的批評。

　　更要感謝所有願意撥空向我們解釋的巨量資料工作者，尤其是伊茲奧尼（Oren Etzioni）、辛希雅・魯丁（Cynthia Rudin）、麥克蕾格（Carolyn McGregor）以及弗勞爾斯（Mike Flowers）。

以下是作者麥爾荀伯格個人，特別感謝的對象：

感謝波士頓顧問集團的伊凡斯（Philip Evans），他的思考總是比別人快上兩步，而且表達精準而優雅，在過去超過十年之間，與他的談話都使我受惠良多。

也要感謝先前的同事David Lazer，他是很早便開始研究巨量資料的優秀學者，我曾多次向他請益。

另外要感謝2011牛津數位資料對話論壇（Oxford Digital Data Dialogue，該論壇即以巨量資料為重點）的參與者，特別是共同主席Fred Cate，他帶領多項討論，內容精采而深具價值。

我目前任職的牛津網路研究所，有許多同事正在從事巨量資料的研究，為本書提供了完美的寫作環境，再也想不到有更適合的地方了。另外也要感謝基布爾學院（Keble College）的支持，我在該院擔任教授研究員。如果沒有他們的支持，就不可能取得書中許多重要的第一手資料。

作者寫作時，要付出最大代價的，永遠都是他們的家庭。我不只有許多時間都花在電腦螢幕前或辦公室裡，還有許多時候是處於人在心不在的狀態，為此要向我的太太Birgit和小Viktor致歉，請求他們的原諒。我發誓，我會努力做得更好。

　　以下則是另一位作者庫基耶的感謝對象：

　　感謝所有曾經提供幫助的資料科學家，特別是漢默巴克（Jeff Hammerbacher）、Amr Awadallah、DJ Patil、Michael Driscoll、Michael Freed，以及在谷歌多年的同事瓦里安（Hal Varian）、Jeremy Ginsberg、諾威格（Peter Norvig）、Udi Manber等人，而雖然和Eric Schmidt及佩吉（Larry Page）只曾有短暫的對談，卻是收穫豐富。

　　我的思想受惠於網路時代的專家奧萊利（Tim O'Reilly），也要感謝來自Salesforce.com、曾經當過老師的Marc Benioff。而Matthew Hindman的見解也是一如往常的深富哲理。德勤顧問諮詢公司的James Guszcza也幫了很多忙，另外還有Geoff Hyatt，他是一位老朋友，以時序資料開始創業。特別要感謝華登（Pete Warden），他既是哲學家，也是巨量資料的實踐者。

　　許多朋友都提供了很好的點子和建議，包括John Turner、Angelika Wolf、Niko Waesche、Katia Verresen、Anna Petherick、Blaine Harden，以及Jessica Kowal。其他為本書主題提供想法的，還有Blaise Aguera y Arcas、Eric Horvitz、David Auerbach、艾爾巴茲（Gil Elbaz）、Tyler Bell、Andrew Wyckoff，以及經濟合作發展組織（OECD）的人員、天睿的Stephen Brobst小組、卡古公司的古德布魯（Anthony Goldbloom）和Jeremy Howard，以及O'Reilly Media的Edd Dumbill、Roger Magoulas及小組成員，還有Edward Lazowska。James Cortada是我們的偶像。還要感謝Accel Partners的Ping Li，以及IA Ventures的Roger Ehrenberg。

《經濟學人》的同事提供了許多想法和支持。特別要感謝我的編輯Tom Standage、Daniel Franklin、John Micklethwait，還有Barbara Beck，她編輯了〈Data、Data Everywhere〉這篇特別報導，而這正是本書的起源。Henry Tricks和Dominic Zeigler是在東京的同事，他們以身作則，總是不斷追求新知，並且能夠傳達得清楚美好。Oliver Morton也在最需要他的時候，提供了一如往常的智慧洞見。

在奧地利舉辦的「薩爾堡全球研討會」，結合了如畫的風光和智力的饗宴，對我的寫作及思考都助益甚多。而亞斯本研究院在2011年7月的圓桌論壇，也激盪出許多想法，我特別要感謝所有參與者，以及籌畫者Charlie Firestone。另外還要感謝Teri Elniski的許多支持。

牛津艾克塞特學院的院長Frances Cairncross提供了一個安靜的住居處，也給了我很大的鼓勵。她在十五年前就已經在《距離之死》（*The Death of Distance*）一書中，提過許多關於科技和社會的問題，當時我還是個年輕的記者，便已深受啟發。現在再回來思考這些問題，更感到必須謙卑。每天早上走過艾克塞特學院的中庭，我都知道，自己可能正在傳承著由她交下的火炬，只是當然，火光在她手中總是燃燒得更為明亮。

我最深的感謝要送給我的家人，他們忍受我的一切，或者更常見的，是要忍受我的缺席。我要感謝我的父母、妹妹和其他親人，但最感謝的還是太太Heather，還有我們的孩子Charlotte和Kaz，沒有他們的支持、鼓勵和想法，這本書不可能成真。

　　我們兩位作者，都須感謝那些早在「巨量資料」一詞為眾人所知之前、便與我們討論這項主題的許多人士。而就這點，更要特別感謝多年來參與「呂施里肯資訊政策研討會」（Rueschlikon Conference on Information Policy）的參與者，麥爾荀伯格是會議的共同主辦者，而庫基耶則是書記。特別感謝 Joseph Alhadeff、John Seely Brown、Peter Cullen、Ed Felten、Jeff Jonas、Douglas Merrill、Cory Ondrejka、Herbert Burkert（他讓我們知道莫銳中校的事蹟）、Urs Gasser、Nicklas Lundblad、Paul Schwartz 與伊藤穰一（Joi Ito）。

麥爾荀伯格
庫基耶
於倫敦牛津，2012 年 8 月

閱讀天下文化，傳播進步觀念。

- 書店通路 —— 歡迎至各大書店·網路書店選購天下文化叢書。

- 團體訂購 —— 企業機關、學校團體訂購書籍，另享優惠或特製版本服務。
  請洽讀者服務專線 02-2662-0012 或 02-2517-3688 * 904 由專人為您服務。

- 讀家官網 —— 天下文化書坊
  天下文化書坊網站，提供最新出版書籍介紹、作者訪談、講堂活動、書摘簡報及精彩影音
  剪輯等，最即時、最完整的書籍資訊服務。

  www.bookzone.com.tw

- 閱讀社群 —— 天下遠見讀書俱樂部
  全國首創最大 VIP 閱讀社群，由主編為您精選推薦書籍，可參加新書導讀及多元演講活
  動，並提供優先選領書籍特殊版或作者簽名版服務。

  RS.bookzone.com.tw

- 專屬書店 ——「93巷·人文空間」
  文人匯聚的新地標，在商業大樓林立中，獨樹一格空間，提供閱讀、餐飲、課程講座、
  場地出租等服務。
  地址：台北市松江路93巷2號1樓　電話：02-2509-5085

  CAFE.bookzone.com.tw

科學文化 156A

大數據

Big Data

A Revolution That Will Transform How We Live,
Work, and Think

國家圖書館出版品預行編目 (CIP) 資料

大數據 / 麥爾荀伯格 (Viktor Mayer-Schönberger),
庫基耶 (Kennech Cukier) 著;林俊宏譯 . -- 第一
版 .
-- 臺北市:遠見天下文化, 2013.05
面; 公分 . -- (科學文化;156)
譯自 : Big data : a revolution that will transform
how we live, work, and think
ISBN 978-986-320-191-5(精裝)

1. 資訊社會 2. 網路社會 3. 社會變遷

541.415   102008422

原著 ── 麥爾荀伯格、庫基耶
譯者 ── 林俊宏
總編輯 ── 吳佩穎
策劃群 ── 林和（總策劃）、牟中原、李國偉、周成功
科學叢書總監暨責任編輯 ── 林榮崧
封面設計 ── 張議文
內頁設計 ── 江儀玲

出版者 ── 遠見天下文化出版股份有限公司
創辦人 ── 高希均、王力行
遠見・天下文化 事業群董事長 ── 高希均
事業群發行人／ CEO ── 王力行
天下文化社長 ── 林天來
天下文化總經理 ── 林芳燕
國際事務開發部兼版權中心總監 ── 潘欣
法律顧問 ── 理律法律事務所陳長文律師
著作權顧問 ── 魏啟翔律師
地址 ── 台北市 104 松江路 93 巷 1 號 2 樓

讀者服務專線 ──（02）2662-0012 | 傳真 ──（02）2662-0007；2662-0009
電子信箱 ── cwpc@cwgv.com.tw
直接郵撥帳號 ── 1326703-6 號 遠見天下文化出版股份有限公司

排版廠 ── 極翔電腦排版有限公司
製版廠 ── 東豪印刷事業有限公司
印刷廠 ── 柏晧彩色印刷有限公司
裝訂廠 ── 書成裝訂股份有限公司
登記證 ── 局版台業字第 2517 號
總經銷 ── 大和書報圖書股份有限公司 電話／（02）8990-2588
出版日期 ── 2013 年 05 月 30 日第一版第 1 次印行
              2022 年 12 月 23 日第二版第 6 次印行

定價 ── 400 元
書號 ── BCS156A
天下文化官網 ── bookzone.cwgv.com.tw

天下文化
BELIEVE IN READING